So war es . . .

Dieter Gräbner

So war es

Dehemm

Saarländer erzählen

Gollenstein

Inhalt

- **Erlebte Geschichte spannend erzählt**
  Von Peter Müller
  9

- **Trotz Krisen läßt es sich bei uns gut leben**
  Von Alfred Schön
  13

- **»Dehemm« oder wie das Thema zum Autor kommt**
  19

- **Im Keller ein Wachbataillon der Polizei**
  29

- **Die Französin und der deutsche Prisonnier de Guerre**
  36

- **Ministrant und Minister**
  41

- **Sechs Jahre auf der Suche nach Irgendwo**
  49

- **Nicht lange rumreden, zupacken, machen**
  55

- **De Charly**
  63

- **»Ich nahm ein paar Zeichnungen und stellte mich vor«**
  72

- **»Heute tun, was andere morgen denken«**
  78

- »Ich wollte ihn haben. Jetzt erst recht.« 86
- Passierschein für die andere Saarseite 92
- Kleines Land, kleine Welt, kleiner Horizont 98
- 120 Rinder für das hungernde Saarland 106
- »Nochmal Prügel – das wollte ich nicht« 116
- Plötzlich war ich der Literat der Faasenachd 122
- Ein Waschbär auf Raten 128
- »Wir wissen, wo wir zu Hause sind« 132
- Entscheidung in einer nebligen Nacht 139
- Rauschgoldengel und soziale Feuerwehr 146
- Uff de Hütt 154
- Der Hüttenmann 161
- Der Sizilianer 170

- Kuhmist im VW-Käfer 176
- Der Mann vom Bau 182
- Dieter im Fußballfieber 188
- Der Funktionär 197
- Die rote Inge 203
- »Wenn ich dran bin, haue ich auf den Putz« 210
- Berufsverbote und willfährige Richter 218
- Der Reporter 225
- Ja-Sager tanzten nicht mit Nein-Sagern 232

- Vom Gau Saarpfalz zum Saarland 242

- Über den Autor 252

Erlebte Geschichte spannend erzählt
Von Peter Müller, Ministerpräsident des Saarlandes

Peter Müller, Ministerpräsident des Saarlandes

Am 1. Januar 1957 trat das Saarland als elftes Bundesland der Bundesrepublik Deutschland bei. Vorausgegangen war 1955 eine Volksabstimmung, in der zwei Drittel der saarländischen Bevölkerung das zwischen der Bundesrepublik Deutschland und der Französischen Republik ausgehandelte »Europäische Statut für die Saar« ablehnten. Das eindeutige Ergebnis dieser Abstimmung legte Zeugnis ab von dem starken Wunsch der Saarländerinnen und Saarländer, ein Teil Deutschlands zu sein und die Epoche des ständigen Wechsels zwischen Frankreich und Deutschland zu beenden. Dieser Wunsch wurde von allen Beteiligten, von den unterlegenen Befürwortern des Saarstatuts wie auch von unserem französischen Nachbarn, respektiert, so dass am 1. Januar 1957 der Beitritt zur Bundesrepublik erfolgen konnte.

Der 1. Januar 1957 steht somit nicht nur für den Beginn einer neuen, von Stabilität und Verlässlichkeit geprägten Epoche für die Menschen an der Saar. Er steht auch für den neuen Geist der europäischen Einigung, in dem Deutsche und Franzosen zu friedlichem und freundschaftlichem Miteinander zusammenfanden.

In keinem anderen deutschen Bundesland ist dieser Geist bis heute derart greifbar und erlebbar wie im Saarland. Als kleinster deutscher Flächenstaat am äußersten Zipfel Südwestdeutschlands bildet das

Saarland heute den Kern der grenzüberschreitenden Zusammenarbeit in der zentraleuropäischen Großregion SaarLorLux. Im Saarland ist Europa damit zur segensreichen Normalität geworden. Gleichzeitig war das Bekenntnis der Saarländer zu Deutschland trotz wechselnder historischer Optionen in den vergangenen fünfzig Jahren bis heute stets ungebrochen. Das Saarland sieht sich ohne Abstriche als Teil der bundesdeutschen Verantwortungsgemeinschaft und hat in dieser Gemeinschaft seinen festen Platz.

Am Anfang stellte die späte Eingliederung in den bundesdeutschen Wirtschaftsraum für das Saarland einen erheblichen Standortnachteil dar. Hinzu kamen die Kohlekrisen in den sechziger und siebziger Jahren, später die Stahlkrise, wodurch die wirtschaftliche Aufwärtsentwicklung immer wieder gebremst wurde. Gerade am Beispiel unseres »alten neuen« Bundeslandes zeigt sich, wie langwierig der wirtschaftliche Wiedervereinigungsprozess und die Angleichung der Lebensverhältnisse sein kann.

In den letzten Jahren hat sich das Saarland zu einem wirtschaftlich erfolgreichen Bundesland gewandelt. Durch eine wirksame Verbindung traditioneller Industrien mit neuen Technologien hat sich das Land ein zukunftsgerichtetes Image als moderner und zukunftsweisender Wirtschafts- und Forschungsstandort im Herzen Europas erarbeitet. Wachstumsmotor ist eine leistungsstarke und innovative IT-Branche, in der die Entstehung neuer Arbeitsplätze zügig vorangeht.

Heute verfügt das Saarland über eine innovative Forschungslandschaft mit Spitzeneinrichtungen in den Bereichen Nano- und Biotechnologie, Medizin- sowie Fertigungstechnik. Daneben sind Stahl- und Automobilindustrie industrielle Eckpfeiler der wirtschaftlichen Entwicklung. Gleichzeitig versucht die Landesregierung, die Hochschulen des Saarlandes und die Forschungsinstitute stärker mit der Wirtschaft zu verzahnen. Mit Erfolg: Die Zahl der Patentanmeldungen ist deutlich angestiegen und auch die Zahl der neu gegründeten

Unternehmen hat zugenommen. Die hervorragenden Hochschul- und Forschungseinrichtungen leisten einen wesentlichen Beitrag zur Umsetzung der Innovationsstrategie des Landes und zur Bewältigung des Strukturwandels. Wenn das Institut der Deutschen Wirtschaft im Jahre 2006 das Saarland zum zweiten Mal zur »dynamischsten Wirtschaftsregion in Deutschland« gekürt hat, so bestätigt dies, dass das Land auf dem richtigen Weg ist. Dies ist ein gemeinsamer Erfolg der Unternehmen, vor allem der vielen großen und kleinen mittelständischen Betriebe, der Arbeitnehmerinnen und Arbeitnehmer, aber auch der Politik im Saarland.

Darüber hinaus ist das Saarland ein Land mit hoher Lebensqualität. Intakte Naturräume, ein vielfältiges kulturelles Angebot, umfassende Sport- und Freizeitmöglichkeiten zeichnen das Land aus und erhöhen seine Attraktivität. Nicht zuletzt sind die Menschen der größte Schatz des Landes. Bodenständig und weltoffen, herzlich und engagiert. Nirgendwo in der Bundesrepublik Deutschland sind anteilig so viele Menschen in Vereinen und Verbänden organisiert wie im Saarland. Die Bereitschaft, sich für das Gemeinwohl einzusetzen und Solidarität zu üben – auch das ist eine Antwort auf die spezifischen Erfahrungen der saarländischen Geschichte und ein wichtiges Kapital für die Zukunft.

Das Verhältnis der Saarländerinnen und Saarländer zu ihrem Land ist überhaupt etwas ganz Besonderes. Nicht umsonst behaupten viele, dass der Saarländer am liebsten »dehemm« ist. Wen wundert's? Das Land ist schön und die sprichwörtliche französische Lebensart – das »savoir-vivre« – ist überall präsent. Der Saarländer gilt als belastbar und ist dabei freundlich und umgänglich. Natürlich sind es noch tausend andere Dinge, die das Saarland so sympathisch machen. Welche Dinge das sind und welche Gründe es gibt, das Saarland liebenswert zu finden, will der Autor Dieter Gräbner mit seinem Buch »Dehemm – Saarländer erzählen« ergründen. Um es vorwegzunehmen, dies ist Dieter Gräbner fabelhaft gelungen.

Historiker sortieren, analysieren und werten Fakten, wenn sie Geschichte erklären und erzählen. Dieter Gräbner, lange Jahre leitender Redakteur und Lokalchef der Saarbrücker Zeitung, ist einen anderen Weg gegangen. Er lässt 30 Saarländerinnen und Saarländer aus allen Bevölkerungsschichten ihre persönliche Geschichte erzählen. Diese Menschen ziehen Bilanz. Sie erzählen, wo ihre Wurzeln sind, wie sie den politischen und wirtschaftlichen Anschluss an die Bundesrepublik erlebten und wie sich das Land und ihr Leben seitdem verändert haben. Dieter Gräbner ist ein Buch gelungen, das auf spannende, oftmals auch dramatische Weise, erlebte Geschichte erzählt und sehr persönliche Lebensbilder zeichnet.

Dieter Gräbner ist ein authentisches Buch gelungen, das tiefe Einblicke in die saarländische Lebensart gibt, das typisch »Saarländische« sozusagen mit kriminalistischem Spürsinn entdeckt. Ich danke dem engagierten Autor ganz herzlich für seine gelungene Arbeit und hoffe, dass das Buch eine große Leserschaft findet.

Trotz Krisen lässt es sich bei uns gut leben
Von Alfred Schön*

Alfred Schön

Saarländer sind wahre Lebenskünstler. Und sie feiern liebend gerne. Selten wurden diese Haupteigenschaften so deutlich wie im Jahr 2007. Äußerer Anlass: Das Saarland wurde am 1. Januar 50 Jahre alt. Freilich nur als jüngstes der alten deutschen Bundesländer: Ohne diesen bewussten Zusatz würde man die Geschichte beugen. Denn das Saarland ist als staatliche Einheit schon zehn Jahre älter.

Das Völkchen an der Grenze zu Frankreich, das sich über Jahrzehnte im »Herzen von Europa« sehen durfte, versteht freilich bestens die Auflösung von Widersprüchen: Ob 60 oder 50 Jahre alt, das ist nicht die Frage. Rasch wird da der kesse Werbespruch geboren: »Ich fünfzige – Schön, dass du da bist.« Wie Konrad Adenauer vor 50 Jahren reiste Bundeskanzlerin Angela Merkel mit dem Sonderzug am Neujahrstag 2007 an, um die Geburtsstunde des elften Bundeslandes zu feiern. Das zuvor einen Sonder-Status hatte: Selbstständig und doch abhängig unter der Hoheit von Frankreich, eine Art Heimatlosigkeit. Am 23. Oktober 1955 sagten aber zwei Drittel der Saarländer in einer historischen Volksabstimmung entschieden Nein zu dieser Zwitterstellung. Damals zeigte die »Grande Nation« wirkliche Größe, gab den Weg frei, dass die Saarländer wieder Teil der Bundesrepublik Deutschland wurden. Und Johannes Hoffmann (»Joho«), der seit 1947 regiert hatte, zeigte sich als aufrechter Demokrat: »Der Dicke« trat zurück. Begraben war der Traum von einem »europäischen Statut«, von einem zweiten Luxemburg. Dabei bleibt es ein halbes Jahrhundert später immer noch müßig, über die offene Frage zu spekulieren:

»Was wäre, wenn die Saarländer sich anders entschieden hätten?« Jedenfalls sind selbst Anhänger des Sonderwegs unsicher, ob der Weg nach Deutschland zurück nicht doch der bessere Weg war. Und nicht fanatisierte Befürworter der »kleinen Wiedervereinigung« ziehen vor »Joho« den Hut, der bei allen – auch wenig demokratischen – Widrigkeiten seines Regimes das Beste für die Menschen im Saarland wollte. Bezeichnend, dass die ersten Saar-Politiker in Bonn sich nach der Rückgliederung von 1957 massiv dafür einsetzten, die Vorteile der Familienförderung à la »Joho« beizubehalten.

Nach der »Heimkehr« des Saarlandes in den deutschen Verbund waren es vor allem Ministerpräsident Franz Josef Röder und sein Kronprinz Werner Scherer, die fast 30 Jahre lang eine CDU-Vorherrschaft aufrecht hielten. Dass der Patriarch damals seinen ungeliebten Kultusminister ohne Abitur als Nachfolger verhindert hat, gehört zu jenen Stationen der Saar-Geschichte, in denen abwägende Vernunft persönlichen Eitelkeiten geopfert worden ist. 1985 kam mit dem Wahlsieg von Aufsteiger Oskar Lafontaine gnadenlos die erste Zäsur für eine zu siegessichere CDU, die 14 Jahre auf die harten Oppositionsbänke verbannt wurde. Diese SPD-Erfolgsära wurde erst 1999 von Peter Müller mit einem hauchdünnen Vorsprung von 6500 Stimmen beendet. Wobei auch das sozialdemokratische Scheitern zum Großteil selbst verschuldet war: Weil Oskar Lafontaine die Brocken als Bundesfinanzminister unter Gerhard Schröder und als SPD-Parteivorsitzender hingeschmissen hatte. Und für 2009 wird eine rot-rote Mehrheit, eventuell auch mit grünen Tupfern, nicht ausgeschlossen: Allerdings nur, wenn sich SPD und die neue Linke zusammenfinden. Wieder mit Oskar Lafontaine als Bannerträger, der noch immer auf starken Rückhalt beim kleinen Mann im Land bauen kann. Erst in einer späteren Neuauflage dieses Buches kann diese Frage beantwortet werden.

Die wichtigen Themen der Landespolitik sind nahezu gleich geblieben. Allen voran die Frage: Reicht die Wirtschafts- und Finanzkraft aus, um die Existenz des Saarlandes als eines eigenständigen Bundeslandes zu gewährleisten? Mit einer Zwei-Drittel-Mehrheit erteilt die Bevölkerung auch heute noch einer Länder-Fusion eine klare Absage, obwohl die Stimme der Minderheit lauter und aggressiver wird, in einer Länder-Neugliederung das Heil zu suchen. Und dadurch viel Geld zu sparen. Wobei die Argumente der Befürworter eines Zusammenschlusses nicht selten nur auf die engeren politischen Führungskosten starren: Weg mit der Regierung und dem Landesparlament, und die Probleme sollen auf einen Schlag gelöst sein. Falsch gedacht. Denn die dadurch zu erreichenden Einsparungen von nicht einmal 50 Millionen Euro machen längst nicht jene Größenordnung aus, die notwendig wäre, damit die laufenden Einnahmen die festen Ausgaben decken. Der Befund bleibt jedenfalls: Es wird entscheidend auf die zweite Stufe der Föderalismus-Reform ankommen, ob eine dauerhafte Zukunft absehbar wird. Eine kurzfristige Verlängerung der Leidenszeit bringt wenig. Der Volksmund sagt da zu Recht: Lieber ein Ende mit Schrecken als ein Schrecken ohne Ende. Haben die Saar-Parteien für diesen Fall der Fälle (»Worst Case«) eine Strategie in der Schublade?

Die Sonderlasten für die Montanindustrie aus der Vergangenheit sind es vor allem, die wie ein Mühlstein am Halse des Saarlandes hängen und die Region zu strangulieren drohen. Den meisten Bürgern, selbst Politikern mit langjähriger Erfahrung, ist nicht bewusst, dass das Saarland seit 1960 (mit Zinsen und Zinseszinsen sowie mit Kosten und Folgekosten für den Ausbau der Saar zur Wasserstraße) gut neun Milliarden Euro in die Bereiche Kohle und Stahl gepumpt hat. Hätte der Bund die Anteile des Saarlandes für das »Schwarze Gold« über Jahrzehnte nicht übernommen, sähe die Bilanz noch drastischer aus.

Dabei sollte ein Deal, ausgehandelt unter Kanzler Helmut Kohl und Ministerpräsident Oskar Lafontaine von den Finanzministern Theo Waigel und Hans Kasper, die endgültige Rettung bringen: Teilentschuldung hieß das Zauberwort. Im Gefolge der Deutschen Einheit waren auch alle Bundesländer bereit, für ihre Sorgenkinder im Westen, den Stadtstaat Bremen und das Saarland, besondere Sanierungshilfen bereitzustellen. 6,7 Milliarden Euro flossen so von 1994 bis 2004 in die Kassen des Saarlandes. Wären die damals vorhergesagten Einnahme-Erwartungen aufgegangen, sähen die Finanzprobleme heute zumindest stark abgemildert aus. Doch durch die Steuer-Reformen, aber noch mehr durch die damals bundesweit schwache Konjunktur sprudelten die Einnahmen viel schwächer als angenommen. Die Wirkung der als Durchbruch verkündeten Teilentschuldung ist heute fast verpufft.

Mit der Finanzlage ist jedenfalls die Frage nach der Selbstständigkeit des Landes untrennbar verbunden. Durch eine Änderung des Grundgesetzes ist zwar der früher bestehende feste Auftrag zur Neugliederung des Bundesgebietes nur in eine Kann-Bestimmung umgewandelt und den gefährdeten Bundesländern ein weitgehendes Mitspracherecht über ihre Zukunft zugeordnet worden. So müsste eine Mehrheit der Saarländer einer Fusion mit Rheinland-Pfalz oder jeder anderen Neuzuordnung (etwa mit Baden-Württemberg oder Hessen) zustimmen. Diese Hürde bringt aber nur eine Sicherheit auf dem Papier. Denn über viele weitere Jahre könnte das Saarland, egal unter welchen Regierungsfarben, die heutige Verschuldungswirklichkeit nicht durchhalten. Da helfen auch nicht die Sympathie-Bekundungen der früheren Bundespräsidenten Richard von Weizsäcker oder Roman Herzog, der die Debatte um eine Länder-Reform mit dem »Ungeheuer von Loch Ness« verglichen hat.

Im Rückblick auf die saarländische Geschichte erinnern wir uns an die frühere Blüte des Saar-Bergbaues, den Wirtschaftsminister Werner Klumpp einst sogar zu Experimenten mit der Kohle-Verflüssigung und -Vergasung ermunterte. Gedanken auch an ARBED Saarstahl, ein Symbol für eine ständige Nachschuss-Pflicht des Staates mit immer neuen Beihilfen und ein dicker Sündenfall im System der sozialen Marktwirtschaft. Über eine Milliarde Euro flossen allein aus der Landeskasse. Erinnerungen an die Erfolgsstory der Fordwerke in Saarlouis und damit den Start des Strukturwandels nach der Ablehnung des dann in Kaiserslautern verwirklichten Opel-Standortes durch eine Mammut-Koalition aus Politik, Wirtschaft und IG Metall. Oder an das Jahrhundertwerk Gebiets- und Verwaltungsreform von 1974.

Und heute? Die sanierte Stahlindustrie ist wieder ein positiver Merkposten, für »High Tech« stehen bekannte Unternehmen wie IDS Scheer oder SAP, die Hochschulen genießen einen guten Ruf, die neue Schienen-Schnellverbindung (ICE/TGV) von Frankfurt nach Paris lässt Saarbrücken nicht links liegen. Der zielgerichtete Auslauf-Bergbau im Zeichen des Strukturwandels hat freilich eine schwarze Kehrseite: Ausreichend Ersatzarbeitsplätze sind noch nicht zu finden. Auch die Zumutungen der letzten Jahre, von der Grundschulreform bis zu Einschnitten im öffentlichen Dienst, obwohl dringend notwendig, tragen zur Politik-Verdrossenheit des »kleinen Mannes« bei. Und dennoch hat der Selbstbehauptungswille Vorfahrt.

Saarländer hatten schon immer viel Phantasie beim »Organisieren«. Nicht nur, wenn es um die private Nutzung von Grubenholz, Eisenbahnschwellen oder Stahlprodukten ging: So mancher »Schwenker«, auf dem im Garten saftige Schweine-Steaks oder Lyoner gebraten werden, stammt aus Hütten-Beständen. Und auf nicht wenigen Kilometern fließt heute Autobahn-Verkehr, weil die Saar-Verkehrsminister die Hand aufhielten für jene Millionenbeträge, die andere Länder nicht verbauen konnten. Unterm Strich bleibt der hoffnungsvolle Befund: Im Saarland lässt es sich gut leben.

---

* Alfred Schön ist politischer Journalist und leitete über ein Vierteljahrhundert das Ressort Landespolitik der Saarbrücker Zeitung.

Jetzt reden wir. Saarländerinnen und Saarländer, Alldahiesige und Zugezogene, alte und neue Bekannte, schildern ihr Leben mit ihren eigenen Worten. Aus diesen subjektiven Berichten entsteht in der Addition ein Mosaik der jüngeren Saargeschichte, das ein höheres Maß an Objektivität besitzt, als so manche wissenschaftlich fundierte Darstellung.

Reinhard Klimmt, Autor (»Auf dieser Grenze lebe ich«), Historiker und ehemaliger Ministerpräsident des Saarlandes

Über »Dehemm« oder wie das Thema zum Autor kommt

Es war 1993, an einem ziemlich trüben Novembertag. Ich war oben auf der Spicherer Höhe unterwegs, weil ich über die saarländische Nationalheldin Schultze Kathrin und über die Schlacht am 6. August 1870, zu Beginn des Krieges von 1870/71, gelesen hatte. Deutsche und Franzosen hatten dort oben mit Kanonen und Gewehren aufeinander geschossen und sich mit Bajonetten und Säbeln massakriert, und sie hatte die Verwundeten auf dem Schlachtfeld gepflegt. Als ein Offizier sie fragte, was sie denn hier suche, hier werde schließlich geschossen, soll sie geantwortet haben: »Herr Leutnant, die schieße ja nit auf mich.« Sie und der Spicherer Geistliche Abbé Collwald, der wie die Schultze Kathrin die Verwundeten pflegte und die Sterbenden tröstete, sind die wahren Helden dieser Schlacht.
Franzosen und Deutsche, Lothringer und Saarländer waren nie wirkliche Feinde, schon gar keine Erbfeinde, wie die Propaganda manchmal behauptete. Lothringer und Saarländer haben untereinander geheiratet und gute Nachbarschaft gehalten. Krieg gab es erst und immer dann, wenn die Monarchen und die Potentaten, die Politiker und die Generäle den Krieg wollten. Das war 1870/71 so, 1914/1918 so und 1939/1945 war es so, als der größenwahnsinnige Diktator erst Polen überfallen und dann nach Frankreich einmarschieren ließ.
Die Dienstmagd Schultze Kathrin, die eigentlich Katharine Weißgerber hieß, 1818 als Tochter eines Bergmannes in

Katharine Weißgerber, genannt »Schultze Kathrin«

Schwarzenholz geboren wurde und damals 52 Jahre alt war, wurde nach dem Krieg von 1870/1871 von König Wilhelm, dem späteren Kaiser Wilhelm I., für ihren »Mut und ihre Einsatzbereitschaft« mit dem »Verdienstkreuz für Frauen und Jungfrauen« ausgezeichnet. Fast jedes saarländische Schulkind kennt die Geschichte der Schultze Kathrin. Ich, der »Hergeloffene«, hatte ihre Geschichte zum ersten Mal gelesen, als ich im Dezember 1992 aus Frankfurt zur Saarbrücker Zeitung kam. Ich wollte mich über die Geschichte des Saarlandes informieren und suchte die Plätze auf, wo sich Geschichte zugetragen hatte, um das Geschehene besser verstehen zu können. Es war eine Spurensuche. Man könnte auch sagen: Ich recherchierte vor Ort.

Das Grab der Schultze Kathrin befindet sich im Deutsch-Französischen Garten, auf dem Ehrenfriedhof, genannt »Ehrental«, für die Gefallenen der Schlacht von Spichern. Der Grabstein trägt die Inschrift: »Dem heldenmütigen Mädchen zum ehrenden Gedächtnis gewidmet von ihren Mitbürgern.« Von dort war ich die Straße hinauf gewandert, die sich in langen Serpentinen zu den Spicherer Höhen schlängelt, hatte im aufsteigenden November-Nebel die Gräberfelder unter dem hohen weißen Kreuz besucht und war dann Richtung Spichern weiter gegangen, weil man mir gesagt hatte, dass sich dort auch ein Friedhof mit deutschen Soldaten aus dem Zweiten Weltkrieg befinde. Es ist ein kleines Gräberfeld, direkt neben dem Sportplatz des Fußballclubs Spicheren. Junge Männer liegen hier, die meisten wurden kaum viel älter als zwanzig Jahre, die 1940, wie man auf den Grabkreuzen lesen kann, hier ihr Leben ließen, wie der Gefreite Oskar Lehwald (* 10.7.1917 † 12.5.40), der Gefreite Aloisius Schönke (* 21.10.20 † 6.6.40) und der Kanonier Alfred Schlösser (* 5.8.20 † 6.6.40). Etwa 100 Soldatengräber zählte ich im Dämmerlicht. Man hatte mir als Abschluss meines Spichern-Ausfluges einen Besuch im Gasthaus »Woll« empfohlen. Es war kurz nach 18.00 Uhr, noch nicht die Zeit, in der die Saarländer gemeinhin einkehren um zu

Hochkreuz auf den Spicherer Höhen zum Gedenken an die am 6. August 1870 gefallenen französischen Soldaten

essen. Mitten im noch leeren Gastraum saß eine alte Dame mit einer gehäkelten Wollstola um die Schultern und nippte an ihrem Getränk. Wie ich später erfahren habe, war es vermutlich ein Kir Royal. Sie war Gretel Woll, die legendäre Wirtin Madame Woll, von der man mir gesagt hatte: »Mit der sollten Sie unbedingt reden.« Sie musterte mich neugierig, ich sie auch. Ich hatte von ihr gehört. Wir kamen schnell ins Gespräch, als ich mich ihr vorstellte und sie bat, ein wenig zu erzählen, über sich und die Spicherer Höhen, nickte sie höflich. Dass das Gasthaus Woll eine Institution war und ist, dass die Saarbrücker im Sommer hier oben auf der Terrasse sitzen und Flammekueche oder Froschschenkel essen, hatte ich im Archiv gelesen. Auch, dass sich hier die Prominenz des Saarlandes (und wer

sich dafür hält) trifft: Minister und Minsteriale, Geschäftsleute und Politiker, Künstler und Showstars, auch Weltverbesserer und Besserwisser, Normalos und Überdrehte. Madame Woll ließ sich nicht lange bitten, erzählte aus der Geschichte des Gasthauses, das 1897 gegründet wurde und über den Wandel der Zeiten, wie es damals war und überhaupt. Als ich versuchte, mit ihr über die Gräberfelder hier oben zu reden, reagierte sie wortkarg, als sei sie das schon zu oft gefragt worden. Schließlich erzählte sie, dass sie insgesamt vier Mal die Staatsbürgerschaft wechseln musste, »weil ja da immer wieder Krieg war«. Mal war sie, die 1906 geboren wurde, »deutsch, dann französisch, dann wieder deutsch, dann wieder französisch«. Und einmal sei sie auch staatenlos gewesen. Dass das Gasthaus Woll für Verfolgte des Naziregimes eine Zufluchtsstätte war, erfuhr ich später aus anderen Quellen. Sie hat an diesem Abend nicht darüber gesprochen. Für sie war das wohl selbstverständlich. Ich erlebte, als die ersten Gäste eintrafen, wie »es Gretel«, wie sie die meisten nannten, fast alle persönlich begrüßte und sich freute. Sie winkte mir zu, als ich ging und sagte: »Sie können ruhig wieder kommen.« Ich gebe zu, dass ich mich geschmeichelt fühlte ...
Ich war seitdem immer wieder mal im Gasthaus Woll und freute mich, wenn ich sie sah und sie sich zu einem kurzen Plausch zu mir setzte. Einer ihrer gutgemeinten Ratschläge war: »Nimm's leicht, dann hast du's leicht. Nimm's schwer, dann hast du's schwer.«
Madame Woll starb am 2. September 1996. Sie wurde 90 Jahre alt. Die Saarbrücker Zeitung titelte: »Abschied von einer großen alten Dame.« Warum ich das alles aufschreibe? Weil die Begegnung mit Madame Woll, die zwei Kriege erlebt und überlebt hatte, ebenso die Weltwirtschaftskrise, Naziterror und Nachkriegselend und den Anschluss des Saarlandes 1957 an die Bundesrepublik – einer der Gründe für mich war, dieses Buch zu schreiben. Oskar Lafontaine hatte es in seiner Laudatio, als er ihr 1987 den Saarländischen Verdiensttorden verlieh, mit dem Satz: »Ihr Lebensbild steht beispielhaft

für das Grenzlandschicksal unseres Raumes«, richtig auf den Punkt gebracht. Genau um das geht es mir in »Dehemm«. Es geht um erlebte Geschichte. Freilich war mir das damals 1993 im November noch nicht klar. Und damals war ich noch weit davon entfernt, »saarländische Lebensbilder« aufzuschreiben und in einem Buch zu veröffentlichen.

Es gibt so ein paar Spruchweisheiten unter den Verlegern und Lektoren, wenn sie zu erklären versuchen, warum ein Verlag ein Buch herausbringt und ein Thema plötzlich ein Thema ist und warum dieser oder jener Autor sich das Thema vornimmt und schreibt. Einer der Sprüche ist: Das Thema, »der Stoff« sucht sich seinen Autor. Man kann natürlich auch sagen: Der Autor sucht sich sein Thema, seinen Stoff, weil es ihn bewegt und er glaubt, dass er dazu was zu sagen weiß. Das klingt sicher weniger »sophisticated« also rätselhaft und geheimnisumwittert. In meinem Fall war es so, dass ich durch meine Arbeit als Leitender Redakteur und Lokalchef der Saarbrücker Zeitung der Ausgaben Stadtverband-Saarbrücken und Sulzbachtal immer wieder mit regionaler und lokaler Geschichte konfrontiert wurde, mich informieren wollte und musste, und staunend lernte, was im kleinen Saarland alles schon passiert war.

Es war also so, dass der Stoff zunächst zum Autor kam. Vor allem 1999, als die Stadt Saarbrücken ihr tausendjähriges Jubiläum feierte, hatte ich das Glück und die Gelegenheit, mit vielen Menschen zusammenzukommen, die viel über die Geschichte des Landes wussten. Das fand seinen Niederschlag natürlich auch in der Saarbrücker Zeitung, wo wir zu diesem Anlass

Madame Margarete »Gretel« Woll

vor allem die Geschichte der Stadt Saarbrücken erzählten. Das alles weckte meine Neugierde. Ich wollte mehr wissen.

Aber zurück zur Schlacht von Spichern und zu Madame Woll und zu diesem Buch. Anfang 2006 saßen wir im kleinen Kreis – Journalisten, Politiker, Geschäftsleute, darunter auch einige »saartümelnde« – und diskutierten über die saarländische Geschichte. Mir fiel meine Begegnung mit Madame Woll ein und ich erzählte – jeder kannte sie natürlich –, was sie mir damals berichtet hatte, nämlich dass sie fünf Mal die Staatsbürgerschaft wechseln musste. Einige in der Runde rechneten nach. Das Ergebnis: Drei und vier Mal waren die Älteren unter ihnen mal deutsch und mal französisch gewesen. Und jeder wusste, eine Anekdote aus dieser Zeit zu erzählen. Damals wuchs in mir der Entschluss: »Das müsste man doch alles mal aufschreiben.« Später, als die Idee zu diesem Buch konkret wurde und ich eine Konzeption entwickeln musste, bestärkten mich Freunde und Kollegen genauso vorzugehen. »Schreib auf, was die Menschen erlebt haben. Ohne viel Drumherum. Viel O-Ton. Spannender kann man Geschichte nicht erzählen.«

Vertiefen wir also nicht weiter die Diskussion, wie was zu wem kam, der Stoff zum Autor oder der Autor zum Stoff. In meinem Fall und für dieses Buch trifft wohl beides zu.

Über die saarländische Geschichte gibt es eine Vielzahl guter informativer Bücher. Einige habe ich gründlich, andere, wie man so sagt, »quer gelesen«. Insofern bin ich über die Daten und Fakten, vor allem die der jüngeren saarländischen Geschichte, relativ gut informiert. Und was ich nicht weiß, kann ich ja nachschlagen. Meine Gesprächspartner bat ich aber trotzdem, mit mir nachsichtig zu sein, wenn ich dies oder jenes nicht so genau wissen würde. Sie waren nachsichtig. Ich muss jedoch zugeben, dass ich die Schwierigkeiten, die vor mir lagen, zunächst nicht richtig einschätzen konnte. Da war die Frage zu klären: Wer soll erzählen? Natürlich Menschen aus allen gesellschaftlichen Schichten und Berufsgruppen. Wie findet man die? Hier half

schließlich die saarländische Lebens- und Spruchweisheit: »Ich kenn einen, der kennt einen.« Und einige kannte ich ja inzwischen selbst. Und die empfahlen mir dann: »Ei redde emal mit dem...«
Trotzdem ist es nicht einfach, Menschen, die man entweder überhaupt nicht, oder allenfalls flüchtig kennt, dazu zu bewegen, ihre persönliche saarländische Lebensgeschichte zu erzählen. Wo anfangen? Wo aufhören? Gehört das dazu, damals, als ich...? Aber als ich die ersten Interviews hinter mir hatte, lief es plötzlich beinahe wie von selbst. Zumal jeder Gesprächspartner den Text gegenlesen und auch ergänzen konnte. In einem Fall haben wir sieben Gesprächstermine gehabt. Immer kam noch was hinzu, »was wir vergessen haben, was aber da noch rein sollte«. Oder der Hinweis: »Aber das ist doch ganz besonders wichtig« – auch wenn ich es nicht unbedingt für so wichtig hielt. Wir haben uns immer verständigt. Um aber eines klar zu sagen: Ich habe alles aufgeschrieben. Der Textchef war ich. Inhaltlich jedoch sind die Gesprächspartner für ihre eigenen Darstellungen verantwortlich, auch für die von ihnen genannten Daten und Fakten und natürlich auch persönliche Wertung und ihre Sicht der Dinge.
Die Auswahl der Gesprächspartner ist beliebig, hat sich so ergeben, ist auf keinen Fall repräsentativ für die saarländische Bevölkerung. In diesem Buch erzählen ehemalige Minister und Männer, die »uff de Hütt« am Hochofen geschafft haben, und Frauen, die sich durchs Leben kämpfen mussten, Richter und Künstler, Intellektuelle, Bergarbeiter, Funktionäre, Ärzte und Architekten, Handwerker und Unternehmer mit vielen tausend Mitarbeitern. Menschen berichten über ihr Leben, oft sehr Persönliches, aber auch wie sie plötzlich gefordert wurden, sich zu engagieren, oder wie sie helfen wollten, »dass es vorwärts im Saarland geht«.
Unter den Gesprächspartnern sind Menschen, die vierzig Jahre lang körperlich schwer gearbeitet haben und sich nun über ihre bescheidene Rente freuen, die mit Nichts ein Haus gebaut und die ihre Kinder großgezogen haben und mit Recht stolz sind, dass »alle

Kinder was geworden sind«. Sie erzählen, wie sie nach dem Krieg begannen, den Schutt wegzuräumen, und nach vorne schauten: »Es konnte ja nun nur noch besser werden, oder?« Wie sie »wieder anfingen zu leben und zu verdrängen und zu vergessen versuchten, was geschehen war«, wie es einer formulierte. Wie sie sich in den frühen 50er Jahren als »Sarrois« fühlten, dann auf das Wirtschaftswunder hofften, und wie dann die Kohle- und Stahlkrise kam, und wie sie nach und nach auch damit fertig wurden: »So leicht lassen sich dieses kleine Land und seine Menschen nicht unterkriegen«, sagte einer.

Dieses Buch ist kein Versuch, die saarländische Geschichte neu zu schreiben. Es sind subjektive Eindrücke und Erfahrungen vor dem Hintergrund der saarländischen Geschichte, die hier wiedergegeben werden. Es sind persönliche Lebensgeschichten, die von der Geschichte geprägt wurden; es sind die Lebenswege von Menschen, die in Hessen, in Rheinland-Pfalz oder Bayern vielleicht anders verlaufen wären. Es sind saarländische Lebensgeschichten.

Ich habe die Gesprächspartner auch gefragt, wie sie heute, so viele Jahre nach dem Anschluss von 1957 an die Bundesrepublik, die saarländische Entwicklung beurteilen und wo das Saarland hinsteuert auch vor dem Hintergrund der Frage, ob das Saarland als eigenständiges Bundesland bestehen kann oder nicht. Es gab nachdenkliche und betont optimistische Antworten auf diese Fragen, aber keine pessimistischen. Nicht mehr »Saarländer« zu sein, ist für alle unvorstellbar.

Mein Fazit: Die Menschen im Saarland sind mit Recht stolz auf sich und ihre Heimat, auf »Dehemm«.

Bei allen Gesprächspartnern möchte ich mich ausdrücklich für ihre Bereitschaft und ihre Geduld bedanken. Es gab Gespräche, die dauerten einmal sechs, einmal vier und dann noch zwei Stunden. Es waren immer sehr spannende, und für mich, den »Hergeloffenen«,

vor allem auch sehr informative Stunden. Vielleicht war und ist es mein Vorteil, dass ich als »Nicht-Saarländer« vieles unbefangener sehe und vieles unbekümmerter abfragen konnte.
Bedanken möchte ich mich auch bei meinem Kollegen Alfred Schön, dem langjährigen Politik-Chef der Saarbrücker Zeitung, der ein kluges politisches Essay zu diesem Buch geschrieben hat. Aber nicht nur dafür allein bin ich ihm Dank schuldig. Auch für seine Geduld und Gelassenheit. Er hat als mein Schreibtischnachbar in der Saarbrücker Zeitung meine Nervosität und Gereiztheit, wenn mal nicht alles so lief, wie ich es mir vorstellte, ertragen müssen. Aber auch meine Freude über einen Erfolg gerne mit mir geteilt und sich mit mir gefreut. Wenn ich mal gar zu hektisch war, sagte er gelassen: »Mach langsam. Ich hol uns erst mal einen Kaffee.«
Danken möchte ich auch Klaus Altmeier, dem langjährigen Pressechef des Saarländischen Rundfunks. Nicht nur dafür, dass er mir als Zeitzeuge und Gesprächspartner seine Geschichte erzählte, sondern auch dafür, dass er die politische Chronologie der saarländischen Geschichte in diesem Buch schrieb.
Bedanken möchte ich mich bei meiner Frau Angelika, vor allem bei ihr, die, neben ihrem Halbtags-Redakteurs-Job, den Alltag unserer Zwillinge Hannah und Leon und einen großen Haushalt hat organisieren und managen und, wenn ich mal »dehemm« war, auch noch einen hektischen Ehemann und Autor hat ertragen müssen.

Dieter Gräbner, im Juni 2007

Im Keller ein Wachbataillon der Polizei

Fragt man Heiner Linsenmeier, den Enkel von Johannes »Joho« Hoffmann, nach der Emotionalität und auch den verbalen Attacken der Gegner und den Angriffen auf seinen Großvater während des Abstimmungswahlkampfes, sagt er: »Da habe ich nicht viel mitgekriegt. Das wurde wohl von mir ferngehalten. Außerdem war ich ja erst acht Jahre alt.« Und in der Schule? Gab es da nicht Bemerkungen in der Schule unter den Spielkameraden wie »Dein Opa verkauft uns an die Franzosen?« »Nein, das gab es nicht. Und wenn, vielleicht höchstens heimlich, hinterrücks.« Er erzählt, »dass wir erst in Saarbrücken Am Staden wohnten, später beim Opa in einem großen Haus auf dem Reppersberg in Saarbrücken. Ungewöhnlich war,

Johannes »Joho« Hoffmann auf dem Weg zu einer Kundgebung.
Seine Leibwächter waren häufig so nervös, dass sie demonstrativ zu ihrer Pistole griffen.

dass bei uns im Keller ein Wachbataillon der Polizei untergebracht war. Die hatten Feldbetten aufgestellt, in denen sie schliefen. Ich fand das toll. Mit denen spielte ich Fußball, wenn sie nicht gerade vor der Türe Wache hielten.« Und sonst? »Nichts Besonders. Ich ging in die Ostschule. Wir hatten ab der 3. Klasse Französisch. Es waren gemischte Klassen, das weiß ich noch. Aber der Kampf zwischen den Parteien und die Abstimmung – das lief an mir vorbei. Das hat mich auch nicht interessiert. Der Opa war ein lieber netter Großvater, eine imposante Persönlichkeit, immer gut gelaunt. Dass er um seine politischen Ideale kämpfte, dass es auch um sein Schicksal und um die Zukunft des Saarlandes ging, davon habe ich als Kind nichts mitbekommen. Wahrscheinlich hat man in Gegenwart von Kindern und Jugendlichen auch nicht von Politik geredet, um uns nicht zu ängstigen. Dafür wurde gelegentlich vom Geschäft geredet. Mein Vater hatte sich mit dem Pressevertriebsunternehmen Grossohaus Saar (GHS) selbstständig gemacht. Das Zeitungsgeschäft lief gerade richtig an, als die Saar-Abstimmung vorbei und die wirtschaftliche Anbindung an die Bundesrepublik erfolgt war. Da wurde der Markt frei. Vorher musste mein Vater für jede Zeitschrift oder Zeitung, die er ins Saarland einführen und vertreiben wollte, in Paris eine Lizenz beantragen.«

Heiner Linsenmeier

1957 meldeten die Eltern den kleinen Heiner im Internat der Jesuiten in St. Blasien an: »Ich weiß nicht genau, ob das ein Vorwand war. Jedenfalls sagten meine Eltern, sie hätten Angst, dass ich in der Schule wegen meines Großvaters verprügelt würde. Im Internat in St. Blasien wusste vermutlich keiner, dass ich der Enkel von ›Joho‹ war. Dort interessierte sich für saarländische Politik vermutlich eh keiner.«

Im Internat bei den Jesuiten gefiel es Heiner Linsenmeier nicht

Johannes Hoffmann mit seinen Enkelkindern Brigitte (l.) und Heiner

besonders: »Nur in den Ferien zu Hause. Latein als erste, Englisch als zweite und Altgriechisch als dritte Fremdsprache – ich war eher ein mittelprächtiger Schüler.« Nach vier Jahren verlässt er das Jesuiten-Internat, kommt zurück nach Saarbrücken, besucht dann das Realgymnasium an der Bellevue: »Da habe ich mich geärgert. Ich musste zwei Jahre Französisch nachholen. Aber da kam mir zu Hilfe, dass ich in der Volksschule schon zwei Jahre Französisch-Unterricht hatte. Ich frage mich, warum heute nicht wie früher schon in der Volksschule Französisch unterrichtet wird. Die Franzosen sind doch unsere Nachbarn. Und wir sind doch angeblich ein so frankophiles Land.«

Und wie ging der Großvater mit der Niederlage um? »Der hatte sich in sein Jagdhaus nach Düppenweiler zurückgezogen. Das wurde angebaut und vergrößert. Dort schrieb er dann auch sein Buch: ›Das Ziel war Europa. Der Weg der Saar.‹ Er ging auf die Jagd mit Freunden. Wir hatten viel Wild. Und Oma konnte toll kochen. Er war ein Genussmensch, einer, der den Augenblick liebte. Wenn wir im Urlaub in Südfrankreich unterwegs waren und Ausflüge machten, fand er mit Sicherheit in jedem Ort das Lokal, in dem man besonders gut essen konnte. Das waren meist äußerlich unscheinbare Häuser. Dort saßen wir dann stundenlang und tafelten. Er hatte viele Freunde, mit denen er sich traf. Und er spielte gerne Skat mit meiner Oma und meinen Eltern. Er war ein Fuchs. Und er beschimpfte seine Mitspieler, wenn sie nicht aufpassten. Gelegentlich bekam er Besuch von dem Schauspieler Hans Albers, der in den Vierziger- und Fünfzigerjahren ein Publikumsliebling war. Ich weiß nicht, wie und wo die beiden sich kennengelernt hatten. Dass er in diesen Jahren auch politisch weiterkämpfte, erfuhr ich erst später. Es gab zwischen der CDU in der Bundesrepublik und der CVP Auseinandersetzungen. Die Fronten gingen auch nach der Abstimmung durch die Parteien. Als er 1967 starb und als Ehrenbürger von Saarlouis auf dem dortigen Friedhof beerdigt wurde, war das eine große Beerdigung. Aber große Reden wurden nicht gehalten. Vielleicht war es besser so.«

Heiner Linsenmeier studierte Betriebswirtschaftslehre, arbeitete schon während seiner Schulzeit im Zeitungsvertrieb, half da, packte

Wahlkampf mit Emotionen und Demonstrationen 1955: Saarländische Polizisten mit französischen Stahlhelmen drängen aufgebrachte Demonstranten zurück.

dort mit an: »Um was es in dem Geschäft ging, wusste ich. Mein Vater und ich, wir sprachen oft darüber.«
Nach der wirtschaftlichen Eingliederung des Saarlandes in die Bundesrepublik und die Einführung der D-Mark hatten sich auch der Markt, die Lesegewohnheiten der Saarländer und somit auch die Zeitungs- und Zeitschriftenlandschaft an der Saar verändert. An den Kiosken hingen nun alle bunten Titel und Blätter, die Klatschpostillen und die politischen Zeitungen und Magazine aus der Bundesrepublik und die großen internationalen Blätter: »Das hat dem Saarland insgesamt gut getan, über den Tellerrand hinauszusehen, wie es draußen zugeht.«
Heiner Linsenmeier, der nach Abitur, BWL-Studium und Examen in Koblenz und Praktika in den großen Verlagshäusern Springer, Gruner & Jahr, Heinrich Bauer Verlag und Burda 1976 in das väterliche Unternehmen eintrat, wuchs langsam in die Geschäftsführung hinein. Seit 1987 ist der »Saarländer aus Überzeugung« Geschäftsführer eines Unternehmens mit knapp 45 Millionen Umsatz und zeitweilig 240 Mitarbeitern. Fast 80 Millionen Zeitungen und Zeitschriften werden von PVS jährlich im Saarland verteilt. Die Speditionsfahrzeuge, die für das Unternehmen schon nachts an der Laderampe in Heusweiler-Holz laden, legen jeden Tag rund 4000 Kilometer zurück: »Das sind sicher für einen Außenstehenden imponierende Zahlen. Trotzdem ist das Geschäft nicht immer unproblematisch. Die demografische Entwicklung läuft gegen uns. Wir werden im Saarland eher weniger Menschen als mehr. Wirtschaftlich ist das eine Katastrophe. Wir müssten eine Million Saarländer mehr sein.«
Linsenmeier, verheiratet mit der Rundfunkjournalistin Susanne Wachs, versucht denn auch neue Wege zu gehen und Geschäftsfelder zu öffnen: »Wir vertreiben auch Bücher. Und wir verlegen auch Bücher. Aber das ist mehr Spaß an der Sache als am Geschäft. Natürlich geht es um saarländische Bücher, um Mundarttexte beispielsweise. Ich bin Saarländer. Warum soll man das nicht pflegen?«

Und dann sind wir bei dem Thema, bei dem der sonst eher zurückhaltende Linsenmeier ungewöhnlich lebhaft wird: Was verstehen Sie unter Saarländischer Identität? Was ist saarländisch?

Über seinen Großvater und dessen politische Vision vom Saarstatut, vom europäischen Sonderweg des kleinen Landes, sagt er: »Ich weiß nicht, ob er heute Recht hätte. Wenn wir heute ein Staat wie Luxemburg wären, wären wir da überhaupt lebensfähig? Andererseits gab es nach der Rückgliederung erst mal eine Menge Pleiten bei uns im Land. Die Leute wollten alle deutsche Produkte. Und manche Händler hatten sich nicht umgestellt. Heute haben wir andere Probleme. Die Saarländer sind vorsichtiger geworden. Sie geben ihr Geld nicht so leicht aus. Und sie haben wohl auch nicht mehr so viel Geld wie früher.«

Zusammen mit seinem 18 Jahre jüngeren Bruder Marcus führt er das Unternehmen »saarländisch liberal«, wie er sagt. »Zu den leitenden Mitarbeitern haben wir ein vertrauensvolles Teamverhältnis. Wir sind uns unserer Verantwortung als Unternehmer gegenüber unseren Mitarbeitern bewusst. Ich will nicht behaupten, dass wir hier alle eine große Familie sind. Aber wir sind ein saarländisches Familienunternehmen mit nun fast sechzig Jahren Tradition. Der fühlen wir uns verpflichtet.«

Der Familienmensch Heiner Linsenmeier, »verheiratet, Vater von vier Kindern, von zwei eigenen und zwei angeheirateten«, sieht sich selbst, wenn man ihn danach fragt, »erst als Saarländer und dann als Deutscher. Ich mag die Mentalität der Leute hier, ihre Offenheit, auch wenn sie auf Fremde, auf Hergeloffene erst mal distanziert und abwartend reagieren. Aber dann, wenn sie warm geworden sind, ist alles einfach. Das Land ist schön, ich mag die Landschaften. Man fühlt sich wohl. Alles ist überschaubar. Es sind kurze Wege. Und wir verstehen zu leben, ich meine damit durchaus auch ›gudd gess‹, überhaupt die Freude am Genuss, an schönen Dingen, nicht nur an gutem Essen und gutem Wein. Ich mag auch die frankophile Liberalität, die Art zu leben. Hier im Saarland bin ich geboren. Hier bin ich auch zu Hause.«

Wahlplakate 1955: Sie hingen überall.
Und es gab sie auch gummiert im Briefmarkenformat, damit man sie überall hinkleben konnte.

Die Französin und der deutsche Prisonnier de Guerre

Günter Schliesing, Jahrgang 1923, geriet 1944 als Soldat in französische Kriegsgefangenschaft. Das Kriegsgefangenenlager lag nicht weit von Arles und dem weltberühmten Salin-de-Giraud, einer der größten Salinen Frankreichs, und 35 Kilometer von Saintes-Maries-de-la-Mer entfernt. Jedes Jahr wallfahren Tausende dorthin. Im Mai tragen Tausende Gitanes, vor allem spanische Roma, die Statue ihrer Schutzheiligen Sarah in einer Prozession ins Meer. Günter Schliesing arbeitete in einer Fabrik in der Nähe. Von alldem, von der damals weithin noch unberührten Landschaft, den Salzsümpfen, den Flamingos, den wilden Pferden und den schwarzen Stieren und der einzigartigen Landschaft und Vogelwelt sah er wenig. Um der Eintönigkeit der Gefangenschaft zu entfliehen, erkundigte er sich, wie er an ein paar Bücher kommen könnte. Er hatte 1942 in Recklinghausen Abitur gemacht. Geschichte und Mathematik interessierten ihn vor allem. Er sprach leidlich Französisch. Irgendwie bekam er Kontakt zu dem jungen französischen Studenten Pierre Ivaldi. Er erhielt die Erlaubnis, den Studenten Pierre zu besuchen und sich von ihm Bücher auszuleihen. Und da sah er Micheline Ivaldi, die dunkelblonde Schwester von Pierre, 18 Jahre alt, eine südfranzösische Schönheit.
Micheline Schliesing, geborene Ivaldi, erzählt: »Es war der Beginn einer großen Liebe, die 60 Jahre halten sollte. Aber das wusste ich damals noch nicht. Er war ein halbverhungerter junger Mann in einer Uniform, die um seinen Körper schlackerte.«
Bald wurde der Kontakt zwischen dem Studenten Pierre Ivaldi und dem deutschen Kriegsgefangenen immer enger: Der Grund dafür waren nicht nur die Leseleidenschaft und der Wissensdurst des »Prisonnier de Guerre«, sondern vor allem die Briefe, die er für Micheline in die Bücher legte. »Es waren zunächst relativ unbeholfene und zurückhaltende Briefe«, erzählt sie. Micheline antwortete,

anfangs zögerlich, aber dann doch immer interessierter. Eines Tages fand sie in einem Buch einen Brief von ihm, in dem er sie fragte, ob sie ihm nicht helfen könne, aus dem Kriegsgefangenenlager zu fliehen: »Ich muss an meine, an unsere Zukunft denken«, schrieb er. »Willst Du mir helfen, hier zu entkommen?« Sie wollte. Sie erzählte alles ihrer Mutter. Und die half ihr. Die beiden besorgten für Günter Schliesing und zwei Kumpel, die mit ihm fliehen wollten, zunächst einen Unterschlupf für zwei Tage in der Nähe von Arles, Zivilkleider und kauften ihnen Fahrkarten nach Metz.

Die Flucht gelang. Der Prisonnier de Guerre versprach wiederzukommen: »So bald wie möglich und dann als freier Mann.« Micheline Ivaldi weinte und winkte ihm nach: »Ich wusste, dass wir uns wiedersehen würden.«

Micheline und Günter Schliesing

Auf dem Bahnhof in Metz wurde er von der französischen Polizei festgenommen und in ein Lager eingesperrt. Er floh wieder, verletzte sich am Bein, wurde wieder festgenommen und zur Arbeit auf einem lothringischen Bauernhof abkommandiert. Von dort floh er zum dritten Mal.

1947 war er schließlich zu Hause bei seinen Eltern in Essen, arbeitete erst als Bergmann unter Tage und begann 1949 ein Bergbau-

Studium an der Technischen Universität in Clausthal-Zellerfeld. Und er schrieb, wie alle die Jahre zuvor aus der Gefangenschaft, Briefe an Micheline. »Ich habe die Briefe gesammelt. Es ist mehr als ein Koffer voll«, erzählt sie. 1951 bestand er sein Examen als Diplom-Ingenieur in Clausthal-Zellerfeld. Und 1951 war Verlobung – in Südfrankreich. Michelines Eltern empfingen den Boche, den Deutschen, herzlich. Michelines Mutter hatte die Tochter und ihre Liebe zu dem deutschen ehemaligen Kriegsgefangenen immer unterstützt. Und der Vater, der anfangs, als er von der heimlichen Liebe zu dem ehemaligen Prisonnier de Guerre erfahren hatte, seine Tochter gefragt hatte: »Warum nimmst du nicht den Robert oder den Jacques?«, war ein Mann ohne Vorurteile. »Er wollte mich glücklich sehen«, sagt sie.

Als sie 1953 heiraten wollten, musste die Braut nach Arles zum Präfekten, um für ihren zukünftigen Mann ein »Hochzeitsvisum« zu beantragen. Der Präfekt telefonierte mit seiner vorgesetzten Dienststelle in Marseille, erhielt das Einverständnis für die Heirat der Südfranzösin mit dem Deutschen, und sagte dann zur Braut: »Ich wünsche Ihnen Glück, Mademoiselle. Hoffentlich folgen viele Ihrem Beispiel und bauen eine Brücke über die Grenzen. Ihre Kinder, die Kinder einer Französin und eines Deutschen, werden Europäer sein.« Der Diplom-Ingenieur Günter Schliesing machte schnell Karriere. 1954 wurde er in der Direktion der Régie des Mines de la Sarre in Saarbrücken angestellt, war bald Direktor der Grube Kohlwald, später der Grube König in Neunkirchen. Das junge Paar lebte zunächst in einer Drei-Zimmer-Wohnung im Saarbrücker Stadtteil Rodenhof. Und Micheline, die außer den üblichen Floskeln »Wie geht es?« und »Guten Tag!« kein Wort Deutsch sprach, versuchte sich langsam im fremden saarländischen Alltag zurechtzufinden. »Wenn ich einkaufen ging, habe ich meinen Mann vorher gefragt, was sage ich, wenn ich dies oder das haben will? Er hat es mir dann genau vorgesprochen. Aber ich machte viele Fehler.« Einmal habe sie »Petersilie einkaufen wollen, dabei statt Petersilie Persil oder so was ähnliches gesagt«, und als der Verkäufer mit dem Waschmittelkarton ankam und sie ihn entgeistert ansah, habe der sofort reagiert: »Ah, oui, Madame, Petersilie zum Essen und nicht zum Waschen.«

An die Abstimmung 1955 erinnert sie sich genau: »Ich war ja nun durch meine Heirat mit einem Deutschen eine Deutsche geworden. Ich fand ich es richtig, dass das Saarland nach Deutschland zurückkommt.«

Im Januar 1957 zieht die Familie – inzwischen, 1955, war Axel, der älteste Sohn geboren worden – nach Wiebelskirchen um, wo ihr Mann Betriebsdirektor der Grube Kohlwald wurde. 1957 wurde Philipp, 1960 Marie-Anne, 1962 Steffen und 1965 Christine geboren. Sie engagierte eine Kinderfrau und bat sie, keinen saarländischen Dialekt mit den Kindern zu sprechen. »Das hat nicht viel genutzt«, sagt sie: »Den saarländischen Dialekt haben sie trotzdem angenommen. Und meine Töchter kochen saarländisch Dibbelabbes und Hoorische.«

Mit der saarländischen Küche hat sie sich angefreundet, aber »selbst kochen kann ich das nicht. Wenn die Familie kommt, dann koche ich gerne gut, vielleicht Zander in Champagnersauce, so wie wir das zu Hause in Südfrankreich essen. Wir lebten wie eine normale saarländische Familie. Mindestens einmal im Jahr fuhren wir in Urlaub nach Südfrankreich zu meinen Eltern. Am Stockweiher kaufte mein Mann eine Hütte, in der wir wunderschöne Sommertage verlebten. Wir hatten ein kleines Segelboot. Die Kinder lernten segeln. Es war eine schöne, eine glückliche Zeit.«

Sie beschreibt ihren Mann, den »Bergwerksdirektor« augenzwinkernd als »Autorität, und zwar überall. Seine Mitarbeiter schätzten ihn. Er hat seine Grube dirigiert, seine Frau dirigiert, seine Kinder dirigiert. Er hat seine Kinder streng, aber gerecht erzogen, aber auch zur Selbstständigkeit. Er hat ihnen bei den Schulaufgaben nicht geholfen. Er hat verlangt, dass sie ihre Probleme selbst lösen. Und er war ein Familienmensch.«

1984 wurde Günter Schliesing pensioniert. »Jetzt hatten wir mehr Zeit für uns. Wir reisten viel. Wir waren in der ganzen Welt. Sogar in China. Aber wir waren immer wieder froh, wenn wir wieder zu Hause in Neunkirchen waren und die Familie sahen. Wenn unsere fünf Kinder mit ihren Ehefrauen und Ehemännern und unsere elf Enkel uns besuchten, dann war unser Tisch zu klein. Alle leben im Saarland. Da kann man sich häufig besuchen.«

Am 9. Juli 2006 starb Günter Schliesing: »Wir waren 53 Jahre verheiratet, wir waren glücklich hier im Saarland. Ich habe keine Bindung mehr nach Südfrankreich. Zu Hause ist, wo man sein Nest gebaut hat, wo die Kinder und die Familie sind. In Südfrankreich fühle ich mich jetzt fremd und allein.«

Ministrant und Minister

Sein Gegenüber neugierig fixierend fragt Ferdi Behles, Jahrgang 1929, zweifelnd: »Also, was wollen Sie wissen? Alles, von Anfang an, alles?« Dann erzählt er, dass er der Älteste von drei Geschwistern ist, vom Vater, der 1937, nach fünfjähriger Arbeitslosigkeit, als Bergmann in der Grube Jägersfreude endlich wieder angestellt wurde und später Fahrhauer wurde: »Wir lebten zunächst in einer Mietwohnung unter dem Dach, als wir 1938 von Weiskirchen nach Dudweiler zogen. Unsere Familie ist katholisch. Deswegen war es für mich, wie für meinen Bruder, eine Selbstverständlichkeit, Messdiener zu sein. Keiner aus unserer Familie war in der NSDAP. Der Großvater war ein Zentrumsmann. Unser Vater hörte unter einer Decke den BBC ab. Wenn die Nazis ihn erwischt hätten, wäre es aus mit ihm gewesen. Schwierigkeiten hatte er ohnehin, weil er sein Schichtenbrot mit einem Fremdarbeiter geteilt hatte. Er wurde denunziert, festgenommen, war drei Tage eingesperrt. Dann haben sie ihn wieder freigelassen.«

Ferdi Behles

Ferdi Behles war Hitlerjunge – wie alle Gleichaltrigen damals – und zwar in der Flieger-HJ: »Wer nicht zum Dienst kam, für den mussten die Eltern fünf Mark Strafe zahlen.« Ferdi ging gerne zum Dienst: »Die Flieger-HJ, das war so was wie ein elitärer Haufen.« Zunächst bauten sie im »Flieger-Fähnlein« Flugzeugmodelle. Dann durften sie tatsächlich auf einem Schulgleiter, der SG 38 fliegen. Er erzählt stolz, dass er »den A-Schein machen konnte. Die Einberufung zum B-Schein war schon ergangen, doch zur Prüfung kam es nicht mehr.«

Stattdessen musste er als 15-jähriger Hitlerjunge mit seinen Kameraden »Schützengräben und Panzergräben ausheben. Tagsüber war Jabo-Beschuss. Die Jabos schossen auf alles, was sich bewegte. Dann kamen die Amis im März 1945.« Als ein US-Soldat seine Uniformjacke auszog, stellte der 16-Jährige erstaunt fest: »Das ist ja ein Mensch. Die Nazi-Propaganda hatte uns von den Kriegsgegnern ein Horrorbild gezeichnet.«

Kurz nach Kriegsende begann der Schulalltag wieder. Ungewöhnlich für den Sohn eines Bergmannes war, dass er das Gymnasium besuchen konnte. Der Volksschullehrer hatte die Familie bedrängt: »Der Bub muss in die höhere Schule.« Der Besuch der Oberschule in Sulzbach kostete monatlich 20 Reichsmark. »Das war viel Geld damals«, erzählt er. »Nach dem Krieg wurde die Oberschule zum Realgymnasium und das Schulgeld fiel weg.«

1951 machte er Abitur: »Ich wollte Jura studieren und Staatsanwalt werden. Mein Vater sagte: ›Du musst Beamter werden. Dann wirst du auch nicht arbeitslos.‹« Ferdi gehorchte. Noch im selben Jahr begann er als Anwärter für den gehobenen Dienst bei der Saarknappschaft in Saarbrücken. Stetig und sozusagen Schritt für Schritt ging es nach oben, schließlich wurde er Verwaltungsoberamtsrat und »Leiter des Referates Allgemeine Verwaltung bei der Bundesknappschaft in der Verwaltungsstelle Saarbrücken«, so der offizielle Titel. Das war 1971.

Ferdi Behles bei einem Empfang von Bundespräsident Walter Scheel, im Hintergrund der saarländische Ministerpräsident Franz-Josef Röder

Und privat? Er spielte Fußball in der Jugendmannschaft des ASC Dudweiler, dessen Präsident er später wurde. Schon früh hatte er sich als überzeugter Katholik

Ferdi Behles (2. v. l.) im Gespräch mit Bundespräsident Karl Carstens

auch kirchlich engagiert. Er war 1946 als Vertreter des Bundes der Deutschen Katholischen Jugend Mitbegründer des Landesjugendringes Saar, wurde später Mitglied der Kolpingsfamilie in verschiedenen Funktionen und Mitglied im Kirchenchor von St. Marien und St. Bonifatius in Dudweiler: »Am Wochenende gingen wir wandern und sangen im Quartett Volkslieder ›Ännchen von Tharau‹ oder ›Lustig zieht der Spielmann aus‹. Bei unseren Wanderungen waren auch die Mädchen dabei. Und dann kehrten wir ein und tranken ein gutes saarländisches Bier. Abends spielten wir Skat. Kino war zu teuer. Es war eine tolle Zeit.«

1954 erlebt er als Zuhörer eine Sitzung des Dudweiler Gemeinderates: Damals war Dudweiler noch eine selbstständige Gemeinde und bekannt als »das größte Dorf Europas«. Er ist enttäuscht, auch über die Vertreter der CVP. »Wenn du es besser kannst, mach' du es. Dann musst du allerdings auch Parteimitglied werden«, sagt ein Freund zu ihm. Er wird 1954 CVP-Mitglied.

Den Abstimmungs-Wahlkampf 1955 erlebte er in Dudweiler, und er sang, obwohl er ein »Joho-Mann« war, auch das Spottlied auf Johannes Hoffmann mit dem Refrain »Heil Dir im schwarzen Kranz, Heil Dir oh' Hoffmann's Hans, Heil CeVauPee. Oh johannesie, längstens gewesie Autonomie, Demokratie«. »Aber«, so betont er, »sonst hatte ich mit dem Wahlkampf nichts zu tun. Ich hörte wie der Wahlkampf Freundschaften auseinander sprengte und Familien zerriss, von den Schlägereien zwischen den verschiedenen Lagern im Saal Högel in der Bahnhofstraße in Dudweiler, und dass einmal das Saarbataillon eingreifen musste. Aber das lief weitgehend an mir vorbei. Ich war in der Jugendarbeit engagiert. Um Parteipolitik habe ich mich damals nicht gekümmert.«

Die Abstimmungsentscheidung erlebte er in Bad Ems, »wohin ich wegen einer chronischen Bronchitis zur Kur geschickt wurde. Dort war das, was im Saarland geschah, überhaupt kein Thema. Es gab kein Radio. Also las ich das Ergebnis erst in der Zeitung. Für mich war Konrad Adenauer der größte Politiker damals, er ist es für mich auch heute noch. Die Franzosen wollten nach dem Krieg das Saarland annektieren. Wenn die Amis nicht gewesen wären, hätten sie das vielleicht auch gemacht. Und Adenauer und der französische Premierminister Mendès-France, die wollten 1954 doch ein Europäisches Statut, ein unabhängiges Saarland.«

Und die DPS-Leute mit ihrem Spitzenkandidaten Schneider? »Von denen marschierten doch einige früher in SA-Stiefeln auf, jetzt gaben sie sich auf einmal christlich.«

1958 wird er Mitglied der Gewerkschaft ÖTV (Öffentliche Dienste, Transport und Verkehr) und erlebt, wie das »Wirtschaftswunder 1959, als die Schranken hochgingen, über das Saarland hereinbrach. Die haben aus dem Reich jeden Mist zu uns gebracht und gedacht, wir kaufen das. Und manche haben das auch gekauft. Ich habe denjenigen, die sich darüber beklagten – es gingen ja auch saarländische Firmen kaputt –, gesagt: ›Ihr habt doch so gewählt!‹ Es war ja nicht nur die Warenflut, die anrollte. Die Bergleute zum Beispiel verloren die besseren französischen Sozialleistungen. Und die D-Mark war auch gewöhnungsbedürftig. Ich habe in der neuen D-Mark-Zeit meine Helga geheiratet und musste staunend feststellen, dass aus meinem Gehalt von 75.000 Franken jetzt gerade mal noch 650 Mark wurden.«

1962 wählen die ehemaligen CVP-Mitglieder und die CDU-Mitglieder in Dudweiler einen neuen Vorstand. Er wird Vorsitzender des CDU-Ortsverbandes und später auch des Stadtbezirksverbandes Dudweiler und stellvertretender Vorsitzender des CDU-Kreisverbandes Saarbrücken. Und weil er »kein Freund von halben Sachen« ist, ist er auch einverstanden, dass er als Kandidat für den Stadtrat von Dudweiler vorgeschlagen und 1964 gewählt wird. Von 1964 bis 1968 ist er Vorsitzender der CDU-Stadtratsfraktion in Dudweiler und von 1968 bis zur Gebietsreform 1974 auch Erster Beigeordneter. Er ist ein »umtriebiger Mann in diesen Jahren«, wenngleich einer, der nicht der Versuchung unterliegt, überall mitmischen zu wollen: »Ich habe mich nie um ein Amt gedrängt, ich bin eher gedrängt worden.«

In der Politik ging es ihm um »Sozialpolitik. Ich komme aus einer Bergmannsfamilie. Da weiß man, wo es brennt.« Er gilt als »Vater des Saarländischen Personalvertretungsgesetzes von 1973«: »Das ist das Betriebsverfassungsgesetz des öffentlichen Dienstes und verankert eine stärkere Mitbestimmung der Mitarbeiter.« Das »Behles-Gesetz«, wie es bald hieß, hat er »als Abgeordneter, als

Wahlplakate

Personalratsvorsitzender bei der Saarknappschaft und stellvertretender Vorsitzender des Hauptpersonalrates der Bundesknappschaft auf den Weg gebracht« und schließlich auch durchgesetzt. Norbert Engel, der damalige Präsident der Arbeitskammer des Saarlandes und stellvertretende SPD-Landesvorsitzende, spottete, bevor das Gesetz verabschiedet wurde: »Da bestimmen ja bei mir die Putzfrauen.« Behles sagt: »Nach der Verabschiedung des Gesetzes spottete er nicht mehr.« Und dass die ständigen freien Mitarbeiter beim Saarländischen Rundfunk ein Mitbestimmungsrecht haben, ist ein weiteres Verdienst des Sozialpolitikers Ferdi Behles, der viele Jahre auch Mitglied des Rundfunkrates und des Verwaltungsrates des SR war. Die damalige Industriegewerkschaft Bergbau entsandte ihn in den Aufsichtsrat der Saarbergwerke als Arbeitnehmervertreter. Seine Karriere als CDU-Landespolitiker aber begann mit einem Unfall: »Am 14. Juni 1970 wurde ich vor dem Landtag von einem Auto angefahren. Ein Stück Ohr wurde abgerissen. Als der Arzt im Krankenhaus mein Ohr wieder annähte, erhielt ich die telefonische Nachricht, dass ich in den Landtag gewählt worden war. Das war eine Zeit, die viel Spaß gemacht hat. Viele Menschen riefen an und baten um Hilfe. Wenn man helfen kann, ist das doch schön. Als 1974 ein neuer CDU-Fraktionsvorsitzender gesucht wurde, und einige Freunde zu mir sagten: ›Ferdi, du musst das machen‹, fiel mir fast das Herz in die Hose. Und dann haben sie mich gewählt.«
Gemeinsam mit Werner Klumpp, dem FDP-Vorsitzenden, bereitete er die Koalition aus CDU und FDP vor und löste damit die Pattsituation im Landtag aus dem Wahlergebnis 1975 auf.
Als Ministerpräsident Dr. Röder ihn dann als Finanzminister in die neue Koalitionsregierung berief, war er aber doch überrascht: »Ich wäre lieber Fraktionsvorsitzender geblieben.« Wieso Finanzminister? »Wahrscheinlich weil ich ein reales Verhältnis zu Zahlen habe. Als ich Finanzminister war, konnte ich immerhin zwei Jahre durch Sparen die Unterdeckung der laufenden Ausgaben beseitigen.«

Insgesamt ist er drei Jahre Finanzminister, zwei Jahre im Kabinett von Dr. Franz Josef Röder und ein Jahr, als Ministerpräsident Werner Zeyer die Nachfolge von Röder antrat. 1980, nach der saarländischen Landtagswahl, als das Kabinett Zeyer nur durch eine Koalitionszusage an die saarländische FDP wiedergewählt wird, verzichtet Ministerpräsident Zeyer auf ihn als Finanzminister. Ferdi Behles übernimmt nun wieder die Führung der CDU-Landtagsfraktion.

1985 gewinnt die SPD mit Oskar Lafontaine die Landtagswahl. Die Niederlage hatte Ferdi Behles in einem Interview mit der Frankfurter Allgemeinen Zeitung vorausgesagt: »Mit dem Zeyer gewinnen wir keine Wahl.« Heute sagt er: »Ich hatte recht behalten. Aber ich war erschrocken, dass wir tatsächlich verloren hatten.«

1980 zieht er sich aus der Politik zurück. Günther Schwarz, der parlamentarische Geschäftsführer der CDU-Landtagsfraktion, bezeichnet ihn in seiner Abschiedsrede als einen »Kollegen, ... der in kritischen Situationen Mut und Zivilcourage bewiesen (...) und die Fraktion manchmal mit lockerem Mundwerk, aber mit fester Hand geführt...« hat.

Grubenfahrt: Ferdi Behles nach einer Ortsbesichtigung unter Tage

1981 wird er Geschäftsführer der Saarland Sporttoto GmbH und der Saarland Spielbank GmbH: »Eine Aufgabe, die ein Mandat im saarländischen Landtag ausschließt.« 1986 wird sein Vertrag nicht mehr verlängert: »Die SPD wollte mich nicht mehr, weil ich ein CDU-Mann war. Oskar Lafontaine steckte dahinter, er musste ein Versprechen einlösen. Auch Hermann Neuberger, der verstorbene ehemalige DFB-Präsident, war einer meiner Gegner. Natürlich hatte ich mir mit meiner direkten Art auch Feinde gemacht. Einer meiner Wahlsprüche lautete: Sag die Wahrheit, dann kannst du dich erinnern, was du gesagt hast. Heute bedaure ich es nicht mehr, dass ich damals bei Saartoto rausgeflogen bin. Ich bin nicht nachtragend. Aber auf die, die mich einmal reingelegt haben, passe ich auf.«

Nach einer nachdenklichen Pause zieht er sein persönliches Fazit: »Wenn man keine Macht mehr hat, ist man vergessen. Aber man muss aufpassen, wenn man Macht hat. Da darf man nicht glauben, dass man ein besonderer Mensch ist.«

Und das Saarland? »Heute sage ich, der Anschluss 1955 war richtig, auch wenn ich das damals anders gesehen hatte. Das Statut hätte die Chance gehabt, dass das Saarland so etwas Ähnliches wie Luxemburg hätte werden können. Doch französisch wollte ich auch damals nicht werden. Wenn man immer sagt, dass wir Saarländer so frankophil sind, ist das eine Art Etikettenschwindel. Das stimmt einfach nicht. Die Saarländer sind keine Saarfranzosen, wie man im Reich gerne zu sagen pflegte. Saarländer waren nie anders als deutsch, auch wenn sie gelegentlich französisch essen gehen. Mit frankophil hat das nicht viel zu tun. Die Saarländer brauchen ihre Eigenständigkeit.«

Sechs Jahre auf der Suche nach Irgendwo

Die Eltern von Norbert Fischper sind Donauschwaben und lebten vor dem Zweiten Weltkrieg in Rumänien in einem Dorf mit dem Namen Moldovito. Norbert Fischpers Vater war ein armer Waldarbeiter. Der lange Weg der Familie Fischper, der sechs Jahre dauern sollte, begann 1939, als Adolf Hitler alle Deutschen »heim ins Reich« holen wollte: »Sechs Jahre mit dem Pferdewagen. Hunger, Kälte und Krieg. Man kann sich nicht vorstellen, was die Menschen damals ertragen mussten.« Die erste Station war in Österreich in Sankt Martin, einem kleinen Ort in der Nähe von Adolf Hitlers Geburtsstadt Braunau. In Sankt Martin gibt es auch heute noch ein Schloss mit dem Namen Arco Valley. Dort wohnte damals 1939 auch die Familie des Grafen Max Arco Valley. Und der ging hoch erhobenen Hauptes durch die Reihen der Flüchtlinge, die alle beflissen »Heil Hitler, Herr Graf« grüßten. Nur einer nicht: der kleine Norbert. Der zog die Mütze und sagte artig: »Grüß Gott, Herr Graf.« Das imponierte dem Grafen. Er lud den kleinen Norbert ins Schloss. »Es war fast wie in einem

1956 heirateten Imelda und Norbert Fischper. Fünfzig Jahre später bei ihrer Goldenen Hochzeit stellen sie sich wieder stolz dem Fotografen.

Märchen«, erzählt Norbert Fischper. »So unwirklich schön.« Er sitzt mit dem Grafen und seiner Familie am Esstisch, darf sogar mit dessen Tochter Willi gemeinsam zur Kommunion gehen. Von der Kommunion, der vornehm gedeckten Tafel – davon schwärmt Norbert Fischper noch heute.

Die nächste Station der Flucht durch halb Europa war Polen. Der Vater, der inzwischen deutscher Soldat war, wurde dorthin versetzt: »Wir, die ganze Familie folgte. Neuer Lebensraum für das deutsche Volk im Osten, so oder so ähnlich hieß das Programm.« In Polen sollten sie sich als Bauern ansiedeln. Doch die russische Armee rückte vor. Wieder ziehen sie los, fliehen mit den wenigen Habseligkeiten auf dem Pferdewagen Richtung Westen. Sie werden nach Lothringen in ein Lager in der Nähe von Metz dirigiert. Hier sollen sie siedeln. Noch ist Lothringen deutsch besetzt. Doch wieder holt der Krieg sie ein. 1944, die Amerikaner kommen immer näher. Sie flie-

1957: Norbert Fischper mit seinem neuen Motorrad, einer 350er Maico-Taifun

hen bis ins Saarland nach Welschbach bei Illingen: »Dort wohnten wir in zwei Zimmern mit sieben Kindern. Inzwischen hatten meine Eltern noch ein Baby bekommen. Wir hatten als Kinder wenig Freude. Als Flüchtling war man nicht angesehen.«

1946: Norbert Fischper ist jetzt vierzehn Jahre alt. Ein Jahr arbeitet er auf einem Bauernhof – nur für Kost und Logis: »Das war sehr schwere Arbeit. Da wurde ich nur ausgenutzt und bekam keinen

Pfennig. Manchmal musste ich von morgens sechs Uhr bis abends 23.00 Uhr arbeiten. Es war eine elende Schinderei.« Er lernt einen Steiger kennen. Der sagt zu ihm: »Komm doch zu uns in die Grube. Da verdienst du richtiges Geld.«
Norbert Fischper hat die Schinderei auf dem Bauernhof »für nix und null dick. Samstags habe ich mich bei dem Steiger gemeldet. Am nächsten Montag schon ging es los.« Er wird Berglehrling, fährt ein in die Grube Reden und später in Jägersfreude: »Bergmann, etwas anderes gab es ja damals nicht.« Er wäre gerne Schreiner geworden. Aber da gab es keine Lehrstelle. Auch nicht als Schneiderlehrling. Seine Mutter hatte sich gewünscht, dass er ein Schneider würde. Nach drei Jahren legt er die Hauerprüfung ab, »liegt nun jeden Tag acht Stunden im 60 Zentimeter hohen Kniestoß« und schlägt »im Liegen mit dem Pickhammer die Kohle los und schafft sie dann raus mit der Schaufel.« Wenn er zur Frühschicht muss, muss er um 4.30 Uhr aufstehen, um den Lastwagen zu erreichen, der die Bergleute zur Grube fährt. Die Schicht dauert bis 14.00 Uhr. Um 15.30 Uhr war man wieder zu Hause. Die Mittagsschicht ging von 14.00 bis 22.00 Uhr und die Nachtschicht von 22.00 bis 6.00 Uhr früh. Und immer musste man die drei Stunden Fahrweg hin und zurück dazurechnen. Und dann geht zu Hause die Arbeit auf dem Feld, im Garten oder im Stall weiter.«
Ein Bergmann »verdient gut damals, jedenfalls mehr als in vielen anderen Berufen. Sechstausend bis siebentausend Franken«, erinnert er sich. Er wohnt noch zu Hause bei seinen Eltern und muss alles Geld zu Hause abgeben.
Und als er dann 1955 seine spätere Frau Imelda kennenlernt, hat er nicht einmal genug Geld, um sie ins Kino einzuladen. Die Abstimmung 1955? Für das Saarstatut haben beide nichts übrig. Er sagt: »Wir waren schon in Rumänien deutsch. Wir wählten deutsch.« Seine Frau erinnert sich, dass die Einwohner von Welschbach mit Ja für das Statut stimmten »und Welschbach deswegen damals Jabach

hieß«. Aber sie stimmte wie ihr späterer Mann Norbert für »heim ins Reich, weil wir ja im Saarland auch früher deutsch waren«. Er ergänzt nachdenklich: »Wir stimmten deutsch, obwohl wir bei den Franzosen mehr verdient hatten. Aber das haben wir erst später bemerkt. Als 1960 unser erstes Kind geboren wurde, bekamen wir kein Kindergeld. Bei den Franzosen hätten wir Kindergeld bekommen.«
1956 heiraten sie. Sie sagt: »Er war arm, ich war arm. Da muss man die Ärmel hochkrempeln.« Sie kaufen von der Gemeinde Urexweiler ein Grundstück, und dann wird gebaut, wie viele gebaut haben damals. Nach der Acht-Stunden-Schicht vorne »im Stoß« und den drei Stunden Fahrzeit wird gemauert und Zement gemischt. Damit sie besser über die Runden kommen, bauen sie ihr Gemüse selbst an. Sie verdient als Haushaltshilfe und als Spulenwicklerin bei Siemens dazu. 1962 können sie in ihr Haus einziehen. Als 1962 in Luisenthal 299 Bergleute beim größten Bergwerksunglück in der saarländischen Geschichte ums Leben kommen, überkommt auch ihn die Angst: In jeder Schicht Leben und Gesundheit riskieren? Sind die 700 Mark, die er brutto in dieser Zeit ungefähr im Monat verdient, das wert? Gibt es nicht andere Möglichkeiten? In Wirklichkeit stellen sich solche Fragen für den Bergmann Norbert Fischper nicht: »Wir hatten durch den Hausbau Schulden. Ich konnte es mir nicht leisten, von der Grube wegzugehen.«
Von 1960 an fährt er in die Grube Jägersfreude ein. 1970 wird bei ihm die Bergmannskrankheit Silikose festgestellt: »Da hat keiner richtig gefragt, ob man Silikose hat oder nicht. Das ist kein Grund zum

Der Trierer Bischof Hermann Josef Spital (l.) informierte sich unter Tage über die Arbeitsbedingungen der Bergleute.

Aufhören. Drei oder vier Jahre kann man damit noch unter Tage im Stoß arbeiten, hieß es. Das habe ich dann auch gemacht. 1973 haben sie dann bei mir die Pickhammerkrankheit festgestellt. Da habe ich unter Tage im Stoß aufgehört und war bis 1983 dann Werkschutz-Mann.«

299 Bergleute kamen bei dem Grubenunglück am 7. Februar 1962 in Luisenthal ums Leben. In der Turnhalle in Köllerbach wurden die Särge der toten Bergleute aufgebahrt.

Die Pickhammerkrankheit? Er zeigt sein rechtes Handgelenk: »Durch die dauernde Überbeanspruchung ist es regelrecht zermürbt worden. Vor Kurzem haben sie bei mir noch eine Muskelschwäche festgestellt.«

1983, im Alter von 51 Jahren wurde der Bergmann Norbert Fischper, Saarländer mit rumänischen Wurzeln, Frührentner. Er ist 70 Prozent »erwerbsgemindert«: 50 Prozent durch die Silikose und 20 Prozent durch den Verschleiß an seinem rechten Handgelenk.

Die Berufskrankheit Silikose, auf deutsch Staublunge, quält ihn; der ständige Husten, die Atemnot. Manchmal fällt es ihm schwer, zehn Schritte zu gehen. Besonders an Tagen mit schlechtem Wetter. Dann muss er täglich an das Sauerstoffgerät angeschlossen werden, das im Schlafzimmer bereit steht: »Schlimm ist es auch nach dem Baden. Der feuchte Wasserdampf schlägt auf die Lunge.« Ständig ist das

Sauerstoffgerät in seiner Nähe. Seine Frau sagt: »Wir waren auch schon zur Kur. Da ging es ihm so schlecht, dass ich dachte, er schafft es nicht mehr.«
Norbert Fischper winkt ab. Über seine Krankheit will er nicht reden.

Das Akkordeonspielen hat sich Norbert Fischper selbst beigebracht. Feste bei Familie Fischper sind Musikfeste. Da wird gesungen und getanzt.

Wir reden stattdessen über dies und jenes und schließlich über Musik. Er kann sehr gut Akkordeon spielen. Das hat er sich selbst beigebracht. Die Familienfeste der Fischpers sind Musikfeste. Da wird musiziert und gesungen: »Manchmal kommen 50 oder mehr Leute zusammen. Unsere beiden Söhne, die drei Enkel, die zwei Urenkel, die ganzen Freunde und Verwandten und die Nachbarn. Wir sitzen zusammen und freuen uns und singen.« »Unser letztes großes Fest war unsere goldene Hochzeit«, erzählt sie. »Da waren wir achtzig Personen.« Er steht auf und holt die Quetschkommode und singt klar und schnörkellos »Sah ein Knab ein Röslein stehen«.

Seine Vergangenheit, die schwere Kindheit, die Flucht, das lässt ihn nicht los. 1977 reisten sie nach Rumänien in sein Heimatdorf. Sie fanden tatsächlich die Lehrerin, bei der er in die Schule ging. Und die zeigte ihm das alte Schulbuch, in dem sein Name steht. »Lang, lang ist das her«, sagt er nachdenklich. Und wo ist die Heimat? In Rumänien? »Keine Frage«, sagt er. »Hier in Urexweiler ist mein Zuhause. Hier ist meine Familie, sind meine Freunde.« Und sie sagt: »Ich bin hier geboren. Hier wollte ich nie weg. Und hier gehe ich nicht mehr weg.«

Nicht lange rumreden, zupacken, machen

»Mein Vater war Bergmann. Wir waren keine reichen Leute, jeder Pfennig musste umgedreht werden. Wir waren sechs Kinder«, erzählt Leo Altmeyer, Jahrgang 1930, von seiner Jugend in Köllerbach, wo er geboren wurde. »Der Mittlere, der Dritte bin ich.« Sein Vater wurde 1944 zum Volkssturm eingezogen. Sein ältester Bruder »Willi war Soldat in Russland und der zweitälteste Bruder Heinrich als Fallschirmjäger in Italien«. Bruder Heinrich fiel im Frühjahr 1944 in

Hoher Besuch: Leo Altmeyer (l.) und Bundeskanzler Helmut Schmidt mit einer druckfrischen Ausgabe der Saarbrücker Zeitung

Italien bei der Schlacht um den Berg und das Benediktiner-Kloster Monte Cassino, bei der insgesamt 20.000 deutsche und 12.000 alliierte Soldaten getötet wurden. Leo Altmeyer besuchte die Volksschule in Köllerbach: »Der Hauptlehrer wollte mich auf eine Adolf-Hitler-Schule melden, damit ich zum Lehrer ausgebildet werden konnte. Daraus wurde nichts. Der Vater war dagegen, und der Krieg war ja in Wirklichkeit schon verloren.«

Schutt und Asche: Die schöne alte Stadt Saarbrücken war nach den alliierten Bombenangriffen ein Trümmerfeld. Im Hintergrund links die zerstörte Ludwigskirche

Stattdessen begann er am 1. April 1944 eine Schriftsetzer-Lehre bei der Saarbrücker Zeitung in Saarbrücken: »Nach dem schweren Bombenangriff in der Nacht vom 4. zum 5. Oktober 1944, bei dem auch das Verlagsgebäude der Saarbrücker Zeitung schwer beschädigt wurde, wurde die Produktion nach Neunkirchen ausgelagert. Und aus und vorbei war es vorerst mit der Lehrstelle bei der Zeitung.«

Leo Altmeyer wurde wie die meisten seiner Altersgenossen als vierzehnjähriger Hitlerjunge zum Schanzen und Ausheben von Panzergräben abkommandiert. Eine letzte, sinnlose Verteidigungsmaßnahme angesichts der vielfachen Überlegenheit der vorrückenden US-Armee. Er half »zu Hause und bei Nachbarn, wo er gebraucht wurde. In der Nachbarschaft lebte eine Bergmannsbauern-Familie. 16 Morgen Ackerfläche, im Stall standen drei Kühe. Die Frau war schwer krank. Sie hatte zwei Kinder. Der Mann war Soldat in Russland. Die Familie brauchte Hilfe. Da habe ich die Landwirtschaft übernommen.« Mit vierzehn Jahren? Natürlich auch ein wenig stolz sagt er: »Das hat doch jemand machen müssen. Wenn man auf dem Land aufwächst, da ist das nichts Besonderes. Melken, den Stall in Ordnung halten und das Feld bestellen. Da kann man so was.«

Ein dreiviertel Jahr war er zu Hause, bis es bei der Zeitung weiterging. Er absolvierte seine Lehre und arbeitete dann bis 1958 als Maschinensetzer in Völklingen. »Von zu Hause aus katholisch-christlich geprägt« war es für ihn selbstverständlich, dass er schon früh Mitglied der CDU wurde und natürlich im Abstimmungskampf im Saarland »gegen Joho und sein Europastatut nachts für die im Heimatbund zusammengeschlossenen drei Parteien, die CDU, die SPD und die DPS, Plakate klebte und Flugblätter verteilte.«

Dass »das Saarland zurück nach Deutschland kam und an die Bundesrepublik angeschlossen wurde«, sieht er auch heute »als die einzig richtige Entscheidung« an. »Es war auch 1935 die Entscheidung ›heim ins Reich‹, zurück nach Deutschland. Die Menschen stimmten damals nicht für Hitler, sondern für Deutschland«, betont er. »Und 1955 haben sie wieder für Deutschland gestimmt.«

1954 heiratete er Hildegard, die wie er in Köllerbach geboren und aufgewachsen war und in einer Bäckerei und später als Verkäuferin in einer Metzgerei arbeitete. Als echter Saarländer hatte er gleich nach der Hochzeit von der Gemeinde ein Grundstück gekauft und angefangen zu bauen. Wir sitzen im Esszimmer des Hauses, das sie damals bauten, hoch oben auf dem Kyllberg mit Blick auf Köllerbach und unterhalten uns »über die Schwierigkeiten und Entbehrungen, die die Menschen damals auf sich nahmen um vorwärts zu kommen. Mit meinem Vater holte ich die Natursteine, mit denen wir den Keller mauerten, im Steinbruch. Wir hatten einen Maurer, dem haben wir zugearbeitet. Und jede freie Minute waren wir auf der Baustelle. Jeder Groschen wurde für den Bau gespart. Ich verdiente als Schriftsetzer damals 500 Mark im Monat, und wir mussten ja auch noch Miete bezahlen. Manchmal hatte meine Frau keine fünf Mark Haushaltsgeld mehr, um die nächsten drei Tage zu finanzieren. Wir nahmen ein sogenanntes Flüchtlingsdarlehen auf, um den Bau zu finanzieren. Das gab es für den Zinssatz von einem Prozent. Man musste als Gegenleistung eine Flüchtlingsfamilie aufnehmen. Die Wohnungsnot nach dem Krieg war überall groß.«

Die Familie wuchs. Vier Kinder wurden geboren. Leo Altmeyer engagierte sich in der Kommunalpolitik. 1957 wurde er in Völklingen zum Mitglied des dortigen Betriebsrates der Saarbrücker Zeitung und 1958 in den Gemeinderat von Köllerbach gewählt: »Die Wochenarbeitszeit betrug damals 48 Stunden. Oft wurde aber länger gearbeitet. Überstundenzuschläge wurden erst ab 55 Stunden in der Woche gezahlt. Erst 1967 kam die 40-Stunden-Woche und die Kampagne ›Samstags gehört Vati uns‹.«

Betriebsrat, eine 48-Stunden-Arbeitswoche und dazu die manchmal nicht enden wollenden Sitzungen in der Kommunalpolitik? Altmeyer sagt knapp: »Das gehört dazu. Das hat mich nicht gestört.«

Er hatte sich inzwischen einen gebrauchten Peugeot 203 mit 100.000 Kilometern auf dem Zähler für 600 Mark gekauft: »Damit war ich nun beweglicher, auch was die Wege von und nach Saarbrücken zu meiner Arbeit betraf.« Und zum ersten Mal fuhr die Familie nun auch in Urlaub auf einen Bauernhof am Chiemsee. 1958 wechselte er ins Stammhaus der Saarbrücker Zeitung nach Saarbrücken, und 1968 wurde er dort zum Betriebsrat gewählt, dessen Vorsitzender – in fünf Wahlen wurde er mit beeindruckender Mehrheit in dieser Funktion bestätigt – er bis 1994, bis zu seiner Pensionierung, war.

Kollegen aus jenen Jahren beschreiben ihn als einen Mann, der »nie ein biegsamer Leisetreter, ein Argumentierer von der Sorte: darüber könnte man auch später noch mal reden, war. Er war für hier und jetzt, für klare Worte und erwartete von seinen Gesprächspartnern Lösungen. Und wenn er im Aufsichtsrat der Saarbrücker Zeitung, dessen stellvertretender Vorsitzender er später war, für die Interessen der Belegschaft eintrat, hörte auch Georg von Holtzbrinck, der Gründer der Verlagsgruppe Holtzbrinck, aufmerksam zu.« Altmeyer nennt den mächtigen Chef des Medienkonzerns heute noch respektvoll »der Alte, weil, man sich auf das, was man mit ihm vereinbart hatte, verlassen konnte. Es hat einige Zeit gedauert, bis wir uns verstanden haben. Aber dann legten wir die Karten offen auf den Tisch, redeten miteinander.«

Altmeyer hat die Fähigkeit, auf Menschen zuzugehen, zuzuhören – und gelegentlich auch schlitzohrig – abzuwarten, wie sich alles entwickelt. Nicht zuletzt ihm ist es zu verdanken, dass die Belegschaft der Saarbrücker Zeitung bei der Reprivatisierung des Zeitungshauses im Jahr 1970 mit 15 Prozent beteiligt wurde, vom Lehrling bis zum Direktor. An einer anderen wichtigen und beispielhaften Institution in der Saarbrücker Zeitung hat Leo Altmeyer außerdem wesentlichen Anteil; am Redaktionsstatut der Saarbrücker Zeitung, das die innere Pressefreiheit der Redaktion regelt. Die Redakteure wählen einen Redaktionsbeirat, der ihre Interessen gegenüber dem

Verlag und gegenüber der Chefredaktion vertritt. »Das Beteiligungsmodell für die Mitarbeiter war ein Novum im Pressewesen der Bundesrepublik«, sagte der damalige Verlagsdirektor Dr. Hans Stiff 1990, als Leo Altmeyer 60 Jahre alt wurde, in einer Laudatio. Altmeyer hat sich über die Dankesreden zu seinem Geburtstag und auch zu seinem Ausscheiden aus dem Unternehmen 1994 gefreut, vor allem »weil alle akzeptiert haben, dass ich die Dinge ohne Umschweife anspreche, auch wenn sie nicht immer bequem zu lösen sind«. Georg von Holtzbrinck sagte über ihn: »Der Leo ist ein ungeheuer kämpferischer Vertreter seiner Belegschaft. Sein Leben ist an die Zeitung gefesselt.«

In seinem Heimatort Köllerbach und in Püttlingen mischte er nach der Gebietsreform in der Kommunalpolitik weiter mit. 1974, als Köllerbach und Püttlingen zusammengeschlossen wurden, war er elf Monate als Erster Beigeordneter amtierender Verwaltungschef, bis der neu gewählte Bürgermeister sein Amt antrat.

Er ist Mitglied der Freiwilligen Feuerwehr in Köllerbach und ist, was er nicht gerne zugibt, stolz auf seinen Titel »Ehrenlöschzugführer«. Acht Jahre lang war er am Arbeitsgericht und zwölf Jahre lang Richter am Sozialgericht, ehrenamtlich versteht sich. Er wurde mit dem Bundesverdienstkreuz ausgezeichnet, ist Träger des Saarländischen Verdienstordens und Ehrenbürger der Stadt Püttlingen.

Als wir über die Vergangenheit und das Saarland von heute diskutieren, ist sein Redefluss kaum noch zu unterbrechen: »Im Saarland haben wir die kurzen Wege. Jeder kennt jeden, das erleichtert vieles. Der Saarländer ist fleißig, will es zu etwas bringen. Eine landsmannschaftliche saarländische Identität gibt es nicht. Die Saarländer mussten sich im Laufe der Geschichte ständig anpassen, an die wechselnden Herrschaften und Herren. Schon zwei Mal gehörten wir zu Frankreich. Wir haben von den Franzosen gelernt, die sagen: ›Wir arbeiten um zu leben‹.«

Das Abstimmungsergebnis von 1955? »Das hätte nicht geklappt, dass wir ein zweites Luxemburg geworden wären. Die Selbstständigkeit – ich konnte damals nicht daran glauben, kann es heute auch nicht, dass es so gekommen wäre. Der gute Wille war vielleicht da. Aber die fundamentalen Voraussetzungen haben gefehlt.«

Altmeyer ist ein Gegner der föderalistischen Klein-Klein-Staaterei: »Ich bin doch nicht dadurch ein Saarländer, dass es ein eigenständiges Saarland gibt. Ich bin heimatverbunden, fühle mich zu der Region gehörig. Aber das heißt nicht, dass ich ein selbstständiges Land brauche, um mich als Saarländer bestätigt zu sehen. Wir brauchen keine 16 Bundesländer. Vier Bundesländer würden reichen: Nord-Ost, Nord-West, Süd-West und Süd-Ost. Durch einen neuen Zuschnitt der Länder werde ich doch kein Pfälzer oder Bayer. Aber

Sekt und Small-Talk in der Saarbrücker Zeitung: Verlagsleiter Dr. Hans Stifft, (v.l.n.r.) CSU-Chef Franz Josef Strauß, der saarländische Kultusminister Werner Scherer und SZ-Betriebsratschef Leo Altmeyer

Leo Altmeyer (l.) mit Bundespräsident Richard von Weizsäcker

wir könnten jede Menge Geld sparen. Wir hätten nur vier statt 16 Länderparlamente, zum Beispiel und viel weniger Verwaltung. Voraussetzung für eine Abstimmung für eine entscheidende Reform der föderalistischen Struktur wäre, dass die, die da am Tropf hängen, nicht abstimmen dürften. Also keine Stimme für Abgeordnete und Berufspolitiker, was derzeit leider durch das Grundgesetz nicht möglich ist. Dann hätten wir bald vernünftig überschaubare Strukturen, die weitaus weniger Geld kosten würden und die, vernünftig organisiert, mindestens die gleichen Verwaltungsleistungen bringen könnten. Ich bin trotzdem zufrieden, wie es gelaufen ist. Es war eine ereignisreiche, eine spannende Zeit.«

De Charly

Wenn man sich mit Carl Bossert über das Saarland unterhält, nennt er drei Jahreszahlen, die seiner Meinung nach das Schicksal des kleinsten Bundeslandes, seiner Menschen und auch sein eigenes Leben bestimmt und geprägt haben: »1935, 1945 und 1955. 1935 – das war die Abstimmung mit dem Ergebnis Heim ins Reich und zuvor der Abstimmungskampf, die Bespitzelung und Diffamierung der jeweiligen Gegner. Es waren viele, die das Land nach der Abstimmung am 13. Januar 1935, als sich 90,76 Prozent der Saarländer für die Rückgliederung entschieden hatten, verlassen mussten. Die Sympathisanten der antifaschistischen Einheitsfront, Kommunisten, Sozialdemokraten, Gewerkschafter, Angehörige von missliebigen Organisationen und Verbänden und Minderheiten, auch Katholiken und Juden flohen. Viele kamen nie wieder.«

Carl »Charly« Bossert

Carl Bossert, Jahrgang 1923, besuchte die Volksschule in Saarbrücken-Malstatt. Seit dem Tod seines Vaters Karl Bossert im Jahr 1928 führte seine Mutter Caroline Bossert die elterliche Metzgerei in Saarbrücken-Malstatt allein. Der kleine Carl half schon mal aus in der Wurstküche und erledigte Botengänge. In der Schule erlebte er 1934 staunend, dass ein Lehrer eines Tages mit schwarzen Stiefeln in den Unterricht kam: »Wir mussten im sogenannten Handfertigkeitsunterricht auf einem Handwagen einen Galgen montieren, an dem eine Strohpuppe aufgehängt wurde. An der Strohpuppe hing ein Zettel mit dem Namen Max Braun. Es war im Dezember 1934, als wir Schüler mit diesem Handwagen in die Hohenzollernstraße in Saarbrücken vor das Büro der Arbeiterwohlfahrt zogen. Dort wurde die Strohpuppe verbrannt. Ich rannte nach Hause und erzählte der Mutter: ›Die haben einen nachgebildeten Menschen verbrannt‹.«

Wer genau Max Braun war, wusste der kleine Carl Bossert damals nicht, obwohl er genau zuhörte, wenn die Erwachsenen über Politik redeten. Später erfuhr er, dass Max Braun der Führer und die Stimme des Widerstandes gegen die Rückgliederung und der erste Vorsitzende der Saarländischen SPD und Chefredakteur der Saarbrücker Tageszeitung »Volksstimme« war, dass er nach der Abstimmung 1935 nach Frankreich emigrierte, wo er das »Office Sarrois« in Forbach – die Organisation saarländischer Emigranten – und die »Beratungsstelle für Saarflüchtlinge« leitete. Nach Kriegsende kehrte er nach Saarbrücken zurück. Hier starb er am 3. Juli 1945.

»Max Braun – das war ein Mann«, sagt Bossert heute, »den ich wegen des Kindheitserlebnisses mit der verbrannten Puppe nie vergessen werde, obwohl ich ihn nicht gekannt habe.«

1937 begann er seine Metzgerlehre. Er interessierte sich mehr für den Verkauf, als für die Arbeit im Schlachthaus: »Dazu brauchte ich Überwindung.«

Mit dem Fahrrad und mit einem Korb mit Wurstwaren auf dem Rücken besuchte er Läden und Hotels und Restaurants in der Saarbrücker Innenstadt. Nicht selten war er zehn Stunden am Tag unterwegs. Und manchmal verkaufte er noch am Wochenende Rostwürstchen vor dem Restaurant »Zum Riesen« in der Bahnhofstraße 109, das seiner Mutter gehörte. Bald hatte er sich eine feste Verkaufs-Tour organisiert. Gelegentlich gab es Trinkgeld: »Manchmal waren es zwei Mark an einem Tag. Das war mein Sackgeld. Das behielt ich für Kino und anderes. Ich verdiente 50 Pfennig in der Woche – das war der offizielle Lohn – und hatte bei meiner Lehrfirma Kost und Logis frei. Samstagabends oder Sonntagnachmittags gingen wir zur Tanzmusik. Die gab es in vielen Lokalen. Der Wirt legte Schallplatten auf. Wir

nannten das Dienstmädchenball. Um zehn Uhr abends mussten wir zu Hause sein. Und morgens um sechs Uhr war die Nacht rum.«
Er erinnert sich an die Reichskristallnacht vom 9. zum 10. November 1938, als in Saarbrücken die Synagoge in der Futterstraße brannte: »Ich stand da und sah zu und verstand nicht, was da passierte und warum. Mein Vater hatte mit jüdischen Viehhändlern Schach gespielt. Und dann gab es noch den Herrn Strauß aus Straßburg. Der besuchte uns regelmäßig und verkaufte Berufswäsche. Ich fuhr in das Geschäft und sagte zu meinem Meister: ›Da brennt die Synagoge‹. Der Meister sagte: ›Jetzt kriegen die Juden ihr Fett weg.‹«
Das Lehrverhältnis endete abrupt mit einer Ohrfeige des Metzgermeisters, als Carl Bossert protestierte. Carl Bossert ohrfeigte zurück. Er beendete seine Lehre in einem anderen Betrieb. 1952 machte er seine Meisterprüfung als Metzgermeister. In Abendschulen bildete er sich weiter und bestand dann auch die Kaufmannsgehilfenprüfung.
1940 wurde Carl Bossert, Jahrgang 1923, Soldat. 1942 war er Frontsoldat bei den Sturmpionieren in Stalingrad, wurde schwer verwundet: »Ich war längere Zeit im Lazarett.« Was man aus ihm herausfragen muss, ist dies: Der Obergefreite Carl Bossert wurde von einem Kriegsgericht in Ulm wegen Tätlichkeit gegen einen Vorgesetzten in Stalingrad zu neun Monaten Festungshaft verurteilt, die er wegen seiner schweren Verletzungen nicht verbüßen musste. Und er wurde zum »Schützen Null« degradiert. Zögernd erzählt er, ein Unteroffizier habe ihn angebrüllt, als ich »für meine drei Kameraden und mich fünf Essgeschirre mit Eintopf holen wollte: ›Vier Sol-

1944: Carl Bossert als kriegsverletzter Soldat in Saarbrücken

daten und fünf Essgeschirre?‹ In der rechten Hand hatte ich drei Essgeschirre. Die habe ich ihm auf den Stahlhelm gedonnert. Dann zog der die Pistole. Die habe ich ihm aus der Hand geschlagen.« Sein Glück war, dass er bei einem bevorstehenden Einsatz dringend gebraucht wurde: »Wenn ich die Festungshaft hätte absitzen müssen und anschließend dann zur Strafkompanie abkommandiert worden wäre – das wäre mein Todesurteil gewesen.«

Aufräumungsarbeiten: Den entsetzlichen Angriff des 5. Oktober 1944 auf Saarbrücken überlebt Carl Bossert in einem Bierkeller.

1943: Der verletzte und gehbehinderte Frontkämpfer Carl Bossert wird als Bote zu einer militärischen Dienststelle in Saarbrücken versetzt, die die Aufgabe hat, bei einem deutschen Rückzug in Frankreich Industrieanlagen abzutransportieren oder zu zerstören: »Dazu kamen die gar nicht mehr.« Immer häufiger und immer heftiger wird Saarbrücken von alliierten Bombenflugzeugen angegriffen. Den entsetzlichen Angriff des 5. Oktober 1944 erlebt Bossert in einem Bierkeller: Die Stadt brennt lichterloh. 361 Menschen sterben im Inferno: »In Russland hat man gewusst: Dort ist der Feind und hier ist die eigene Linie. Aber bei einem Bombenangriff sitzt man im Loch und weiß nix.«

Er will nach dem elterlichen Geschäft in der Bahnhofstraße 109 sehen und sich nach Saarbrücken-Malstatt zu seinem Elternhaus

durchkämpfen: »Ein Feuerwind heizte durch die Straßen. Ich bin mit dem Stock gehumpelt, da kommt man nicht weit.« Später erfährt er, dass das elterliche Geschäft ausgebrannt ist. Das Elternhaus in Malstatt blieb bei dem Angriff zwar unversehrt, fing aber später durch Funkenflug Feuer und brannte bis auf den Keller aus.
Am 10. Juli 1945 löst französisches Militär die US-Truppen ab. Die Stars & Stripes vor dem Saarbrücker Rathaus werden eingeholt, die Tricolore wird gehisst. Carl Bossert heiratet im Oktober 1945 Edith, ein Mädchen aus der Nachbarschaft: »Die Fenster im Saarbrücker Rathaus St. Johann waren kaputt und mit Brettern vernagelt. Unvorstellbar ist das alles heute.«
Er findet Arbeit im Offiziers-Casino der französischen Armee in Saarbrücken als Casino-Chef: »Ich fühlte mich wohl. Und als ich die Chance hatte, zeitweise nach Paris zu gehen, machte ich das sofort.« Zwei Jahre, von 1947 bis 1949, arbeitet er im Fleischgroßhandel in den berühmten Pariser Hallen. Es ist eine Zeit, die er »nicht missen« möchte, in der er »viel gelernt hat.« Zurück in Saarbrücken macht er sich in der Reichsstraße beim Hauptbahnhof als Gastronom selbstständig und eröffnet die »Strohdiele«: »Hier verkehrten Arbeiter und Direktoren, Politiker, Juristen und Geschäftsleute und Angestellte, Eisenbahner und Busschaffner. Die Menschen verdienten wieder Geld, vor allem im Bergbau und in der Stahlproduktion. Sie wollten feiern, den Krieg vergessen, neu anfangen.«
Im September 1949 veranstaltet er das 1. Volksfest nach dem Krieg in Saarbrücken, das »Waldfest« im Saarbrücker Ludwigspark: »Ich hatte ein ehemaliges amerikanisches Sanitätszelt organisiert, in dem hatten 80 Besucher Platz. In einem weiteren Zelt noch mal 250. Und dann gab es noch den großen Biergarten für mehr als tausend Personen.« Es spielt die Polizeikapelle des Saarlandes. Es wird »gudd gess«. »Die Menschen waren froh, dass wieder einmal was los war. Es gab ja kein Fernsehen, keine Autos.« Als das Fest vorbei ist, hat

er gut verdient. Er trägt seine Einnahmen stolz zu den Brauereien Bruch und Neufang, die ihn mit Bier beliefert haben und will bezahlen. Doch die Brauer fordern auch Ersatz für die geliehenen Bierkrüge, die sie Bossert überlassen hatten: »Mehrere Hundert waren geklaut worden. Ich hatte es nicht bemerkt. Ich musste zahlen.« Das war ihm eine Lehre: »Künftig lieh ich mir nichts mehr. Ich hatte eigene Bierkrüge, eigenes Geschirr. Und auch eigene Zelte.« Bei manchen Festen bewirtete er 2500 Personen. 30 Jahre, von 1953 bis 1983, bewirtschaftete er auch das Saarbrücker Ludwigsparkstadion. Als »Malstatter Bub« hing sein Herz am 1. FC Saarbrücken: »Aber als die mit den krokodilledernen Aktenköfferchen kamen, habe ich die Gastronomie aufgegeben. Aber Mitglied im Verein bin ich geblieben.« Die wilden Fünfzigerjahre – die Bergleute und die Hüttenarbeiter verdienten gut. Es war heiß und dreckig vor den Hochöfen und unter Tage: »Das machte Durst. Gearbeitet wurde in drei Schichten, die Nachtschicht war um 6.00 Uhr zu Ende, die Frühschicht um 14.00 Uhr und die Mittagsschicht um 22.00 Uhr. Eine halbe Stunde nach Schichtende strömten sie in die Kneipe. Egal ob morgens, mittags oder abends. In Burbach in den ›Treffpunkt‹ beispielsweise. Am Eingang standen 40 bis 60 Flaschen Bier, ungekühlt. Die Arbeiter waren ja geschwitzt. Die wollten kein eiskaltes Bier. Und daneben standen fertig eingeschenkt drei Sorten Schnaps, je 40 Gläser Trester, Gemischter und Wacholder. Da nahm sich jeder, was er wollte. Das war ›e Knubbe un e Bier‹. Manche blieben, bis die Frauen sie holten.«
1955. »Das ist für mich das wichtigste Jahr in der saarländischen Geschichte. Ich war ein Ja-Sager. Ich war für ein gemeinsames Europa. Als die Entscheidung fiel und die Nein-Sager gewannen, war ich enttäuscht. Ich bin heute noch überzeugt, dass wir ein europäisches Land hätten werden können, ähnlich wie Luxemburg. Ein freies Land, ein offenes großzügiges Grenzland.«
1959, zum 50-jährigen Großstadtjubiläum von Saarbrücken, baute er am Stadtgraben – dort, wo später das Finanzamt hingebaut wurde –

ein Festzelt für 2500 Personen auf. Es war ein toller Erfolg. Bossert musste eine Woche verlängern. Und als der Deutsch-Französische Garten 1960 in Saarbrücken eröffnet wurde, engagierte er Künstler und Musikkapellen. Die »Erste Deutsche Damenkapelle« spielte: »Ich hatte großartige Mitarbeiter, Saarländer und Lothringer. Ohne die Mitarbeiter hätte ich das nicht packen können.« Inzwischen hatte er auch Familie. 1948 waren Tochter Doris und 1952 Tochter Helga geboren worden.

1967 wurde der Metzgermeister, Gastronom und Unternehmer Geschäftsführer der Saarlandhallen GmbH. Die Saarlandhalle wurde einer der gesuchtesten Veranstaltungsplätze in ganz Deutschland. Fernsehunterhaltung war Trumpf. Hinzu kamen die großen Tourneen

Showtime: Kultusminister Dieter Breitenbach, (v.l.n.r.) Carl Bossert, ZDF-Moderatorin Caroline Reiber (»Grand Prix der Volksmusik« u.a.m.), ein Musikjournalist aus der Schweiz und Karl Moik (»Musikantenstadl«) nach einer ZDF-Veranstaltung in der Saarlandhalle in Saarbrücken

nationaler und internationaler Stars. Viele wurden seine Freunde. Mit Peter Alexander telefoniert er heute noch. Er lernte, dass »alle großen Künstler fleißig und freundlich sind und höflich und üben und üben und alle arroganten Künstler meistens nicht wirklich gut sind«. Er war Co-Produzent von vielen großen volkstümlichen Unterhaltungssendungen. In die Saarlandhalle kamen Peter Frankenfeld, Dieter Thomas Heck, Hans Joachim Kulenkampf. James Last und Kurt Edelhagen und ihre Orchester spielten hier. Große Weltstars

Zwei Freunde: Der Konzertveranstalter Fritz Rau (l.), einer der ganz Großen der schillernden Branche, und Carl Bossert brachten Weltstars nach Saarbrücken. Fritz Rau sagt über seinen Freund: »Ohne Carl Bossert wäre die Kultur des Saarlandes ärmer.«

gastierten: Ella Fitzgerald und Ray Charles, Charles Aznavour und Gilbert Bécaud beispielsweise, aber auch der Musikantenstadl: »Von Adamo bis Zarah Leander und Frank Zappa waren sie alle da.« 1982

heiratete er zum zweiten Mal. Seine Frau Christel ist seitdem der ruhende Pol in einer Beziehung, in der einer der beiden Partner, »de Charly«, ständig Vollgas gibt.
Er organisierte Kongresse und Großveranstaltungen, auch SPD- und CDU-Bundesparteitage. Für die Saarbergwerke veranstaltete er die alljährlichen Feiern zum Barbaratag: »In manchen Jahren bewirteten wir 4000 Menschen. Das waren 4000 Portionen Kartoffelsalat mit Schnitzel. Und natürlich dazu die Getränke.«
1992, da war er 69 Jahre alt, zog er sich in sein Haus auf den Winterberg zurück. Rings um ihn ist Wald. Er lebt mit den Jahreszeiten: »Die Natur, die Freiheit, den Himmel zu sehen«, – das ist ihm wichtig. Immer noch nimmt er am Alltags-Geschehen teil. Sieben Jahre war er Sprecher des Ältestenrates der Saarbrücker Zeitung. Er mischt sich ein, »wenn es sein muss«, wie er sagt: »Ich verstehe nicht, wie manchmal die Verwaltung mit Menschen umgeht. Dann rufe ich an. Und sage meine Meinung. Das ist mein Recht, auch meine Pflicht als Bürger.«
Was für ihn »saarländisch« bedeutet, erklärt er so: »Wir sind Grenzländer, trotz oder gerade wegen der europäischen Entwicklung. Die Grenzen sind gefallen. Endlich! Jetzt leben wir in Europa. Dass man Grenzländer ist, darauf kann man doch stolz sein. Wir sind hier in einem Durchzugsland, in einem europäischen Schmelztiegel.« Nach einer kurzen Pause fügt er hinzu: »Wenn es je einen europäischen Pass geben wird, werde ich einer der Ersten sein, die ihn beantragen.«

»Ich nahm ein paar Zeichnungen und stellte mich vor«

Roland Stigulinszky war 16 Jahre alt, als er, wie er nicht ohne Stolz erzählt, in die Flieger-Sonderhundertschaft der Nationalpolitischen Erziehungsanstalt (NPEA) in Köslin aufgenommen wurde. »Vorher mussten wir eine Aufnahmeprüfung bestehen. Wer dort angenommen wurde, wurde automatisch Offiziersanwärter bei der deutschen Luftwaffe.« Fliegen war sein Traum. Er hatte bereits die A- und B-Prüfung auf dem Schulgleiter SG 38 bestanden, und wenn man ihn nach der ideologischen nationalsozialistischen Indoktrination fragt, die mit der Ausbildung in der Flieger-Sonderhundertschaft verbunden war, sagt er: »Klar war Adolf Hitler damals unser Messias. Aber sonst gab es nicht viel Indoktrination. Wir wollten fliegen. Und darum drehte sich alles. Das hat ja alles Spaß gemacht. Was damals wirklich geschehen ist und was mit uns geschehen ist, haben wir erst später erkannt.«
1943 Notabitur. Er meldet sich als Kriegsfreiwilliger zur Luftwaffe. 1944 Flugzeugführerausbildung. Doch zum Fliegen auf dem berühmten einmotorigen Jagdflugzeug Me 109 kommen Stigulinszky und seine Kameraden nicht mehr: »Entweder war kein Sprit da oder kein Flugzeug, oder es war schlechtes Wetter. Oder die Fluglehrer waren besoffen. Statt Fliegen Erdeinsatz. Wir schossen mit der ›Achtacht‹ oder ›Zehnfünf‹ auf angreifende Flugzeuge, wie früher als Luftwaffenhelfer.«
Am 8. Mai 1945, dem Tag der deutschen Kapitulation, gerät er in amerikanische, einen Tag später in russische Kriegsgefangenschaft, kommt in ein Lager im Donezbecken, und 1947 wird er entlassen: »Auf der Fahrt im Güterwagen durch Polen von der Ukraine her durch die Sowjetzone und Westdeutschland tränten dir die Augen. Trümmer wohin du gesehen hast. Sauber aufgeräumt, aber auch zertrümmert, war Saarbrücken. Daheim wurden dir die Konturen des

Roland Stigulinszky

Verhängnisses und der Verbrechen täglich deutlicher. Entsetzen und Ratlosigkeit. Aber es gab kaum Nachdenken darüber. Es waren Trümmer da und zuviel Sorge um das Essen für den kommenden Tag«, notiert er über seine Rückkehr. Was tun? »Ich konnte ein bisschen zeichnen. Ich nahm 1948 ein paar Zeichnungen und ging zu Bruno Koppelkamm, dem Herausgeber des satirischen Humorblattes ›Tintenfisch‹ und stellte mich vor. Der war ganz happy, dass da ein neuer Zeichner auftauchte. Ab Nummer 5 im Herbst 1948 habe ich mitgemacht.«

So beschreibt Roland Stigulinszky seine Anfänge beim »Tintenfisch«, dem »humoristischen Blatt des Saarlandes«, das in seinen besten Zeiten eine Auflage von 30.000 Exemplaren erreichen sollte: »Das Team besteht aus drei Zeichnern und mehreren Textern. Kopf und Herausgeber war Bruno Koppelkamm, Jahrgang 1910. Alle 14 Tage war Redaktionskonferenz. Da wurden die Themen vergeben.« Der Zeichner Bob Strauch und Stigulinszky lieferten ihre Zeichnungen. Stigulinszky meistens das Titelblatt und Strauch die Rückseite. Dann wurde getextet. Und Koppelkamm klebte den Umbruch zusammen, und ab ging es in die Druckerei. Gedruckt wurde im Verlag der Saarbrücker Zeitung. Und dann hing der neue Tintenfisch auch schon am Kiosk.

Bob Strauch, Jahrgang 1913, hatte ein gefährliches Leben hinter sich, als er zum Tintenfisch stieß. Er war 1933 wegen einer Karikatur in einer kommunistischen Untergrundzeitung von den Nazis in

Abwesenheit zum Tode verurteilt worden, floh nach Frankreich, war von 1930 bis 1940 in der Fremdenlegion, wurde dann erneut verhaftet und in eine Strafkompanie in Rommels Afrika-Corps abkommandiert. Dann sollte er hingerichtet werden. Er konnte schließlich fliehen. Der zwei Mal zum Tode verurteilte Bob Strauch, ein gebürtiger Saarbrücker, und Stigulinszky trafen sich beim Tintenfisch. Sie waren das zeichnerische Markenzeichen. Die Zielfiguren der Ironie und der Satire, die freilich im »Tintenfisch« nie bösartig verletzend, sondern eher »menschlich saarländisch« daherkamen, waren Ministerpräsident Johannes »Joho« Hoffmann und die Mitglieder seines Kabinetts. Der Tintenfisch, eine Art saarländischer Simplizissimus-Verschnitt, ging zeitweilig respektlos mit den Herrschenden um, traf auf den Punkt und war meistens im Nu vergriffen. Der Tintenfisch wurde ein paar Mal verboten. Das mochten die Leser.

Inzwischen, 1949, hatte Stigulinszky auf dem Premabüba im Saarbrücker Stadttheater seine Brunhilde kennengelernt, die er seitdem zärtlich Bruni nennt. Die beiden heirateten 1950. Der Premabüba der frühen Jahre, als er noch im damaligen Stadttheater stattfand, sei kein Vergleich mit dem gewesen, was später nachkam: »Das war einfach immer ein tolles Fest. Die späten Vierziger- und die Fünfzigerjahre waren auch die Jahre, die das Saarland kulturell öffneten. Wir kauften Schallplatten von Louis Armstrong und anderen Jazzgrößen wie Gerry Mulligan. Es war ein neues Lebensgefühl, das da langsam zu uns rüberkam.« Der Tintenfisch hatte sich in jenen Jahren »so durchgehangelt zwischen offizieller Duldung und Missbilligung, zwischen Geboten und Verboten. Nach und nach, seit 1952 etwa, gingen uns die saarländischen Themen aus. Und die Illustrierten, die aus dem Reich ins Saarland kamen, hatten ihre eigenen Humorseiten.«

1953 wurde der »Tintenfisch« eingestellt. Für manche der Illustrierten aus dem Reich zeichnete auch Stigulinszky, für die damals angesehene Neue Illustrierte, die im Kölner Du Mont Verlag erschien, und für die satirische Zeitschrift Pardon. Doch von wöchentlich erscheinenden humoristischen Zeichnungen in Illustrierten konnte man weder damals noch heute leben. Roland Stigulinszky machte sich mehr und mehr einen Namen als Gebrauchsgrafiker, arbeitete für saarländische und bundesdeutsche Firmen. Für »klima becker« in Saarbrücken beispielsweise zeichnete er sehr früh schon ein Firmenlogo.

Saarbrücken zerstört: Roland Stigulinszky schrieb 1947 nach seiner Entlassung aus russischer Gefangenschaft in sein Tagebuch: »Es waren Trümmer da und zuviel Sorge um das Essen für den kommenden Tag.«

Und natürlich erinnert er sich auch genau an den Wahlkampf zur Abstimmung 1955 und die Entscheidung: »Drei Monate vor der Wahl im Oktober 1955 wurden ja alle Parteien zugelassen. Es gab Meinungsfreiheit. Da ging der Zoff richtig los. Das Nationale wurde hochgekocht. Ich war für das Nein zum Statut.«
Beruflich wollte sich Stigulinszky nach dem Anschluss an die Bundesrepublik »schlimmstenfalls auf die Produktion von Zeichen-

Stigulinszky-Karikatur im »Tintenfisch«

trickfilmen werfen«, hatte jedoch »erst mal kistenweise französischen Cognac im Keller eingelagert, den ich hoffte, in der Bundesrepublik verkaufen zu können. Der Anschluss«, so sein Fazit, »lief gut. Aber es gingen auch Firmen kaputt.«
Was er beiläufig erzählt: Trotz der Erfolge, die er nun als Gebrauchsgrafiker hat (»Das war kein Achtstundentag. Das ging oft von 8.00 bis 23.00 Uhr.«), ließ ihn seine Leidenschaft fürs Fliegen nicht los. 1950 erwarb er den PPL (Private Pilot License). Und fortan flog er, wann immer er konnte. Und später leistete er sich sogar ein eigenes Flugzeug, eine Bölkow 207, eine gebrauchte einmotorige viersitzige Maschine, die »nicht mehr kostete als ein guter Mittelklassewagen«, mit der die Familie in Urlaub flog. In den Siebziger- und Achtzigerjahren kümmerte er sich auch um »Berufspolitik«: Stigulinszky wurde zum Vorsitzenden des Tarifverbandes Selbständiger Designer Studios (SDST) und zum Präsidenten des Deutschen Designertages gewählt: »Für den SDSt und die ADG (Allianz Deutscher Designer) entwickelten wir einen Tarifvertrag für Leistungen der freiberuflichen Designer, der bei Auseinandersetzungen auch von den Gerichten als Entscheidungsgrundlage herangezogen wurde.«
Wir sitzen im Wintergarten seines Hauses auf dem Rastpfuhl in Saarbrücken und reden über das Saarland, die Saarländer, das Verhältnis zu Frankreich, die Politik und überhaupt. Zurückblickend sagt er: »Das Saarland ist ein Beispiel dafür, was geschieht, wenn wirtschaftliche Bedingungen die Politik bestimmen. Wir stehen erst am Anfang der Probleme der Globalisierung. Die Arbeitswelt wird umstürzen wie es seit der Entwicklung der Dampfmaschine nicht mehr passiert ist. Ich bin gerne Saarländer, ich mag das Saarland und seine Geschichte: Joho, Röder und Oskar waren gewichtige saarländische Ministerpräsidenten. Joho war der gewichtigste...«

»Heute tun, was andere morgen denken«

An die Abstimmung von 1955 erinnert er sich »noch genau, an jeden Tag, jede Stunde. Das war bei uns zu Hause ein großes Thema.« Richard Weber, Jahrgang 1944, damals Schüler des Homburger Realgymnasiums, erlebte, wie der Wahlkampf plötzlich sogar Thema auf dem Schulhof war, und er erinnert sich, wie er als elf Jahre alter Gymnasiast gegen seinen Vater opponierte: »Mein Vater Paul Weber war Jahrgang 1915. Er war Soldat in Russland und verwundet worden. Er kam zurück mit dem festen Vorsatz: ›Ähnliches darf sich nie wiederholen. Wir müssen in Freiheit leben können.‹ Und weil er die Entwicklung in Grenznähe erlebt hatte, sagte er: ›Das Saarland ist ein eigenes Land zwischen den Großmächten Deutschland und Frankreich. Wir haben schon 1939 gewusst, wie man Peugeot schreibt und wie man Crêpes macht.‹ Er war für den Status quo, differenzierte aber: ›Wir sollten in einem Vereinten Europa selbst bestimmen können.‹ Und natürlich war er auch der Hoffnung, dass das Saarland einen eigenen Weg gehen könnte, wie Luxemburg. Ich war gegen den

Dr. Richard Weber

Status quo. Und die Zettel mit dem Slogan ›Der Dicke muss weg‹ hatte ich immer dabei und klebte sie überall hin.«

Den Tag der Abstimmung erlebten Richard Weber und seine Familie zu Hause: »Wir hatten seit 1954 ein Fernsehgerät. Das war damals eine Sensation. Am 23. Oktober wurde das Abstimmungsergebnis abends gegen 23.00 Uhr verkündet. Und dann das für meinen Vater enttäuschende Ergebnis, die Niederlage für Joho und den Status quo. Mein Vater sah das als Niederlage für das Saarland an. Wir waren sehr frankophil. Die Karlsberg-Brauerei hatte schon in den Zwanziger- und Dreißigerjahren in Lothringen und in Luxemburg unser Bier unter dem Namen ›Karlsbräu‹ verkauft. Wir füllten unser Bier in 0,35 Liter Dosen ab und exportierten es. Auch die französische Armee war ein großer Abnehmer. In der legendären Schlacht um Dien Bien Phu in Vietnam im Frühjahr 1954, in der auch viele deutsche Fremdenlegionäre kämpften, tranken die Verteidiger Karlsbräu aus Dosen. Und nun die Abstimmung von 1955. Wie soll man sich im neuen Markt in der Bundesrepublik positionieren, der längst aufgeteilt ist?«

Es sind die Daten, die Fakten, die Zahlen der Hektoliter, die Erklärungen, wie die Vertriebswege funktionieren, wo neue Märkte sind oder sein könnten, die zu Hause, wenn der Vater da ist, immer wieder diskutiert werden. Und es ist die Unternehmensgeschichte der Karlsberg-Brauerei, über die sie immer wieder reden. 1953, zum 75jährigen Jubiläum, wird auf dem historischen Marktplatz in Homburg der sternförmige Karlsberg-Brunnen eingeweiht: »Das war eine Hommage an die Stadt, an die Menschen, die Mitarbeiter – und an das gute Homburger Brauwasser.«

Natürlich erwartet man vom einzigen Sohn – Richard Weber hat drei Schwestern –, dass er »ein Brauer« wird. Doch der Gymnasiast hatte »andere Pläne, und in denen spielte Karlsberg keine Rolle. Ich wollte Chemiker werden und in Saarbrücken studieren.«

Richard Weber erzählt aus der Entwicklung des Unternehmens, und wie er langsam, auch wenn er sich immer wieder sträubte, »dann trotzdem in die Brauerei hineinwuchs, wie ich alles lernte, auch zu entscheiden und die Verantwortung zu übernehmen.«

Rückblende ins Jahr 1959: »Wir hatten während des Krieges mit der Parkbrauerei in Pirmasens vereinbart, dass Parkbräu unsere Kunden in Deutschland übernehmen soll, wenn wir uns nach dem verlorenen Krieg Richtung Frankreich orientieren. Als die Rückgliederung kam, haben die uns aber unsere verlorenen Hektoliter im Reich nicht zurückgegeben. Wir hatten in Frankreich ein Viertel unserer Produktion verloren. Im Saarland mussten wir den Angriff der Groß-Brauereien wie Henninger aus Frankfurt abwehren.« Zwölf saarländische Brauereien schlossen sich zusammen und bereiteten sich auf den Tag X vor. Nach dem Motto: »Gemeinsam sind wir stark«, bildeten die zwölf so etwas wie eine »saarländische Bierfront«. Jede Brauerei produzierte ein Einliter-Gebinde, das zum Einheitspreis von einer Mark verkauft wurde. Im Volksmund hieß das neue Bier in der runden Flasche »Ein-Liter-Bomber«. Nur einer Brauerei, der Bitburger Brauerei, gelang es, im Saarland Fuß zu fassen. »Und dann gingen wir in die Offensive. Wir produzierten die Einweg-Bierdose. Das war bald ein Renner. Es folgten die 3,8- und die 5-Liter Riesendose, die ein Party-Hit wird. Das Dosenbier eröffnete uns neue Möglichkeiten, sowohl im Export als auch auf dem hart umkämpften Markt in der Bundesrepublik. Karlsberg expandierte, festigte seine Position im Saarland. Damals gab es den Slogan: ›Fest verbunden bleiben wir, Kohle, Kumpel, Karlsberg Bier.‹ Den kannte jedes Kind im Saarland und auch meine Kameraden in der ABC-Einheit in Zweibrücken, wo ich meinen Wehrdienst absolvierte. Das war eine Einheit, die sich mit der Abwehr und Bekämpfung von atomaren, biologischen und chemischen Waffen beschäftigte. Das interessierte mich. Ich wollte ja Chemiker werden.«

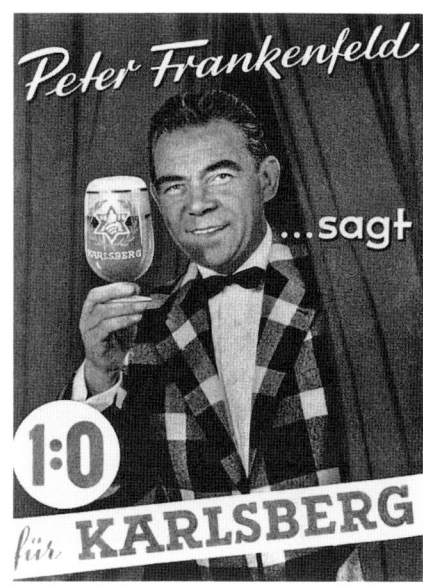

So ändern sich die (Werbe)-Zeiten: Karlsberg Werbung in den Zwanzigerjahren und mit Showmaster Peter Frankenfeld (»Musik ist Trumpf«) in den Siebzigerjahren

Nach seiner Bundeswehrzeit will Richard Weber endlich sein Chemiestudium in Saarbrücken beginnen. Sein Vater ködert ihn: »Du brauchst nicht in die Brauerei. Da sind ja noch drei Cousins. Studiere Volkswirtschaft in München. Dann sehen wir weiter. München ist toll, und damit du schnell zu Hause bist, wenn du willst, spendiere ich dir ein Auto.« Das Auto war ein Renault R 8, ein damals beachtliches Gefährt mit immerhin 50 PS. Er hört auf den Vater, studiert in München. Und in den Semesterferien schaut er bei Vater im Büro vorbei, um zu sehen, was der da macht...

1969 schließt er das Studium als Diplom-Volkswirt ab, promoviert zum Dr. rer. oec mit einer Arbeit über die Distributionspolitik in Brauereien. 1973 arbeitet er in Paris im Nahrungsmittelkonzern BSN/Danone und beschäftigt sich dort mit Marketing und Vertrieb für Brauereien. Und 1974 tritt er dann schließlich in die Export-Abteilung des Familien-Unternehmens ein. »Ich war jetzt davon überzeugt, dass das das allein Richtige für mich ist.«

Seit 1983 ist er geschäftsführender Gesellschafter der Karlsberg Brauerei KG Weber, ist er der Boss eines der größten deutschen Verbundunternehmens der Getränkeindustrie mit vielerlei geschäftlichen Interessen; beteiligt ist Karlsberg unter anderem an der OKKO Getränke GmbH in Saarbrücken, einem der Coca Cola Konzessionäre mit dem höchsten Pro-Kopf-Verbrauch in der Bundesrepublik, an »Deutschlands feinem Saftladen«, der Merziger Fruchtgetränke GmbH, an der Königsbacher Brauerei und dem französischen Partner Amos Brauerei und der elsässischen Brasserie de Saverne, und, und... Dass das Pils aus der Brauerei Karlsberg mit dem frechen Slogan als das »Bier für den Mann im Mann« und den Werbefiguren »Hansi Urpils« und »Sigrid« seinen Weg machte, ist sicher wesentlich sein Verdienst, wenngleich er immer wieder betont, dass ohne das »engagierte Mitarbeiter-Team« das alles nicht möglich gewesen wäre.

»Heute tun, was andere morgen denken«, ist einer seiner Kernsätze. Seine Mitarbeiter schätzen an ihm den »scheinbar rastlosen, aber nie hektischen Dynamiker« und die »straff-lockere Art« zu führen: »Er geht die Dinge direkt an, kann zuhören, ist kommunikativ und kon-

1953: Karlsberg wird 75 Jahre alt. Auf dem historischen Marktplatz in Homburg wird der Karlsberg-Brunnen eingeweiht. Karlsberg exportiert rund um den Globus. Auch die französische Armee ist ein Abnehmer. 1954 in der legendären Schlacht von Dien Bien Phu in Vietnam, in der auch viele deutsche Legionäre kämpften, tranken die Verteidiger Karlsbräu aus Dosen.

taktfreudig. Wenn er entscheidet, muss es laufen. Und wenn irgendwo was klemmt, spürt er es. Er schätzt Team-Arbeit. Er kann die Mitarbeiter begeistern.«
Bei soviel unternehmerischem Know how, Engagement und natürlich auch Erfolg bleiben Ehrungen und öffentliche Ämter nicht aus. Er ist Präsident der Industrie- und Handelskammer des Saarlandes (seit 1997!) und Präsident des Deutschen Brauerbundes. Er war Mitglied des Verwaltungsrates der Deutsch-Französischen Industrie- und Handelskammer (Chambre Franco-Allemande de Commerce et d'Industrie) in Paris. Am 9. Dezember 2004 wurde ihm der höchste französische Orden »Ritter der Ehrenlegion« für seine Verdienste in Wirtschaft und Kultur verliehen. Die Bundesrepublik Deutschland zeichnete ihn mit dem Bundesverdienstkreuz Erster Klasse aus. Und 1989 bedankte sich der Saarländische Journalistenverband für eine beispielhafte Öffentlichkeitsarbeit mit der »Goldenen Ente«. Ein Jahr zuvor war in der Brauerei die Kläranlage durch ein technisches Versagen ausgefallen. Abwasser drohte ungereinigt abzufließen. Statt zu mauern, informierte er die Öffentlichkeit über den Vorfall. Auch die Behörden, die den Vorfall untersuchten, lobten die Bemühungen des Unternehmens, aufzuklären und Schaden abzuwenden. »Karlsberg versteht sich als saarländisches Unternehmen«, betont er. »Und da sehen wir auch eine Verpflichtung. Wir unterstützen die Jugend und den Sport, auch die kleinen Vereine. Es gibt das Junioren-Radrennen, den Trofeo Karlsberg. Wir helfen beim Organisieren und Planen von Veranstaltungen.« Ein besonderes Anliegen ist ihm jedoch die Förderung von lokalen und auch regionalen Kulturaktivitäten, beispielsweise der Musikfestspiele Saar und des Max Ophüls Festivals.
Sein Vater, Paul Weber, so erzählt er, hatte das letzte noch zur Schlossanlage gehörige Gebäude, das Forsthaus Sanddorf, erworben. Nur noch wenige erhaltene alte Darstellungen erinnern an die

glanzvolle Zeit des Wittelsbacher Herzogs Karl II. August von Pfalz-Zweibrücken (1746–95), der hier residierte. Ein Teil der wertvollen Kunstsammlung aus dieser Zeit, deren bedeutende Gemälde heute noch in der Alten Pinakothek in München ausgestellt sind, ist wieder zurück ins Saarland geholt worden: 30 Bilder, darunter vor allem die Gemälde des Malers Johann Christian Mannlich (1741–1822) und Porträts, Tierbilder, Landschaftsszenen sind inzwischen in der Galerie Edelhaus in Homburg-Schwarzenacker zu bewundern. »Zweifellos ist dies zum großen Teil ein Verdienst der Brauerfamilie Weber«, bestätigt Dr. Klaus Kell, der Denkmalpfleger der Stadt Homburg. »Es ist aber vor allem auch ein Verdienst der Saarländischen Landesregierung und von Staatssekretärin Monika Beck, die als Bevollmächtigte des Saarlandes in Berlin ihre politischen Kontakte einbrachte, und meiner Frau Inge, die Generalsekretärin der Gesellschaft zur Förderung des Saarländischen Kulturbesitzes ist. Und auch die Stadt Homburg hat entscheidend mitgeholfen«, betont Richard Weber. »Die Geschichte der Brauerei ist ein Stück Regionalgeschichte, natürlich auch Heimatgeschichte. Und ich glaube, dass es wichtig ist, dass man etwas für seine Heimat tut. Heimat ist, wo man die Dinge und die Menschen wiedererkennt, und wo man selbst wiedererkannt wird.«

1978: Die Karlsberg-Brauerei wird 100 Jahre alt. Ministerpräsident Dr. Franz Josef Röder (l.) gratuliert Dr. Richard Weber.

Und privat? Richard Weber ist kein medienscheuer Mann. Er weiß, dass eine gute Öffentlichkeitsarbeit für ein erfolgreiches Unternehmen wichtig ist. Aber privat? Zögernd erzählt er schließlich, dass »ich 1978 meine Frau Inge geheiratet habe. Genau in dem Jahr, in dem die Brauerei ihr hundertjähriges Jubiläum feierte«, und dass er zwei Kinder hat, »Sohn Christian, der 1979 geboren wurde und Tochter Eva, geboren 1982, die beide in England zur Schule gingen und dort studierten. Ich bin Familienmensch. Wenn meine Kinder mich brauchten, war ich da. Das wussten die auch. Einmal habe ich eine wichtige Vorstandssitzung verlassen, weil was in der Schule klemmte. Ich bin sehr stolz auf unsere Kinder.«

Über das Saarland und die Saarländer? »Es muss doch einen Grund haben, warum viele Menschen dieses kleine Ländchen so sympathisch finden. Es liegt an den Menschen. Der Saarländer ist prädestiniert, kontaktfreudig zu sein, nach draußen zu streben. Er hat zudem die Fähigkeit – und hat das in seiner Geschichte oft bewiesen –, sich gegen aufgesetzte Autorität aufzulehnen oder sie zu unterlaufen. Das bedeutet nicht, dass er natürliche Autorität nicht akzeptiert. Aber aufgesetzte Autorität? Der Saarländer hat ein Gefühl für Menschen, die daherschwätzen und Autorität mit autoritär verwechseln.«

»Ich wollte ihn haben. Jetzt erst recht«

Rita Birster, Jahrgang 1925, hat ein erstklassiges Personen- und Zahlengedächtnis. Das hängt nicht nur damit zusammen, dass sie seit fast sechzig Jahren fast noch immer jeden Tag hinterm Ladentisch ihres Tabak- und Zeitschriftengeschäftes mit Toto- und Lotto-Annahmestelle in Kleinblittersdorf steht und blitzschnell im Kopf das Rückgeld ausrechnet. Sondern auch damit, dass es ihr wichtig ist, sich an Personen und Ereignisse erinnern zu können.

Wenn man wissen will, was in den letzten 50 Jahren passiert ist, dann sollte man Rita Birster fragen. Und dann erfährt man (fast) alles. Und zwar meistens mit genauer Datumsangabe. So erzählt sie auch ihr Leben, schnörkellos, gespickt mit Daten und Hintergrundinformationen: geboren wurde sie 1925 in Breitenbach im Odenwald, einem Nest mit vier Häusern, wo ihr Vater Forstaufseher war. 1926 übersiedelt die Familie nach Auersmacher. Sie besucht die Volksschule: »Sechs Klassen in einem Saal. Die Kleinen lernten, was die Großen lernten.«

Am 4. April 1939 wird sie aus der Volksschule entlassen, absolviert das damals übliche »Landjahr« und danach eine auf zweieinhalb Jahre verkürzte kaufmännische Lehre bei der Kaufmännischen Krankenkasse Halle in Saarbrücken. Mit 18 Jahren war sie bereits Geschäftsstellenleiterin. Ihr unterstanden drei Mitarbeiter.

1942 lernte sie ihren späteren Mann Paul kennen. Der ist Obergefreiter und bei einer Marineeinheit in Frankreich stationiert. Es ist eine Kriegsliebe, wie viele damals. Kurzer Heimaturlaub und Hoffen auf das Wiedersehen.

Als der Krieg zu Ende war, hörte sie nichts von Paul. Am 22. Februar 1946 kam er nach Hause, entlassen aus US-Kriegsgefangenschaft. Zu Hause wurde er zum Minenräumen eingeteilt, zusammen mit seinem Freund, einem ehemaligen Pionier-Soldaten. Der war Profi, hatte

Am 4. Mai 1948 heiraten Rita und Paul Birster

schon Hunderte von Minen entschärft. Und trotzdem passierte es. Eine Mine war durch eine sogenannte »Wiederaufnahmesperre« abgesichert. Das heißt: Unter ihr war eine zweite platziert, die sofort explodierte. Der Freund wurde tödlich verletzt. Paul Birster erlitt schwerste Augenverletzungen. »Sie werden nie wieder sehen«, sagte der Arzt. Paul Birster war verzweifelt, zog sich zurück. Rita Birster, die ihn liebte, weil er so »geradlinig und ehrlich war«, gab nicht auf. »Du musst unter Leute«, sagte sie zu ihm. »Ich wollte ihn haben. Jetzt erst recht.« Die Hochzeit war am 4. Mai 1948, eine große, aber arme Hochzeit. Beide besaßen so gut wie nichts. Am 1. Januar 1949 eröffneten sie ihren Tabakladen in einer Garage, eine relativ bescheidene, aber sichere Einkommensquelle. Die »Saarländische Tabakregie«, so hieß die Behörde damals, vergab die Lizenz für ein Tabakgeschäft in einem Ort wie Kleinblittersdorf, der damals 3500 Einwohner hatte, nur einmal: »Wir bekamen die Lizenz, weil mein Mann schwer verletzt worden war. Die Zigaretten damals hießen ›Rotfüchse‹, ›Lasso‹ oder ›Saarblume‹. Der Tabak war pechschwarz, richtige Halskratzer waren das.«

Die zerstörte Hauptstraße von Kleinblittersdorf. Hier eröffneten Rita und Paul Birster ihren Zigarettenladen.

Paul Birster lernte schnell: Er stapelte die einzelnen Zigarettenmarken nach seinem System, konnte blind die einzelnen Marken und Schachtelgrößen greifen. Und er kam auch mit dem Geld schnell zurecht, obwohl es damals zwei Währungen gab, nämlich die Saar Mark und die Französischen Franken: »Das war für ihn alles kein Problem. Er konnte den Wert der Geldscheine tasten«, erzählt sie.
Zu einer Familie gehören Kinder. 1950 kamen Regina, 1953 Martin und 1956 Bertram auf die Welt. Sie erlebt den Wahlkampf und die Abstimmung 1955 als schwerkranke Frau. Schon nach der Geburt des zweiten Kindes war sie an Krebs erkrankt: Drei Operationen brachten zunächst Besserung, aber keine Heilung. Nach der Geburt des dritten Kindes der schwere Rückfall. Sie lag in der Universitätsklinik in Heidelberg. Die Ärzte hatten keine Hoffnung mehr. »Es ging auf das Ende zu«, sagt sie leise. »Was sollte aus meiner Familie werden? Ein blinder Mann mit drei Kindern? Ich habe mit dem lieben Gott gehandelt. Ich betete: Gib mir noch fünf Jahre, bis die Kinder groß sind! Er hat sich auf den Handel eingelassen und mir mehr als 50 Jahre gegeben.« Rita Birster ist Katholikin: »Ich brauche den Glauben«, sagt sie. »Der Kirchgang am Sonntag ist mir wichtig.«
Rita Birster und ihr Mann kauften ein Grundstück an der Hauptstraße in Kleinblittersdorf, gaben das Geschäft in der Garage auf, bauten und eröffneten hier ihren Laden neu: »Der bevorstehende Anschluss brachte Auftrieb. Wir bauten erst nur das Geschäft. Das obere Stockwerk, das wir später als Wohnung ausbauten, gab es noch nicht. Wir verkauften nun Schreibwaren, Zeitungen und Zeitschriften. Und außerdem hatten wir eine Lotto- und Toto-Annahmestelle. Wir haben geschuftet. Die Franzosen kamen rüber und kauften bei uns Zigarren, unsere Leute kauften drüben in Frankreich Fleisch.«
Noch gab es keine Brücke über die Saar zwischen Kleinblittersdorf und Grosbliederstroff, zwischen hüben und drüben: »In den ersten Jahren nach dem Krieg wurde der Verkehr über die Saar mit einer

Fähre abgewickelt. Die ›Bär Anna‹, so hieß sie bei uns im Ort, hatte am Fluss ein Häuschen. Dort haben wir geklopft, wenn wir rüberwollten. Ihr Kahn hing an einem Seil, das über die Saar gespannt war. Sie hat uns dann rübergefahren. Später gab es eine Behelfsbrücke, die im Volksmund Kummersteg hieß. Wie überall im Saarland wurde auch in Kleinblittersdorf in den Fünfzigerjahren geschmuggelt. Die Grenzübergänge waren Bruchmühlbach und Türkismühle. Am Tag X kam eine Flut von Angeboten auf uns zu. Im Reich müssen die wohl gedacht haben, wir Saarländer sind ausgehungert.«

Mit dem Tag X hörte auch die »Saarländische Tabakregie« auf. Nun lieferten die Großhändler aus dem Reich neue Marken: »Overstolz, Zuban, Eckstein, und wie sie alle hießen.«

Hinter der Ladentheke stand meist ihr Mann: »Er konnte die Zahlen auf den Geldscheinen mit den Fingern fühlen. Das Geschäft war sein Leben.« Die Kleinblittersdorfer schätzten ihn als klugen und hilfsbereiten Mann, der für die CDU im Ortsrat saß, in vielen Vereinen Mitglied und immer »für e Schwätzje« gut war. Rita und Paul Birster fuhren in Urlaub nach St. Peter Ording, nach Mallorca, Ibiza und auch nach Madeira: »Dort, auf der Blumeninsel war es am schönsten«, erzählt sie. »Mein Mann konnte von unseren Urlauben erzählen, als hätte er alles gesehen.«

1998 erkrankte Paul Birster an Nierenkrebs, 1999 starb er »langsam und qualvoll«. Seitdem ist sie Witwe: »Ans Alleinsein muss man sich gewöhnen. Aber ich habe meine Kinder und die Enkel.«

Nicht erwähnt hat sie, dass sie mit ihrem Mann zwei Häuser gebaut hat. Und, dass sie zwei Hüftgelenksoperationen überstanden hat. Manchmal macht ihr das Aufstehen aus einem Stuhl Schwierigkeiten. Aber anmerken lassen wird sie sich, »wenn es irgendwie geht«, das nicht. Und irgendwie geht es immer.

Immer noch ist sie den ganzen Tag auf den Beinen, schaut da nach dem Rechten, spricht mit den Menschen in Kleinblittersdorf, wo sie

Rita Birster in ihrem Laden

jeden und jeder sie kennt: »Ich glaube, es gibt keinen Verein, in dem ich nicht bin.« Eine lebenskluge bescheidene Frau, die bedauert, dass »heute alles ein Hetzen und Jagen ist und keiner mehr Zeit für den anderen hat. Früher half man sich. Heute ist der Mensch isoliert. Heute wird nur geholfen, wenn gezahlt wird. Das ist überall so, auch im Saarland. Leider.« Sie erzählt, dass sie gelegentlich in den Odenwald fährt, wo sie geboren wurde: »Aber ich kehre gerne wieder hierher zurück. Ich mag die Menschen hier. Sie sind kontaktfreudig und herzlich. Mein Mann ist ein Kleinblittersdorfer Bub gewesen. Hier gehöre ich hin. Und ich bin froh, dass jetzt alles so viel freier und offen ist. Es ist gut, dass uns Europa so durchgerüttelt hat.«

Passierschein für die andere Saarseite

Für Dr. Joachim Becker, Jahrgang 1930, stand »irgendwie schon in der Schule fest«, dass er einmal in das elterliche Unternehmen einsteigen würde. Sein Vater Alfred Becker hatte, wie man in der Firmenchronik nachlesen kann, 1928 einen »Handels- und Reparaturbetrieb für Kühleinrichtungen der Lebensmittelbranche im Saargebiet« gegründet. Joachim Becker erzählt, wie alles anfing, das Unternehmen sich ständig weiterentwickelte, bis »1935 der Nationalsozialis-

Dr. Joachim Becker

mus an die Saar kam und damit auch die französischen Absatzmärkte des jungen Unternehmens verloren gingen. Von Anfang an war das Unternehmen Richtung Frankreich ausgerichtet. Geschäftsreisen nach Paris waren die Regel. Mein Vater bereiste Lothringen und Elsass, fand Kontakt zur Firma Quirin in Straßburg und startete bald den Verkauf von Arctos-Kühlapparaten. Die ersten Kunden waren Metzger in Lothringen und im Saargebiet. Mein Vater erzählte später, dass mit dem Abstimmungsergebnis 1935 ›Heim ins Reich‹ sämtliche Kontakte zur französischen Kundschaft abgeschnitten waren. Das heißt: Er hatte seine gerade erst gewonnene Kundschaft in Lothringen und dem Elsass verloren und musste sich nun Richtung Rheinland-Pfalz orientieren. Wir waren ein kriegswichtiger Betrieb. Deswegen musste mein Vater auch nicht zum Militär.«

Und der Sohn Joachim Becker? »Ich war bei der Marine HJ. Dort waren Morsen, Seemannskunde und Pullen auf der Saar angesagt – ein Hauch der christlichen Seefahrt. Man wurde als Jugendlicher fest eingebunden.«

Die Erziehung zu Hause war katholisch-wertkonservativ, die Familie war »deutsch« eingestellt, trotz der früheren vielen Verbindungen nach Frankreich. Wie fast alle seiner Saarbrücker Jugendfreunde wurde er »zum Dienst, zum Schanzen auf der Hohen Wacht in Saarbrücken abkommandiert, wo nach einem Bombenangriff noch die Leichen herumlagen«.

1944 wurde die Familie nach Blaubach bei Kusel evakuiert. Dann das Kriegsende, der 8. Mai 1945. Alfred Becker versucht zunächst von Kusel aus, das Unternehmen neu aufzubauen und dann von Saarbrücken aus weiterzuführen, wo am 10. Juli 1945 die französische Militärregierung die US-Streitkräfte abgelöst hatte: »Das setzte einen täglichen Kleinkrieg mit der Bürokratie voraus. Ein Wust von Dokumenten und Genehmigungen war zu beschaffen. Die Reparaturaufträge für Kältemaschinen wurden per Postkarte erteilt. Überall gab es Beschränkungen. Um auf die linke Saarseite in Saarbrücken zu gelangen, brauchte man einen Passierschein.« Alfred Becker suchte Kontakt zu seiner französischen Vorkriegskundschaft: »Als am 20. November 1947 die Saarmark durch den französischen Franc ersetzt wurde, erkannte mein Vater: Frankreich ist unser Markt. Und Paris ist das Zentrum.« 1948 wurde in Paris ein Verkaufsbüro eröffnet. Inzwischen hatte sich das Unternehmen einen Citroën 15 V, der später als »la voiture des gangsters« berühmt wurde, angeschafft. Der »Junior«, Joachim Becker, hatte gerade die Führerscheinprüfung bestanden: »Ich fuhr morgens hin, dann vier Stunden Verhandlung inklusive Kontakt-Essen mit den neuen Geschäftspartnern und anschließend wieder fünf Stun-

Alfred Becker (2.v.l.) mit dem Geschäftswagen, einem Citroën 15 CV, der später als »voiture des gangsters« berühmt wurde.

den über die Route Nationale nach Hause nach Saarbrücken.« Das ging natürlich nicht ohne ein ›Permis de circulation frontalière‹. Das Unternehmen expandierte. 1948 wurde ein »Eisschrank mit Tiefkühlfach« auf den Markt gebracht. Der war damals, wie die Saarbrücker Zeitung berichtete, »der Traum jeder Hausfrau«.

Aus der Saarbrücker Zeitung

In einer Firmenchronik heißt es über diese Zeit: »Niederlassungen in Paris, Lyon, Straßburg, Nancy und Metz ließen auf eine erfolgreiche Zukunft hoffen.«
Joachim Becker hatte inzwischen die Wirtschaftsoberschule in Stuttgart mit dem Abitur abgeschlossen und in Mannheim und Fribourg begonnen, Betriebswirtschaftslehre zu studieren. Zu Hause im Saarland tobte der Wahlkampf für die Abstimmung 1955: »Ich promovierte gerade. Ich ging zu vielen Versammlungen und war erschrocken über die Radikalität der Parteien des Heimatbundes. Auf Versammlungen wurde die erste Strophe der deutschen Nationalhymne gesungen. Ich muss ehrlich zugeben, dass ich das zunächst gar nicht so registriert habe, wenigstens nicht daran glauben konnte, dass die Nein-Sager zum Saarstatut bei der Abstimmung gewinnen würden. Ich war für das Europa-Statut. Ich wollte offene Grenzen. Wir hatten Geschäftsbeziehungen nach Frankreich, und die wollten wir nicht ein zweites

Firmenschild in Paris

Mal verlieren, wie damals 1935. Aber nicht nur deswegen war ich für das Statut. Wir dachten damals schon europäisch. Wir waren zwar, wie man früher sagte, ›deutsch‹. Aber als Mittelständler wollten wir nicht, dass der Nationalismus wieder Fuß fasste. Wir wollten freie Märkte. Nach der Abstimmung übten die französischen Kunden Zurückhaltung.«

Rückblickend, fünfzig Jahre später, sagt der damalige »Junior« drastisch: »Das Geschäft mit Lothringen brach 1955 zusammen. Die Franzosen wollten nichts mehr von Deutschland wissen. Hinzu kamen bürokratische Hemmnisse an den saarländisch-französischen und saarländisch-deutschen Grenzen. Man brauchte Papiere wie die ›Déclaration-Autorisation de Sortie‹, die ›Déclaration à la Réentrée en France‹, ein Triptyque für die Ein- und Ausreise von Fahrzeugen, ein ›Carnet de Passages‹ für Werkzeuge, selbst für Zeichnungen und so weiter. Für ein mittelständisches Unternehmen, das sich in diesem komplizierten Markt mit Standort Saarland behaupten wollte, waren das Schwierigkeiten ohne Ende. Trotzdem hielt mein Vater eisern an seiner Überzeugung fest: Wir brauchen den französischen Markt, und

Alfred Becker (3.v.l.) mit Geschäftsfreunden 1928 in Paris

gründete in den Jahren 1956 und 1957 in Stiring-Wendel im benachbarten Lothringen die ›Becker S.a.r.l.‹. Nach der Abstimmung 1955 gingen viele saarländische Betriebe kaputt. Die Menschen waren verrückt nach deutschen Waren. Auch wir hatten zu kämpfen. Zwei Zahlen mögen dies belegen: 1958 beschäftigten wir 63 Mitarbeiterinnen und Mitarbeiter, 1960 noch 30.«

1958 schrieb Joachim Becker seine Doktorarbeit mit dem damals beziehungsreichen Titel: »Die eisen- und metallverarbeitende

Industrie des Saarlandes, ihre Lage bei einer europäischen Integration«. Er erzählt: »Auch als die Grenzen am Tag X fielen, gab es weiter einen Formularkrieg. Wir präsentierten unsere Produkte 1959 auf der ›IFA‹, der Internationalen Fleischerei Ausstellung in Frankfurt am Main. Als wir zurückfuhren, am 6. Juli 1959, hatten wir unsere Ausstellungsgüter nicht mehr dem Zoll vorgeführt. Wozu auch? Die Grenzen waren gefallen. Die Bundesrepublik und das Saarland waren nun ein Wirtschaftsraum. Wir mussten eine Zollstrafe von 4500 Mark bezahlen, obwohl die Waren ja im Saarland, also in der Bundesrepublik verblieben waren.«

Wiederanfang nach dem Krieg: Die Belegschaft stellt sich in einer Arbeitspause dem Fotografen.

1958 lernte er seine spätere Frau Karin im Staatstheater in Saarbrücken kennen: »Meine Mutter hatte ein Theater-Abo. Was da an diesem Abend gespielt wurde, weiß ich nicht mehr. Sie saß ein paar Reihen hinter mir. Wir heirateten 1960 in der Basilika St. Johann in Saarbrücken. Ich war stolz und glücklich. Die Hochzeitsfeier war eine gelungene Party im RCS, im Haus des Ruderclubs Saar. Beim RCS war ich seit 1948 Mitglied, hatte dort im Zweier und im Vierer gerudert.«

1960 wurde Tochter Daniela geboren, 1963 Sohn Thomas.

1967 übernimmt Joachim Becker, inzwischen 37 Jahre alt, die Unternehmensführung: »Bis 1997, also 30 Jahre lang, war ich Chef eines mittelständischen Unternehmens. Ich habe versucht, als verantwortungsvoller christlicher Mensch meine Aufgaben zu lösen.«

1997 übergab er die Führung des kontinuierlich gewachsenen Unternehmens an seinen Sohn, den Diplom Wirtschafts-Ingenieur Thomas Becker. Nun ist er »der Alte«, sagt über seinen Sohn: »Der will es wissen. Er will trotz väterlicher Warnungen selbstständig sein. Die

Problemstellung bleibt dieselbe. Es ist der Kampf um Aufträge, um Mitarbeiter und Finanzierung.«

Fragt man Joachim Becker nach seinem persönlichen Fazit nach 50 Jahren Saarland, verweist er zunächst auf die seiner Meinung nach »weitgehend orientierungslose« Gesellschaft. Er ist Mitglied »in einem halben Dutzend Vereine und Vereinigungen«, plädiert dafür, »die so oft verschmähten Vereine wieder zu aktivieren, weil dort persönlicher Einsatz und Gemeinschaftsgefühl ohne gleichzeitige Forderung nach Bezahlung gelehrt wird.« Und zu Europa und dem Saarland sagt er: »Nach 50 Jahren hat Euroland – als die Vereinigten Staaten von Europa – die Nationalstaaten leider noch nicht ersetzt. Trotz Europa – das Saarland ist meine Heimat, das Saarland hat mich geprägt. Ich bin ein europäischer Saarländer.«

1947: Ohne »Grenzüberschrittspass« konnte man weder nach Frankreich noch in das benachbarte Rheinland-Pfalz reisen.

Kleines Land, kleine Welt, kleiner Horizont?

»Wir waren arme Leute«, sagt die Architektin Ilka Zintel, Jahrgang 1953. »Die Kindheit war schwer. Es gab ja nichts. Und wir hatten nichts.« Sie wuchs als die ältere von zwei Schwestern in Bous auf. Die Eltern waren katholisch: »Wir beteten vor jedem Essen. Der Vater war Hüttenarbeiter bei den Röhrenwerken Mannesmann, später wurde er Hüttenmeister. Das war was. Aber das bedeutete nicht, dass es der Familie nun wirklich auch wirtschaftlich besser ging. Auch wenn Vater ein paar Mark mehr heimbrachte, musste eisern gespart werden.«

Die Lebenssituation zu Hause »war eng, auch gedanklich«, erzählt sie, »die Erziehung streng, autoritär, vermutlich so, wie auch die Eltern erzogen worden waren. Es gab wenig, an was man sich wirklich gerne erinnern würde.«

An was sie sich gerne erinnert – das waren »die Schmuggelfahrten mit der Eisenbahn nach Zweibrücken. Schließlich war Eisenbahnfahren was ganz besonders Tolles. Es muss zwei oder drei Jahre nach der 1955er Abstimmung im Jahr vor dem Tag X, also 1958, gewesen sein, als wir wieder mal in Zweibrücken einkauften.« Sie bekam ein neues Mäntelchen, erzählt sie, das ihr über das alte angezogen wurde. Die eingekauften Lebensmittel versteckte die Mutter irgendwo in extra zum Schmuggeln in die Kleidung »inwendig« genähten Taschen. Außerdem hatten die Eltern eine Armbanduhr gekauft, die sie einem Kind aus der Verwandtschaft zur bevorstehenden Kommunion schenken wollten: »Die Sache mit der Uhr war schwierig. Denn die Original-Verpackung durfte nicht beschädigt werden, sonst hätten die Eltern des Kommunionkindes vielleicht nicht geglaubt, dass es eine neue Armbanduhr war. Also wanderte die Uhr in der Originalverpackung ebenfalls in eine inwendige Tasche.«

Dann im Zug, als der französische Zollbeamte kam, wäre beinahe alles aufgeflogen. Die kleine Ilka machte nämlich überhaupt keine Anstalten zu verbergen, dass sie zwei Mäntelchen übereinander trug. Es ging noch mal alles gut: »Der Zollbeamte hatte wohl einen guten Tag. Vielleicht mochte er Kinder.«

Und auch an den Tag X, den 5. Juli 1959 – da war sie exakt sechs Jahre alt und drei Monate zuvor an Ostern in Bous eingeschult worden – kann sie sich noch genau erinnern: »Meine Mutter sagte: Die Läden sind voll. Aber mein Geldbeutel ist leer. Sie hatte wie alle nur zwanzig Mark erhalten.«

Ilka Zintel war ein lernbegieriges und auch begabtes Schulkind: »Ich ging in eine katholische Volksschule. Mädchen und Jungen gingen in getrennte Klassen. Die evangelische Volksschule war gegenüber, aber durch eine tiefe Rinne im Schulhof von uns getrennt. Unsere Lehrerinnen hatten wir mit ›Fräulein‹ anzureden. Die Prügelstrafe war bei uns an der Tagesordnung. Wir wurden für Kleinigkeiten und oft auch ohne Grund von den Fräuleins bestraft – dann gab es was mit dem Rohrstock auf die Hände. Die Hände mussten wir mit der Innenseite hinhalten. Oft schlugen die Fräuleins auf die Finger, bis sie bluteten. Wenn ich nach Hause kam, und meine Mutter sah die Striemen oder das Blut auf meinen Händen, wurde ich von ihr noch einmal verhauen. Mit dem Kochlöffel. Dabei waren wir so brave Kinder. Wir trauten uns nichts.«

Ilka Zintel

Und »wütend und traurig« registrierte sie, dass es auch in ihrer kleinen Welt der Schule bereits zwei Schichten von Kindern gab, so wie »es bei meinem Vater bei Mannesmann auch zwei Schichten von Menschen gab, die dort arbeiteten. Zu der einen Schicht gehörten die, deren Eltern mehr Geld hatten, deren Väter die Chefs waren.

Und die andere Schicht, zu der ich gehörte, das waren die Kinder, deren Väter Arbeiter waren und die weniger Geld verdienten.«

Ilka Zintel beschreibt die soziale Situation der Arbeiterkinder damals »als unterprivilegiert und benachteiligt. Es gab kein Kindergeld für die Eltern. Die medizinische Versorgung für die Kinder war desolat. Wenn ein Kind Scharlach hatte, da konnten die Eltern nur hoffen. Penicillin und Antibiotika – Rezepte dafür bekamen nur die Reichen. Drei Kinder aus meiner Klasse starben an Kinderlähmung, weil sie nicht geimpft waren.«

Die kleine Ilka brachte gute Zeugnisse nach Hause: »Es fiel mir alles leicht. Aber aufs Gymnasium konnte ich trotzdem nicht. Das war einfach nicht drin in der Gedankenwelt meiner Eltern. ›Die Mädchen gehen schaffen und dann heiraten‹, hieß es. Und damit basta.«

Die Gedankenwelt, das Leben zu Hause, war geprägt, von »wertkonservativen katholisch-christlichen Grundsätzen, die vor allem die Mutter zu Hause umsetzte«. Damals gab es auch in Bous wie überall im Saarland, Missionswochen, Tage der Besinnung des Ordens der Redemptoristen, an die sich Ilka Zintel noch sehr genau erinnert: »Unsere Mutter war bei fast jeder Veranstaltung. Der Vater konnte ja nicht. Der musste arbeiten. Nichts gegen die Kirche. Aber es war doch eine neue Zeit angebrochen, die mehr Freiheit, mehr Demokratie versprach, auch Diskussionen. Wir lebten weiter in einer engen festgefügten Welt mit eindeutigen klaren gesellschaftlichen und weltanschaulichen Schranken, aus denen es für ein Kind kein Entkommen gab.«

1967, sie war 14 Jahre alt, wurde sie Mitglied im örtlichen Tennisclub, der von Mannesmann gesponsert wurde: »Tennis, das fand ich toll. Der Tennisverein nahm mich zwar auf. Aber in der Mannschaft mitspielen durfte ich nicht. Schließlich war ich nicht die Tochter vom Apotheker. Auch wenn mein Vater Hüttenmeister bei Mannesmann war, war ich denen nicht fein genug. Das war ein regelrechtes Kastendenken. Hier die Arbeiter und ihre Kinder, dort die Kinder der

Der Tag X: »Die Grenzen öffneten sich. Meine Mutter sagte: ›Die Läden sind voll. Aber mein Geldbeutel ist leer.‹«

leitenden Angestellten und Direktoren, der Geschäftsleute und Honoratioren. Die eingebildete Ehefrau eines wichtigen Mannes bei Mannesmann hatte verhindert, dass ich in der Mannschaft mitspielen durfte.« Nach einer kurzen Pause sagt sie sarkastisch: »Je kleiner die Welt, je kleiner der Horizont.«

Später, als sie längst eine erfolgreiche Architektin war, sei sie »von den Tennisfrauen freudig begrüßt worden, als ich dort mal als Gast spielen wollte. Ich habe denen gesagt: Ihr wolltet früher nicht mit mir spielen, jetzt will ich nicht mehr.«

Nach acht Jahren Volksschule »und einem Abgangszeugnis mit durchgehend Note eins« begann sie eine Lehre als Bauzeichnerin. Sie war ein unternehmungslustiger Teenager, mathematisch und technisch begabt, kritisch gegenüber den Erwachsenen und neugierig auf das Leben: »Rock'n'Roll und Beatmusik waren zu Hause verboten, das konnte der Vater nicht hören.« Partys? Fehlanzeige. Im Luxemburger Hof in Bous traten Cindy & Bert live auf. Sie wäre gerne hingegangen: »Aber bevor wir 18 Jahre alt waren, durften wir von zu Hause nicht lange weg. Meine Schwester und ich, wir waren ja nicht die Einzigen, denen es so ging. Das war damals so. Sonntags mal in die Eisdiele, viel mehr war nicht.«

Das Neunkircher Eisenwerk: »Wenn ich von Trier, wo nur die Porta Nigra schwarz war, in die Arbeiter- und Hüttenstadt Neunkirchen fuhr, war das jedes Mal eine Art Kulturschock.«

Und zu viel mehr hatte sie eigentlich auch keine Zeit. Sie gab Vollgas, würde man heute sagen. Nach dem Arbeitstag als Lehrling im Architekturbüro ging sie auf das Abendgymnasium. Und später, als sie in Trier an der TH Bauingenieurwesen, Fachrichtung Architektur studierte, finanzierte sie sich und ihr Studium mit den Bauzeichnungen, die sie nachts auf Honorarbasis anfertigte: »So entstanden beispielsweise der Bebauungsplan für den Sportplatz in Bous und die Pläne für mehrere große Wohnhäuser.«

Trier? »Das war eine schöne Zeit«, sagt sie. Sie lebte mit ihrem späteren Mann zusammen, der ebenfalls in Trier an der TH studierte. Eine Studentenliebe, aber eine »für damalige Verhältnisse sehr komfortable Beziehung. Wir hatten eine Wohnung mit 70 Quadratmetern, und jeder sein eigenes Auto. Ich hatte einen 2 CV mit Rolldach. Das war damals für mich das Größte.« Sie heirateten, »nur standesamtlich, kirchlich wollte er auch nicht«. Und sie machte ihr »Examen mit Note 1,3«. Eigentlich hatte sie nun erreicht, was sie wollte. Nun war sie Frau Dipl. Ing. und hatte allen Grund, optimistisch in die Zukunft zu blicken. Ihr erster Job war in Neunkirchen bei einer Firma, die sich mit Fassadenbau beschäftigte: »Wenn ich von Trier, dem sauberen Trier, wo ich noch wohnte, wo nur die Porta Nigra schwarz war, in die Arbeiter- und Hüttenstadt Neunkirchen fuhr, war das jedes Mal eine Art Kulturschock. In Trier diese bürgerliche Pseudo-Idylle, die heile Welt der Kirche, hier in Neunkirchen ›die Hütt‹, das stahlkochende Ungetüm in der Mitte der Stadt und dazu die Arbeitersiedlungen. Trotzdem hatte ich irgendwie das Gefühl, dass Neunkirchen ein Stück Identität von mir ist, bei dem Schweiß und Schwielen an den Händen dazugehören. So wie ich es von zu Hause in Bous kannte.«

Im Fassadenbau sah sie ihre berufliche Karriere nicht, auch wenn sie viel lernte, ständig auf Baustellen unterwegs war. Sie wollte raus, was sehen, über den saarländischen Tellerrand blicken. Am liebsten nach Hamburg. Aber da gab es kein Angebot für eine junge Architektin mit Examensnote 1,3. Überhaupt musste sie »sehr schnell lernen, dass es für eine Frau sehr schwer ist, sich in einem Architekturbüro zu behaupten«. Sie ging nach Basel, weil sie dort einen Job fand und war bald frustriert: »Das ist ein Menschenschlag, mit dem man schwer warm wird. Wir Saarländer müssen mal mit jemandem reden, über dies und das. Das war da nicht.«

Nach einem Jahr packte sie ihre Koffer, fuhr nach Hause und bewarb sich beim Gewerbeaufsichtsamt der Landesregierung in Saarbrücken, das Architekten für die Bereiche Umwelt- und Emissionsschutz suchte. Sie wurde eingestellt, war nun Beamtin und »richtig froh, wieder dehemm zu sein«. Es war die Zeit, als man anfing, den Begriff Umweltschutz vom Schlagwort der neuen Partei der Grünen in die Realität umzusetzen. Und im Gewerbeaufsichtsamt war neben ihr noch ein junger Diplom-Ingenieur mit ähnlichen Aufgaben betraut: Er hieß Peter Zintel, hatte in Saarbrücken Maschinenbau studiert. Die beiden arbeiteten zusammen. Es ging bei ihrer Zusammenarbeit vor allem um die Frage nach dem Entstehen umweltschädlicher Emissionen und wie man sie verhindern kann. Ihre Trierer Studentenliebe hatte längst mit einer formellen Scheidung ein undramatisches Ende gefunden: »Das war ein Jugendirrtum«, sagt sie knapp. 1981 heirateten sie, die Architektin, und Peter Zintel, der Dipl. Ing. Fachrichtung Maschinenbau. Und weil beide in die Besoldungsgruppe A12 eingestuft waren, sagten sie: »Jetzt haben wir A24.«

Ständig wurden neue Vorschriften, Verordnungen und Gesetze zum Umweltschutz erlassen. Für viele Firmen, selbst für Fachleute, war das ein Paragrafendschungel. Ilka und Peter Zintel erkannten ihre Chance, als sie immer öfter von Antragstellern und Betroffenen gefragt wurden: »Wissen Sie denn niemanden, der uns hier helfen kann?« Sie machten sich selbstständig, gründeten das Ingenieurbüro Zintel & Zintel in Saarbrücken, das sich auf Umweltprobleme und ihre Lösung für Industriebauten spezialisierte. Das Büro hatte bald einen guten Ruf und Aufträge auch aus der ganzen Bundesrepublik. Bei vielen Industrieneubauten sind herkömmliche Architekturbüros oft auf die Konsultation von Spezialisten angewiesen.« Wir konnten beides bieten. Als Architekten und Ingenieure und Planer für technischen und betrieblichen Umweltschutz.« Wie schwierig das ist, erklärt sie an einem Beispiel: »Für einen Auftraggeber mussten wir einmal 140 Ordner eines Genehmigungsantrages für die Erweiterung einer Firma zur Behörde bringen.«

1986 flogen Ilka und Peter Zintel nach Kolumbien und adoptierten dort ein Waisenkind, »weil es bei uns selbst mit dem Nachwuchs nicht klappen wollte.« Die kleine Dominique, Rufname Niki, ist Jahrgang 1986, schwätzt saarländisch platt, und studiert Jura in Saarbrücken. Trotz der kleinen Adoptiv-Tochter blieb Ilka Zintel auch beruflich am Ball, plante und realisierte Industriebauten im Saarland und in der ganzen Bundesrepublik. Überraschend starb 2006 ihr Mann Peter. Seitdem leitet sie das Architekturbüro alleine. Wie geht es weiter? »Wir Saarländer werden wie immer kämpfen müssen, uns anstrengen, beweisen, dass wir was können. Ich bin da guten Mutes.«

Sie bedauert, »dass bei der 1955er Abstimmung die Entscheidung nicht für das Statut fiel. Wir wären heute ein reiches Land wie Luxemburg. Uns hat man nicht wie den neuen Ländern in der ehemaligen DDR das Geld in den Popo geblasen. Das sind noch heute Milliarden, die da rüberfließen. Wir müssen uns selbst helfen. Und dabei vor allem nicht vergessen zu leben.«

Sie hat sich ein privates Refugium geschaffen, lebt in St. Ingbert-Rentrisch. Regelmäßig trifft sie saarländische Freunde, aber auch »Hergeloffene«: »Auch mit denen kann man sich gut unterhalten.«

Während sie ihre Unterlagen für den nächsten Termin auf dem Schreibtisch zusammenräumt, sagt sie noch: »Und wenn Sie mich fragen, was ich am Saarland finde, dann sage ich: Hier ist meine Heimat. Ich will nicht woanders leben.«

120 Rinder für das hungernde Saarland

Die Geschichte der Emigration der Familie Salomon aus Hilbringen beginnt am Sonntag, dem 13. Januar 1935 bei schneematschigem Wetter. Es ist der Tag der Abstimmung, bei dem sich 90,73 Prozent – oder genau 477.119 Saarländer – für den Anschluss an das Deutsche Reich entscheiden. Es ist der Tag, an dem sich die Gegner der »Heim ins Reich«-Euphorie fragen müssen, wie sie sich in Sicherheit bringen können. Andersdenkende und Andersgläubige, Sozialdemokraten, Kommunisten, Juden und auch Christdemokraten müssen mit Verfolgung durch die Gestapo und Deportation in Konzentrationslager rechnen. Eine Regierungskommission teilt dem sozialdemokratischen Politiker und Journalisten Max Braun und Johannes »Joho« Hoffmann mit, die beide gegen den Anschluss des Saarlandes an Hitlerdeutschland votierten, dass sie für ihre Sicherheit nicht mehr garantieren könne. Johannes Hoffmann flieht unter abenteuerlichen Umständen über Frankreich nach Brasilien. Und Max Braun setzt sich zunächst über die Grenze nach Frankreich ab, wo er in Forbach das Office Sarrois, die Organisation saarländischer sozialdemokratischer Emigranten und ein Auffanglager für Flüchtlinge aus dem Saarland einrichtet. Einige saarländische Flüchtlinge schließen sich später der französischen Armee und der Résistance an. Andere kämpfen im spanischen Bürgerkrieg gegen das faschistische Franco-Regime. Die meisten versuchen in Frankreich unterzutauchen. Vielen hilft die Résistance. So auch der Familie Salomon.

Ludwig »Louis« Salomon ist 15 Jahre alt, als die Wahlentscheidung fällt. Sein Vater und seine beiden älteren Schwestern sagen immer wieder: »Wenn die Nazis im Saarland die Macht übernehmen, ist für uns Juden kein Platz mehr hier.« Ein Jahr bleibt ihnen nach der Abstimmung Zeit, aus der Heimat zu fliehen. Das regelt ein Gesetz,

das der Völkerbund noch vor der Abstimmung mit dem Deutschen Reich vereinbart und abgeschlossen hat.
8000 Saarländer verlassen aus Angst vor Verfolgung und Inhaftierung – viele von einem Tag auf den anderen – ihre Heimat. Hinzu kommen Tausende von Flüchtlingen aus dem Reich, die zwischen 1933 und 1935 im Saarland Zuflucht gefunden hatten. Anders als die Juden, die Deutschland verlassen wollten, konnten die Juden aus dem Saarland – das regelte der Vertrag des Völkerbundes mit dem Deutschen Reich ebenfalls – ihr Vermögen mitnehmen. Louis Salomon erzählt, dass seine Familie, sein Vater, seine Mutter, die beiden Schwestern und er »am letzten Tag, der noch möglich war, am 29. Februar 1936, zunächst nach Luxemburg flohen. Mein Onkel Simon Salomon hatte Kontakt mit Max Braun in Forbach. Und der half uns später.«
Zunächst flieht die Familie in die Vogesen, »bis mein Onkel einen Bauernhof in Coulmer in der Normandie kaufte. Es war ein großes bäuerliches Anwesen mit 49 Hektar Weideland, 50 Stück Mastvieh und 30 Milchkühen.«
Louis Salomon ist nun sechzehn Jahre alt. Er hat das Gymnasium abgebrochen. In Frankreich hat er keine Chance, die Schule zu besuchen. Statt Abitur zu machen, wie er es vorhatte, muss er nun zusammen mit einem Knecht den Hof bewirtschaften, Kühe melken

Louis Salomon

und sich um die 50 Mastochsen auf der Weide kümmern: »Damals kannte man ja noch kaum Maschinen. Die Ställe misten, das Vieh füttern, wenn es nicht auf der Weide steht. Das ist ein Zwölf-Stunden-Tag. Aber ich war in Sicherheit.«

Immer wieder aber kommen französische Beamte und überprüfen auch die Papiere der jüdischen Familien: »Viele Ausländer wurden interniert. Die französischen Behörden verdächtigten sie, mit den Deutschen zusammenzuarbeiten. Die Gendarmerie brachte mir eine Vorladung. Ich sollte mich im Internierungslager Argentan melden. Junge Ausländer wie ich landeten oft in der Fremdenlegion. Ich hatte Glück. Ich traf einen Landwirt aus unserer Gegend, der ein hoher Offizier und der Leiter des Lagers war. Er entließ mich sofort. Auch mein Vater wurde vorgeladen. Er sollte sich in einem anderen Internierungslager melden. Als er nach einigen Tagen noch nicht zurück war, fuhr ich hin, um nach ihm zu suchen. Der zuständige Offizier erklärte mir, die Papiere meines Vaters würden auf der Préfecture liegen. Zuständig wäre dort der Generalsekretär. Der drohte mir, mich auch einzusperren, als ich ihn bat, meinen Vater freizulassen. Ich bat den katholischen Geistlichen in unserem Nachbarort, bei dem ich Französisch lernte, um Hilfe. Der rief den zuständigen Abgeordneten in unserem Bezirk an. Der wiederum telefonierte mit dem Innenminister. 48 Stunden später war mein Vater frei. Der Hintergrund war, dass der Pfarrer zuvor von der Kanzel seinen Schäfchen geraten hatte, diesen Abgeordneten zu wählen.«

Louis Salomon hatte sich bei Kriegsausbruch in der französischen Armee als Freiwilliger gemeldet: »Ich wollte gegen die Deutschen kämpfen.« Er wird nicht eingezogen, weil er in der Landwirtschaft arbeitet.

Nach Kriegsbeginn 1939 und nach dem Einmarsch und der Besetzung weiter Teile Frankreichs durch die Deutschen 1940 verschärft sich die Situation für die Flüchtlinge: »Nun mussten wir damit rechnen, von den Franzosen als feindliche Ausländer angesehen zu werden. Und bald, nach der deutschen Besetzung, machte die Gestapo überall in Frankreich Jagd auf Nazigegner, vor allem auch auf Juden. Viele werden nach Deutschland in die Konzentrationslager abtransportiert.« Auch seine Eltern, Isaak und Mathilde Salomon, werden interniert und in einem Lager in Le Mans festgehalten. Louis Salomon fährt nach Le Mans: »Die gingen in der Reihenfolge der Anfangsbuchstaben der Familien-Namen vor. Erst A und B, dann C und D, und so weiter. Ich drängelte mich vor. Ich entschuldigte mich höflich, dass meine Familie mit S wie Salomon noch nicht dran sei, aber ich könne nicht solange warten. Ich war gerade vor Weihnachten 1939 von der französischen Armee gemustert, aber noch nicht eingezogen worden. Ich hatte alle Papiere dabei, auch die Dokumente, aus denen hervorging, dass ich mich freiwillig zur Armee gemeldet hatte. Meine Mutter kam am nächsten Tag, mein Vater später frei.«

Die Résistance hilft der Familie, sich vor den Häschern der Nazis zu verstecken, versorgt ihn mit falschen Papieren. Er heißt nun Jean Boudingon. 1943 findet er eine Arbeit als Gehilfe bei einem Pferdemetzger in Paris. Er hat gelernt, vorsichtig zu sein, aber auch seine Chancen zu nutzen. Wenig später macht er sich als Viehkaufmann selbstständig, kauft in Meaux bei Paris ein Viehhandelsgeschäft und etabliert sich auf den Viehhandelsmärkten in Paris, auf denen die Großhändler und Metzger ihren Bedarf an Schlachtvieh für die immer noch von Deutschen besetzte französische Hauptstadt und große Teile Frankreichs decken. Er war erfolgreich, nicht zuletzt, weil er »ein schneller Kopfrechner ist«, wie er sagt, »und das Gewicht eines Schlachtrindes ziemlich genau mit den Augen abschätzen kann, ohne dass es gewogen wird.« Er erzählt, wie er »das Kriegsende erlebte, den 25. August 1944, als Paris befreit wird und die Menschen auf den Champs-Élysées tanzen. Es ist ein Tag, den ich nie vergessen werde. Man konnte wieder frei atmen.«

Er heiratet am 30. Januar 1945. Seine Frau Ruth ist die Tochter des Viehkaufmannes Max Cahn, mit dem er später in Saarbrücken die

Viehhandelsfirma »Cahn & Salomon – Fleisch & Vieh« gründen wird. An die Rückkehr ins Saarland denkt Louis Salomon damals nicht. Ihm geht es gut in Paris. Was soll er auch in dem Land, in dem in den

Louis Salomon (2.v.l.) bei einer Papst-Audienz in Rom

Konzentrationslagern, wie nun durch die Alliierten und den in Nürnberg beginnenden Kriegsverbrecherprozess bekannt wird, sechs Millionen Juden umgebracht wurden, im Land der Nazis und der Mörder? »Was sollten wir da? Im November 1947 saß mein Schwiegervater Max Cahn im Café ›Madrid‹ in Paris und traf dort einen alten Bekannten, Kurt Stern aus Lebach. Der erzählte: ›In Saarbrücken ist es fünf vor zwölf. Im Saarland wird der Franken als

Währung eingeführt. Alle spielen verrückt. Ihr müsst Schlachtvieh nach Saarbrücken bringen. So schnell wie möglich.‹ Abends rief mich mein Schwiegervater an und berichtete von dem Gespräch. Er fuhr 48 Stunden später nach Saarbrücken. Am andern Morgen war der Franken die Währung im Saarland. Ich weiß es noch wie heute: Die Umstellung erfolgte von einem Donnerstag auf einen Freitag. Am nächsten Montag kauften die Händler aus Metz in Paris wie wild und schickten ihre gekauften Tiere ins Saarland. Mein Schwiegervater rief an: ›Schick mir unbedingt Tiere.‹ Ich sagte: ›Lass mich doch mit den Naziköpp in Ruhe.‹ Am nächsten Tag schickte ich ihm 120 Stück Schlachtvieh mit Lastwagen. Mein Schwiegervater sagte am Telefon: ›Die Saarbrücker Metzger kaufen alles.‹ Die Menschen im Saarland waren ausgehungert. Fleisch war ein Luxusartikel.«
Die Versorgungslage im Saarland – vor allem in den Städten – war in dieser Zeit mehr als dürftig. Noch im Sommer 1947 bestand die festgelegte Tagesration für einen Erwachsenen aus 330 Gramm Kartoffeln, 250 Gramm Brot, 18 Gramm Fleisch, 16 Gramm Zucker, zwölf Gramm Teigwaren, zehn Gramm Fett, vier Gramm Käse, vier Gramm Kaffeeersatz und vier Zigaretten. Und nun waren 120 Rinder unterwegs ins Saarland, abgeschickt in Paris von dem jungen jüdischen Viehkaufmann Louis Salomon, der mit seiner Familie aus seiner Heimat vor den Nazis geflohen war....
Louis Salomon erkannte seine Chance. Er packte in Paris die Koffer: »In der Weihnachtswoche 1947 kam ich nach Saarbrücken und begann mit meinem Schwiegervater dort einen Viehhandel.«
Mit der Einführung des französischen Franken strömten auch französische Waren ins Saarland. Plötzlich gab es lang entbehrte Köstlichkeiten wie Datteln, Feigen, Apfelsinen. Und vieles konnte man ohne Lebensmittelkarten kaufen, Eier und Käse zum Beispiel. Die Preise explodierten. Und es gab Handelserleichterungen für den Warenverkehr zwischen Frankreich und dem Saarland: »1947 wurde der Zoll zwischen Frankreich und dem Saarland abgeschafft. Wir

konnten abgabenfrei und ohne Schwierigkeiten aus Frankreich Fleisch importieren.«

Viele Kontakte, die sein Vater schon vor dem Krieg hatte, knüpfte er nun neu. Cahn & Salomon führten Schlachtvieh aus Dänemark, Irland und Holland ein, handelten mit Fleisch-Exporteuren aus Südamerika, vor allem aus Uruguay und Argentinien: »Das Geschäft lief. Aber es war ein Geschäft, das abends nicht aufhörte und morgens musste man in aller Frühe schon wieder am Ball sein.«

1948 wurde der Berufsverband der Viehhändler wiedergegründet und Salomon zum zweiten Vorsitzenden gewählt: »1952 erhielt ich einen Anruf von Josef Kurtz, dem Staatssekretär im saarländischen Wirtschaftsministerium. In Bonn sollte eine Verhandlung zwischen einer französischen und einer deutschen Delegation über die künftigen Handelsbeziehungen stattfinden. Es ging auch um den Handel mit Vieh und Fleisch und landwirtschaftlichen Produkten. Der Verband sollte an den Verhandlungen teilnehmen und ernannte mich als saarländischen Vertreter. Ich habe drei Funktionen gehabt: Ich war Beauftragter des Saarlandes, stellvertretender Vorsitzender unseres Berufsverbandes und gleichzeitig Dolmetscher. Die Dolmetscherin kannte die vielen Fachausdrücke unseres Geschäfts nicht. Ich habe übersetzt und die Protokolle in deutscher und in französischer Sprache unterzeichnet. Es war die erste vertragliche Vereinbarung über Fleischhandel zwischen dem Saarland, Deutschland und Frankreich.«

Die Abstimmung 1955? »So etwas wie diesen Wahlkampf hatte ich noch nie und habe ich nie wieder erlebt. Ich war für den Status quo. Das wäre für das Saarland das Beste gewesen. Wir wären heute das europäische Zentrum und Saarbrücken das, was heute Straßburg, Brüssel und Luxemburg sind. Als am 27. Oktober 1956 der sogenannte Saarvertrag abgeschlossen wurde, der festlegte, dass das Saarland nach der Abstimmung von 1955 als zehntes Bundesland der

Louis Salomon (l.) im Gespräch mit dem ehemaligen US-Außenminister Henry Kissinger (Mitte)

Bundesrepublik angegliedert wurde, ging es natürlich auch um die wirtschaftlichen Beziehungen zwischen Frankreich und dem Saarland. In der saarländischen Handelskammer war man der Meinung, und auch ich war überzeugt, dass jährlich 52.000 Tonnen Fleisch aus Frankreich eingeführt werden könnten, wenn im Gegenzug saarländische Produkte nach Frankreich exportiert würden. Es ging um die Quote.« Ein hochrangiger Beamter des französischen Landwirtschaftsministeriums rief Louis Salomon an und bat ihn um die aktuellen Zahlen über den Im- und Export zwischen Frankreich und dem Saarland: »Statistisch wurden pro Jahr 25.000 Tonnen Fleisch aus Frankreich ins Saarland eingeführt. Das war aber zu wenig. Wir gingen davon aus, dass der Bedarf mehr als das Doppelte, also 52.000 Tonnen Fleisch pro Jahr sein würde. Im Gegenzug würde das Saarland Güter im selben Wert nach Frankreich exportieren dürfen. Das wäre ein faires Geschäft gewesen. Ich habe versucht, die

52.000 Tonnen durchzusetzen. Schließlich einigten wir uns auf 38.000 Tonnen. Das war ein Erfolg für das Saarland. Ich bin darauf ein wenig stolz.«

Und privat? Louis Salomon lebt seit 1947 in Saarbrücken: »Aber einen Fuß habe ich immer noch in Paris. Meine Frau bereut, dass wir nicht in Paris geblieben sind. Wir haben uns hier in Saarbrücken eingerichtet, haben viele Freunde.«

1950 werden Tochter Beatrice, 1952 Sohn Jean Jacques, 1956 Tochter Patricia und 1959 Tochter Carol geboren: »Die Kinder gingen hier auf das Deutsch-Französische Gymnasium, wurden aber echte Weltbürger und Europäer. Eine Tochter lebt in Straßburg, unser Sohn in Kapstadt. Langsam erwachte in diesen Jahren auch wieder jüdisches Leben im Saarland.«

Die ersten ehemaligen saarländischen Juden kehrten zurück und beantragten die Gründung einer jüdischen Gemeinde: Unter den Gründern waren auch Juden aus Polen, der Tschechoslowakei und aus Ungarn, die nicht mehr in ihre Heimat zurückkehren wollten oder konnten und sich im Saarland niederließen. Am 1. August 1946 unterzeichnete der damalige Saarbrücker Regierungspräsident Dr. Neureuter einen Erlass, der noch heute die rechtliche Grundlage für die Synagogengemeinde ist. In dem Erlass heißt es unter anderem: »Das gesamte Saargebiet bildet eine einzige Synagogengemeinde mit der Bezeichnung ›Synagogengemeinde Saar‹. Die bisherigen Einzel-Synagogengemeinden des Saargebietes werden aufgelöst.« Die Synagogengemeinde Saar wurde Rechtsnachfolgerin der einzelnen früher autonomen saarländischen jüdischen Gemeinden mit ihren 23 Synagogen und Bethäusern. Sie betreut auch die zerstörten jüdischen Friedhöfe im ganzen Saarland. Der erste Vorsitzende der Synagogengemeinde nach dem Krieg war Alfred Levy, ein ehemaliger Richter und Senatspräsident.

1948 hatte die Synagogengemeinde Saar wieder 350 Mitglieder. 1951 wurde die neu gebaute Synagoge in Saarbrücken am Beethovenplatz eingeweiht. Die Mitgliederzahl stieg bis 1959 auf 400 an. Jedoch verließen vor allem junge Juden nach Abschluss ihrer Ausbildung das Saarland. In den 70er und 80er Jahren, so heißt es in einem internen Bericht, war »unsere Gemeinde mit nur noch zirka 350 Mitgliedern stark überaltert«. Louis Salomon war viele Jahre zweiter und später, bis 1981, erster Vorsitzender der Synagogengemeinde: »1991 begann die Zuwanderung jüdischer Emigranten aus den GUS-Staaten. Heute hat die Synagogengemeinde rund 1000 Mitglieder, nur rund hundert von ihnen sind alteingesessene Mitglieder. Die Zeiten sind anders geworden.« Natürlich sieht auch er mit Sorge das Erstarken der NPD, ihre Rückkehr in die deutschen Landesparlamente und die jugendlichen Rechtsradikalen, die Jagd auf Ausländer machen: »Aber ich glaube, dass man nicht wirklich Angst haben muss. Ich bin hier im Saarland aufgewachsen, bis ich 15 Jahre alt war: Das hat sich zufällig so ergeben. Ich habe Hitler überlebt. Ich hatte Glück. Viele andere hatten das Glück nicht: Hier im Saarland habe ich die meiste Zeit meines Lebens verbracht. Hier fühle ich mich zu Hause. Ich bin ein saarländischer Jude. Hier werde ich nicht mehr weggehen.«

Ruth und Louis Salomon in Paris

»Noch mal Prügel – das wollte ich nicht«

In seinem Atelier in Saarbrücken hoch über der Stadt mit Blick auf die Spicherer Höhen stapeln sich auf einem langen Tisch Farben und Malutensilien. An den Wänden die Bilder und die Skulpturen, die man von ihm kennt: Frauen, die vor Erotik zu platzen scheinen, und ein Adam aus einer Perspektive, die die ausladende Männlichkeit betont. Und dann die Sportbilder: Der Boxer Henry Maske im weißen Mantel, wie er in den Ring geht mit konzentriertem und entschlossenem Gesicht. Bilder vom Reiten, vom Tennis, der Leichtathletik. »Es geht im Sport um den Kampf gegen einen Gegner, aber auch gegen sich selbst«, sagt der Maler und Bildhauer Hans Schröder, Jahrgang 1930. »Der Kampf überhaupt« interessiert ihn, ist Thema seiner Bilder und Skulpturen, »nicht nur der Kampf im Sport um einen Ball oder um die schnelleren Sekunden«. Es fasziniert ihn auch der Kampf der Tiere, »weil der ein Kampf um Leben und Tod sein kann, und kein Spiel ist wie im Sport. Ich will mich gruseln können, bei einem Kampf der Raubtiere zum Beispiel.«

In seinem Atelier steht eine Skulptur, in der sich ein Bär und ein Stier drohend und kampfbereit gegenüberstehen. Und dazwischen immer wieder Skulpturen und Bilder mit ausladender, knisternder Erotik. Er zeigt auf eine Collage, die die Affäre des ehemaligen US-Präsidenten Bill Clinton mit seiner Praktikantin Monika Lewinsky symbolisiert. Sie steht mit hochgetürmter Föhnfrisur in der Bildmitte, die Szenerie bestimmend, und Bill Clinton, der Präsident und auf dem Bild der Verlierer, klein links unten im Bild. Dazu das Bibelzitat von Jesus, das er einst den Pharisäern entgegenhielt: »Wer von Euch ohne Fehl ist, werfe den ersten Stein.« Die Lewinsky/Clinton-Affäre hängt neben einem Portrait der Saarbrücker Oberbürgermeisterin Charlotte Britz. Über ihre roten Haare hat er helle Strähnen gemalt: »Die ist energisch« sagt er.

Die überlebensgroße vollbusige Schönheit draußen auf der Terrasse nennt er die »Venus von St. Arnual« und vergleicht sie fröhlich grinsend mit der Venus von Milo: »Aber die ist schon 2000 Jahre alt und aus Stein. Meine ist aus Polyester.«

Bronzeplastik von Willi Graf im Saarbrücker Rathaus: Hans Schröder und Anneliese Knoop-Graf, die Schwester des hingerichteten Widerstandskämpfers

Er holt zwei DIN A4 Seiten aus einer Schublade, die er für den Besucher vorbereitet hat: »Da steht alles drin über mich«, sagt er. Die zwei DIN A4 Seiten sind das Fragment einer Rede, die er anlässlich der Enthüllung der von ihm geschaffenen Bronzeplastik des Widerstandskämpfers Willi Graf im Saarbrücker Rathaus gehalten hat. Er ist mit Recht stolz darauf, dass man ihn beauftragte, den Widerstandskämpfer und Ehrenbürger der Stadt in Stein zu porträtieren. Und auch, dass »die Willi-Graf-Büste neben der Widerstandskämpferin Johanna Kirchner« ihren Platz gefunden hat, neben der Frau, die in Frankreich das Saarflüchtlingskomitee leitete und für den SPD-Exilvorstand Flugblätter verteilte, bis die Gestapo sie festnahm, und sie 1944 in Berlin hingerichtet wurde.« »Willi Graf und Johanna Kirchner sind Menschen, die man bewundern muss.«

Über seine Jugend erzählt er, dass er seine Kindheit und Jugend in Internaten und Jugendheimen verbrachte, und dass er als Zehnjähriger 1940 zur Hitlerjugend kam »und dort bereits militärisch exerziert wurde. Ein Fähnleinführer versuchte, mich durch Strafexerzieren gefügig zu machen. Er war mir aber unterlegen und wurde von mir verprügelt. Mein wichtigstes Argument war der Faustschlag. Ich war alles andere als ein angepasster Junge. Der Dienst in der HJ war mir zuwider.«

Er erzählt von den letzten Kriegsjahren 1944 und 1945, in denen »Saarbrücken erbarmungslos bombardiert« wurde, und »wir die Pflicht hatten, ausgebombten Volksgenossen zu helfen, überwiegend Frauen und Kindern oder ganz alten Menschen. Das war nicht ganz ungefährlich. Mein Fähnleinführer wurde als Flakhelfer eingezogen und starb den Heldentod für Volk, Führer und Vaterland. In dieser Zeit erlebte ich noch eine schlimme Überraschung. Ein neuer Fähnleinführer tauchte auf, der Freiwilliger der Waffen SS war. Als der mich zum Strafexerzieren aufforderte, antwortete ich auch hier mit einem Faustschlag. Mein Kontrahent war stärker. Ich konnte mich nur durch die Flucht retten. Als Vierzehnjährige zum Panzergräben-Ausheben und später zum Volkssturm abkommandiert wurden, habe ich mich abgesetzt. Mit meiner Mutter verbrachte ich das Ende des Krieges im nördlichen Saarland. Ich war Drückeberger und Feigling – hatte aber überlebt.«

Überlebt – aber was nun? »Überall waren Hunger und Not und zerbombte Häuser. Ich fing in einem Ausweichbetrieb der Firma Schröder eine Metzgerlehre an. Wir hatten Kunden bei der amerikanischen Armee. Meine bescheidenen Englischkenntnisse konnte ich da ganz gut gebrauchen.« Das Metzgerhandwerk hat in seiner Familie Tradition. Die Schröder Fleischwarenfabrik, ein alteingesessenes mittelständisches Unternehmen, das 1865 gegründet wurde, war 1944 kriegsbedingt von Saarbrücken nach Ottweiler evakuiert worden. Dass ein Mitglied der Familie sich in die Tradition einreihen und das Metzgerhandwerk erlernen würde, schien selbstverständlich. Er erinnert sich, dass er »als Lehrling einmal ein Kalb töten sollte. Da musste man mit dem Hammer dem Tier auf den Kopf schlagen. Ein anderer musste das Tier festhalten. Für mich war klar, dass ich das nicht machen wollte. Ich wollte zeichnen, malen, modellieren.« Er brach die Lehre ab. Seine Mutter unterstützte ihn. Und weil er in Saarbrücken zunächst keine Chance sah, sich als Künstler zu etablieren (»Ich musste ja von was leben.«) oder zu studieren, ging er nach Hanau und absolvierte dort eine Lehre als Goldschmied, nicht zuletzt, weil man in der Familie Schröder der Meinung war: »Der Hans muss einen ehrsamen Beruf lernen. Künstler galt als nichts Solides.«

Er erzählt, oft sprunghaft das Thema wechselnd, dass er »in jenen Jahren, also nach 1945 durchaus mit einem gewissen Fanatismus Sport betrieben« habe. »Ich spielte Fußball, ein bisschen Tennis. Aber Boxen interessierte mich am meisten.« Er war 1,85 groß, schlank, und hatte, wie man im Boxen sagt, »einen soliden Punch und gute Reflexe«, insgesamt also gute Voraussetzungen: »Ich strebte eine Karriere als Berufsboxer an.«

Für Saar 05 bestritt er 19 Amateurkämpfe im Halbschwergewicht. 18 Kämpfe gewann er. Im 19. Kampf bezog er Prügel von seinem Gegner: »Ich habe danach nie wieder geboxt. Noch mal Prügel – das wollte ich nicht.«

Als er in den Fünfzigerjahren die Chance bekam, nach Paris zu gehen, griff er sofort zu: »Ich war schon immer frankophil. 1954 und 1955 arbeitete ich im Schmuckatelier und im Verkauf von Cartier in Paris.« Und lächelnd erzählt er, dass »da immer auch ein paar Amerikanerinnen vorbeikamen und kauften. Das waren interessante Frauen«. Abends besuchte er »Kurse in Malen und Modellieren, und auch da gab es amerikanische Kunstschülerinnen. Es war ein lusti-

ges, aber auch entbehrungsreiches Leben. Ich musste sparsam sein.«
Die Abstimmung 1955 erlebte er in Saarbrücken: »Klar, dass ich für das Statut und für Joho war. Ich hatte und habe heute noch eine Schwäche für die französische Lebensart. Der Ausgang der Abstimmung war für mich eine Enttäuschung. Aber Politik hat mich eigentlich nie wirklich berührt. Ich war mit mir selbst beschäftigt, mit meinen Bildern, mit meinen Plänen. Am Tag X begann bei vielen Menschen Heulen und Wehklagen. Die hatten sich mehr erhofft. Viele empfanden die Veränderung als negativ. Aber auch das lief an mir vorbei, das ganze Wirtschaftswunder und was damit zusammenhing. Ich habe gelebt, aber nicht gut gelebt. Ich wohnte bei meiner Mutter, lebte von der Hand in den Mund, wie es bei Künstlern oft so ist.« Hans Schröder studiert in Saarbrücken an der Staatlichen Hochschule für Kunst und Handwerk in der Bildhauerklasse bei Theo Siegle. Vorübergehend lebt er in München, studiert dann in Österreich an der Sommerakademie in Salzburg: »Ich war sehr unruhig damals. Ich versuchte, meinen Stil zu finden.« 1973 stellt er seine Bilder und Skulpturen auf den Kunstmessen in Berlin, in Düsseldorf und in Köln vor. 1976 zeigt das Folkwang-

Hans Schröder mit einer seiner erotischen Skulpturen

Museum in Essen eine Hans Schröder-Retrospektive. 1981 ist er Teilnehmer der großen Kunstausstellung im Haus der Kunst in München und ein Jahr später wird er mit dem Albert-Weisgerber-Preis der Stadt St. Ingbert ausgezeichnet. Er eröffnet sein »Kunsthaus« in Saarbrücken, das zugleich sein Wohnhaus und sein Atelier ist. Es folgen zahlreiche regionale Ausstellungen und öffentliche Aufträge. Und 1994 entwirft er die Goldstatue »Goldene Europa«, mit der alljährlich Showstars ausgezeichnet werden.

Auf die Frage nach seinen Wurzeln, nach seiner Heimat, winkt er erst mal ab: »Ich bin viel unterwegs gewesen. Ich habe viele Menschen kennengelernt. Und überall war es interessant. Ich bin der Einzelgänger geblieben, der ich schon immer war.« Feste Bindungen hat er vermieden, »weil die Frauen versorgt sein wollen. Die Verantwortung konnte ich als Künstler mit meinem unsicheren Leben nicht übernehmen. Und außerdem war mein Freiheitsdrang sehr stark.«

Als wir über das Saarland und seine Geschichte reden, zeigt er auf das Fenster seines Ateliers: »Da drüben sind die Spicherer Höhen, keine drei Kilometer entfernt. Was sich da abspielte in den Kriegen 1870/1871 und später – das ist saarländische Geschichte. Das Saarland war immer umkämpft und immer begehrt. Das Saarland ist ein typisches Grenzland – und so ist auch seine Geschichte. Ich habe einige Bilder mit saarländischen Industrielandschaften gemalt und Reliefs mit Bergarbeitern modelliert. Ich habe die meiste Zeit hier gelebt. Aber mir fehlt da eine klare Zuordnung. Sagen wir, um die Frage nach der Heimat noch einmal aufzugreifen: Ich bin hier geboren. Ich bin an Saarbrücken gewöhnt. Aber den Begriff Heimat gibt es für mich nicht. Ich möchte es so formulieren: Hier gehöre ich hin.«

»Plötzlich war ich der Literat der Faasenachd«

Heinz Kölling, Jahrgang 1926, »de Heinz«, ist das, was man im Saarland einen »echten Faasebooze« nennt. 14 Jahre war er erster Vorsitzender und 24 Jahre Präsident des Saarbrücker Traditionsvereins »M'r sin nit so«, der 2006 sein 150jähriges Vereinsbestehen feierte. Trotzdem war und ist die Fastnacht für ihn »eine wunderschöne Nebensache«.

Heinz Kölling wurde in Saarbrücken geboren, besuchte das Reform-Realgymnasium in Saarbrücken, wurde 1943 »mit der ganzen Klasse Luftwaffenhelfer«. Abitur 1944: »Die Lehrer kamen in die Baracke unserer Stellung.« Im Februar 1944 wurde er Soldat bei einer Marineeinheit. Grundausbildung in Lothringen (»Da konnte ich meine Französisch-Kenntnisse anwenden und Eier gegen Tabak tauschen.«), dann Einsatz als Funker im ostpreußischen Pillau.

1945 wird er auf einem Kutter in der Ostsee verwundet: »Seitdem habe ich fünf Splitter in der Lunge. Ich kam in ein Lazarett nach Aarhus in Dänemark. Dort geriet ich in englische Gefangenschaft.« Im Dezember 1945 wird er entlassen, schlägt sich irgendwie nach Saarbrücken durch. Dort erfährt er, dass der »Vater tot, mein vier Jahre älterer Bruder in russischer Gefangenschaft ist und die Mutter sich noch immer in Thüringen aufhält, wohin sie evakuiert worden war«. Er hält »sich erst einmal mit Fremdsprachen- und Nachhilfeunterricht über Wasser«. Dann kommt seine Mutter zurück, und »plötzlich war ich als 20jähriger entlassener Kriegsgefangener der Ernährer der Familie«.

1947 wird er Redaktionsvolontär der Saarbrücker Zeitung. Er wird zu einer Pressekonferenz der »M'r sin nit so« geschickt. »Der Verein wollte, dass wir über seine Kampagne berichten. Damals fanden die Veranstaltungen im Johannishof in Saarbrücken statt. Und ich schrieb alles mit, was die mir erzählten. Und dann wurde ich gefragt:

›Wollen Sie nicht unser Literat sein?‹ Da ist man doch geschmeichelt. Ich habe Ja gesagt. Ich war 21 Jahre alt. Und so wurde ich 1947 Schriftführer des zweitältesten Fastnachtsvereines des Saarlandes. Die Menschen wollten vergessen, was sie erlebt hatten. Endlich wieder lachen. Fastnacht war fast wie eine Droge, nach der die Menschen nach all dem Elend und der Not nun süchtig waren. Sie feierten ausgelassen auf dem Premabüba. Sie besuchten die

Heinz Kölling: »Fastnacht, so wie sie nur hier gefeiert wird, ist für mich ein Stück Heimat, ist für mich dehemm.«

Kostümbälle der Vereine und natürlich auch unsere Prunksitzungen im Johannishof in Saarbrücken. Der Verein hatte damals 40 Mitglieder. Meistens waren unsere Sitzungen ausverkauft. Dann saßen über tausend Faasebooze dicht gedrängt und hatten Spaß. Die Franzosenzeit, das war ein großes Thema der Büttenreden der damaligen Zeit. Aber auch bei den Sitzungen musste man vorsichtig sein.

Allzu deutliche Kritik an der französischen Militärregierung, vor allem an Oberst Gilbert Grandval, der obersten Instanz im Saarland, hätte Konsequenzen haben können. Wir hatten ja im Saarland keine Meinungs- und Pressefreiheit. Jeder Zeitungsartikel, natürlich vorrangig die, die sich mit Politik beschäftigten, musste durch die Zensur. Ein Bote brachte sie von der Redaktion der Saarbrücker Zeitung rüber zur Zensurbehörde, die im Kultusministerium saß, und dann kam der Artikel wieder zurück. Die kritischen Stellen waren gegebenenfalls gestrichen.«

Begegnung auf närrischem Parkett: Oskar Lafontaine und Heinz Kölling

Die Fastnachts-Kampagne im Frühjahr 1955 war vorbei, als der Wahlkampf für die bevorstehende Abstimmung über die Zukunft des Saarlandes begann. Heinz Kölling war als Reporter unterwegs, für die Saarbrücker Zeitung und, mit Genehmigung der Chefredaktion, auch für die Nachrichtenagentur UPI und für die schweizerische Neue Züricher Zeitung: »Die wollten große Reportagen und Berichte. Die Entwicklung im Saarland und die bevorstehende Entscheidung über die Zukunft des Landes waren von großem Interesse für die Agentur und die Zeitung. Aus dem Saarland berichteten die Sonderkorrespondenten vieler großer Blätter. Es war ein Wahlkampf, der am Überkochen war«, sagt er. Es kam zu den ersten Ausweisungen. »Die

Saarländer hatten rote und graue Pässe; rot, das waren die geborenen Saarländer, grau, das waren die Zugereisten. Es gab Bespitzelungen. Die Grenzen waren streng kontrolliert.«
Für den jungen Journalisten Heinz Kölling war das eine aufregende, eine spannende Zeit: Er versucht, zu analysieren und distanziert zu berichten. Er ist Beobachter. Er schreibt auf, was er sieht und was er hört. Und er versucht, alles so zu sehen wie ein neutraler Fremder. Aber er ist auch Saarländer. Und als Saarländer beobachtet er staunend, wie seine Landsleute, »auch wenn sie Freunde waren, nicht miteinander redeten und aufeinander losgingen, wenn sie mit dem anderen Lager sympathisierten. Ich musste zu jedem Termin, wo der Schneider Heini oder der Joho redeten.«
Er erinnert sich besonders gut »an eine große Kundgebung in Neunkirchen. Da gab es Schlägereien. Die Polizei musste mit Wasserwerfern dazwischengehen. Das Ergebnis hat mich dann nicht überrascht. Der Heimatbund hatte viel Emotionales in den Wahlkampf eingebracht. Und am Zulauf der Veranstaltungen des Heimatbundes hatte ich ausgerechnet, dass der Heimatbund gewinnen würde.«
Am Tag X erlebte er wie viele Tausend Saarländer »die Invasion von Waren aus der Republik und die Vertreter, die losstürmten, als wären wir ein Entwicklungsland. Es war so ähnlich wie nach der Wiedervereinigung zwischen Ost und West.«
Die Sechziger-, die Siebziger- und die Achtzigerjahre – Heinz Kölling teilt sein Leben zwischen der Familie – inzwischen war er Vater von zwei Töchtern und zwei Söhnen –, seinem Beruf und seiner Liebe zur Fastnacht. Als Journalist wird er Zeuge der wechselnden politischen Machtverhältnisse an der Saar. Er erlebt den Übergang vom Kabinett Röder zum Kabinett Zeyer und den Machtverlust der CDU an die SPD und Oskar Lafontaine als Ministerpräsidenten und dann Reinhard Klimmt. Und wie dann wieder 1999 ein CDU-Mann, Peter Müller, als Ministerpräsident die Führung des Landes übernimmt. Er erlebt als Zeitungsmann die Katastrophen und Ereignisse, die

Schlagzeilen machen, wenn auch nicht als Berichterstatter, sondern als verantwortlicher Redakteur: Das Unglück auf der Grube Luisenthal, bei dem 299 Bergleute ums Leben kommen, den Soldatenmord von Lebach. Er beobachtet den Niedergang von Kohle und Stahl, fühlt mit den Menschen, die Angst um ihre Arbeit haben und auf die Straße gehen und demonstrieren. Er wird aber auch Zeuge, wie das kleine Land positive Schlagzeilen macht, als Veranstaltungsplatz für die Show-Auftritte internationaler Künstler, von Fernseh-Aufzeichnungen von »Wetten, dass...« bis »Musikantenstadl«. Und natürlich kümmert er sich um die Fastnacht, um »seinen« Verein »M'r sin nit so«.

Alleh Hopp! Heinz Kölling mit Gardemädchen

Seit den Achtzigerjahren werden die Prunksitzungen aus der Saarlandhalle regelmäßig im Fernsehen, im SR und später im SWR aufgezeichnet und übertragen. Die Fernseh-Sitzungen haben eine eigene Sitzordnung. Genau wird registriert, wer vor der Bühne sitzt, und wer neben wem platziert wurde. Die Sitzordnung ist eine Art Gradmesser, auf welchem Platz man im ungeschriebenen Who is Who der saarländischen Gesellschaft eingestuft wird. Eine schwierige Aufgabe für die Organisatoren. Heinz Kölling löste diese Aufgabe – alle Jahre wieder – mit seinen Freunden mit Geschick und Bravour: »Die Fastnacht ist in dieser Zeit für die Menschen so wichtig, wie nichts anderes im Land. Es gibt kein Dorf, in dem nicht gefeiert wird. Wir haben im Saarland jedes Jahr 60 bis 70 Prinzenpaare. Überall sind Umzüge, ist Straßenkarneval. Und die Sitzung von ›M'r sin nit so‹ ist nicht zuletzt wegen der Fernsehübertragungen sicher eine der wichtigsten, wenn nicht die wichtigste. Natürlich spielen da auch Eitelkeiten eine Rolle. Aber wo und in welchem Verein ist das nicht so? Man muss das auch so sehen: Hinter der Fastnacht steckt viel Arbeit. Schon am Aschermittwoch beginnt die Planung für die neue Session. Die Garden trainieren das ganze Jahr. Dann kommen sie immer näher, die verrückten, die schönen Tage. Und dann geht es los: Alleh Hopp. Mein Herz hängt an der Faasenachd. Ich bin ein Faasebooze und freue mich, mit Menschen zu feiern, froh zu sein, auch Sorgen zu vergessen. Es ist die fröhliche, die lautstarke Art von Geselligkeit, die der Saarländer liebt. Man kennt sich, man feiert zusammen. Fastnacht, so wie sie nur hier gefeiert wird, ist für mich ein Stück Heimat, ist dehemm.«

Ein Waschbär auf Raten

Die Sprachwissenschaftlerin und Autorin Dr. Edith Braun, Jahrgang 1921, wuchs im Saarbrücker Stadtteil Malstatt auf, besuchte nach der Kabléschule die Oberstufe des Augusta-Viktoria-Lyzeums in Saarbrücken, machte 1940 Abitur und begann in München ein Studium der Rechtswissenschaften, das sie dann 1944 in Prag fortsetzte. Dort wurde sie in den letzten Kriegswochen zum Schwesterndienst in einem Lazarett verpflichtet, geriet in die Gefangenschaft tschechischer Milizen und dann sowjetischer Truppen. Leise sagt sie: »Ich würde nächtelang nicht schlafen können, wenn ich davon zu erzählen anfinge. Ich genieße jeden Tag, freue mich auf jeden Tag, auch in meinem hohen Alter, den ich in Frieden erleben darf. Die Vergangenheit ist ein Alptraum. Wir sehen heute den Krieg im Fernsehen. Jeden Tag sind wir Zeugen von Tod und Verderben. Aber wir erleben den Krieg nicht. Wir sitzen im Sessel und schauen zu. Ich kann die Menschen bei uns nicht verstehen, die auf hohem Niveau jammern – angesichts dieser Unmenschlichkeit.«

1945 gelingt ihr die Flucht aus Prag. Sie fährt zu ihrer Schwester nach Oldenburg, die gerade zum vierten Mal Mutter geworden war: »Der Mann war gefallen. Die Schwester brauchte Hilfe, sie war allein, hatte vier kleine Kinder. Ich blieb dort und half ihr«. 1946 kam sie nach Saarbrücken zurück, heiratete 1947 Alfred Braun, der Oberingenieur bei den Stadtwerken Saarbrücken war. 1949 wurde Tochter Evelyn geboren: »Sie sollte eigentlich Eva heißen, aber das ging ja nicht wegen Eva Braun. Wir konnten sie ja nicht mit dem Namen der Geliebten von Adolf Hitler ins Leben schicken. Wir haben daher die Verkleinerungsform Evelyn gewählt.«

Und von da an war sie, wie sie erzählte »jahrzehntelang nur Hausfrau und Mutter«. Edith Braun kümmerte sich wie fast alle Frauen damals darum, dass die Familie »versorgt war, mit Essen und mit Kleidung«.

Von der Findigkeit und dem Organisationstalent der Frauen damals hing das Wohlergehen der Familie ab: »Es waren wilde Jahre. Man hat aus allem was gemacht, gestrickt, gehäkelt und immer wieder geflickt. Ich habe für die kleine Evelyn und für mich alle Kleider selbst genäht. An den Schmuggeltouren, die viele andere Saarländer in dieser Zeit nach Rheinland-Pfalz unternahmen, habe ich mich nicht beteiligt. Nur einmal. Da saß ich im Auto und sollte für meinen Mann einen Mantel mitbringen. Den hatte ich unter meinem Mantel auf meinem Schoß versteckt. Bei der Kontrolle habe ich vor Angst gezittert. Vermutlich ging es uns nicht besonders gut, weil ich nicht schmuggeln konnte. Ich war in dieser Zeit auch nicht politisch interessiert. Meine Welt war die Familie.«

Die Abstimmung 1955? »Ich stimmte für Deutschland. Meine Mutter war Pfälzerin. Die ganze Verwandtschaft meiner Mutter und viele unserer Freunde lebten in Deutschland. Für mich kam etwas Anderes gar nicht in Frage.« Sie erzählt lächelnd, sicher auch ein wenig stolz, dass sie sich damals ihren ersten Pelzmantel kaufte, »einen Waschbär, auf Raten versteht sich«. Die Familie fuhr in Urlaub, »im Winter nach Davos in die Schweiz. Mein Mann war ein begeisterter Skiläufer.«

1971 – sie war nun 50 Jahre alt – in einem Alter, in dem andere sich zufrieden zurücklehnen und überlegen, wie sie ihren dritten Lebensabschnitt planen sollen, begann Edith Braun an der Universität in Saarbrücken Russisch und Englisch zu studieren. Für Russisch hatte sie sich entschieden, weil sie bei einer Reise in Moskau die kyrillischen Buchstaben auf dem Stadtplan nicht lesen konnte. 1976 schloss sie ihr Studium als Diplom-Übersetzerin ab. Im selben Jahr starb ihr Mann. Sie unterrichtete Englisch und Russisch an verschiedenen Volkshochschulen. Sie studierte weiter: Phonetik, Germanistik und Slawistik und promovierte schließlich über »Homonyme, über gleichlautende Wörter mit verschiedener Bedeutung in der Saarbrücker Mundart« zum Doktor der Philosophie. Schon Anfang der

Achtzigerjahre hatte sie in »Saarbrigger Bladd« Texte für den Rundfunk geschrieben und den »Max und Moritz« sowie den »Struwwelpeter« aus dem Hochdeutschen in Mundart nachgedichtet. 1984 veröffentlichte sie gemeinsam mit dem Baseler Sprachwissenschaftler Professor Dr. Max Mangold das »Saarbrücker Wörterbuch«. »Sprache, besser die Mundart, das Idiom, mit dem wir aufwachsen, ist ein Teil der persönlichen Identität«, sagt sie.

Am 16. Mai 2006 wurde sie für »ihre langjährigen und vielfältig erbrachten publizistischen und wissenschaftlichen Leistungen zur Pflege der Mundarten der Saargegend« mit dem Bundesverdienstkreuz ausgezeichnet. Sie macht davon kein Aufhebens. Viel lieber redet sie über die lokalen Mundartunterschiede: »So können wir Saarbrücker uns zum Beispiel mühelos auf Platt mit Ludwigshafener oder Frankfurter Mundartsprechern unterhalten, aber wenn ein Nordsaarländer aus Perl Platt redet, dann haben wir ernsthafte Verständnisschwierigkeiten.«

Dr. Edith Braun

Mit den regionalen und lokalen mundartlichen Unterschieden im Saarland hat sie sich in einem großen Teil ihrer Forschungen und Publikationen beschäftigt und zahlreiche Bücher veröffentlicht. Von 1990 bis 1999 war sie fast jeden Samstag mit Manfred Spoo im Frohen Wochenende mit der »Mundart-Werkstatt« im SR 3 auf Sendung. Seit 1996 schreibt sie regelmäßig in der Samstagsausgabe der »Saarbrücker Zeitung« eine Mundart-Kolumne, und zusammen mit Rainer Müller, dem ehemaligen stellvertretenden Chefredakteur der Saarbrücker Zeitung, und dem Autor Peter Eckert gründete sie den Mundartring

Saar e.V.: »Die Mundarten sind kein verwaschenes Hochdeutsch, sondern eigenständige Sprachen. Aber wie wichtig und wertvoll Mundarten sind, hat sich leider noch nicht überall herumgesprochen. Wenn sie mich nach meiner Heimat fragen, dann ist das in erster Linie meine Mundart.« Ist Mundart auch Identität? »Es gibt keine saarländische Identität. Das Saarland ist ein politisches Gebilde, es entstand als Saargebiet vor über 80 Jahren. Und 80 Jahre sind im Denken und der Geschichte der Menschen gar nichts. Ich bin in Saarbrücken geboren. Also bin ich Saarbrückerin und bin Saarländerin. Als solche liebe ich Grumbeerkieschelscher und Lyoner. Aber wir sollten über unseren Tellerrand hinausschauen. Ich glaube, wir sind uns gar nicht bewusst, dass wir in einer großen Zeit leben, in einer Zeit, in der sich Europa endlich einigt und zusammenwächst.«

»Wir wissen, wo wir zu Hause sind«

Die beiden Brüder hatten die für diese Kriegs-Generation typische Jugend-Biografie hinter sich. Oswald Hager, Jahrgang 1926, war noch als Gymnasiast in Saarbrücken als Luftwaffenhelfer bei der Flakstellung auf der Bellevue eingesetzt worden, die am 11. Mai 1944 von alliierten Bombenflugzeugen schwer getroffen wurde. Bei dem Angriff starben 14 Flakhelfer, die meisten gerade mal 15 und 16 Jahre alt. Er hatte Glück: »Ich hatte an dem Tag frei. Sonst würde auch ich vermutlich nicht mehr leben.«
Am 1. September 1944 wurde er zur Luftwaffe eingezogen, als Bordfunker ausgebildet, kam jedoch nicht mehr zum Einsatz. Am 8. Mai 1945, dem Tag der deutschen Kapitulation, geriet er in russische Gefangenschaft: »Wir wurden in vier Gesundheits-Kategorien eingeteilt. Kategorie eins und zwei kamen nach Sibirien. Ich war Stufe vier. Mich haben sie entlassen.« Irgendwie schlug er sich nach Hause nach Ensheim durch, meldete sich so schnell wie möglich im Ludwigsgymnasium in Saarbrücken: »Ich machte im Juli 1946 mein Abitur und begann anschließend sofort ein Betriebswirtschafts-Studium in Frankfurt unter für heute unvorstellbaren Verhältnissen. Weil meistens nicht geheizt werden konnte, saßen wir mit Hut und Mantel in den Hörsälen.« Er war 23 Jahre alt, als er sein Examen als Diplom-Kaufmann bestand. 1951 promovierte er mit »magna cum laude« und schrieb seine Doktorarbeit über »Die Franken-Eröffnungsbilanz im Saarland und die DM-Eröffnungsbilanz – ein kritischer Vergleich«.
Sein jüngerer Bruder Hermann, Jahrgang 1928, lernte »bei der Flieger HJ Segelfliegen, ich konnte sogar den Segelflugschein A und B machen«, und begann nach der Mittleren Reife und nach einem Praktikum bei der Firma Kolben Seeger in Saarbrücken an der Technischen Hochschule in Bingen Maschinenbau und Elektrotechnik

zu studieren. 1950 legte er sein Examen als Ingenieur für Maschinenbau und 1951 als Ingenieur für Elektrotechnik ab: »Ich wollte kein Wissenschaftler werden. Ich wollte mit einem breiten fundierten Wissen in die Praxis.« Von 1951 bis 1954 arbeitete er als junger Ingenieur bei der »Firma Jeumont, in dem gleichnamigen Städtchen Jeumont/Nord, einem in Frankreich angesehenen Hersteller von Kabeln und elektrotechnischen Artikeln. Ich wollte die Produktionsabläufe kennenlernen.«

Die Firmengründung 1955. Oswald Hager: »Unsere erste Vertreterversammlung fand im Wohnzimmer unseres Elternhauses statt.« Sein Bruder Hermann: »Unser Vater sagte: ›Der Oswald soll sich um den kaufmännischen Bereich kümmern, der Herrmann ist der Praktiker‹. So kam es dann auch. Das ist unsere gemeinsame Stärke.

Hermann und Dr. Oswald Hager

Er ist der Kaufmann, ich bin der Techniker. Damals wurde uns bewusst, dass wir dadurch, dass wir zu zweit waren, einen erheblichen Vorteil hatten.«

Oswald Hager beschreibt die Situation des Unternehmens: »Unsere Kunden saßen alle im saarländisch-französischen Grenzraum. Unser wichtigster Kunde war die heute nicht mehr existierende Firma Remington in Saarbrücken, die Elektro-Rasierer herstellte. Wir lieferten Zubehör, Kunststoffspritzteile und Pressteile. Und wir produzierten auch elektrische Sicherungssysteme, Schaltkästen und Schaltschränke für unsere französischen Kunden. Die Bundesrepublik Deutschland war zwar mitten im Wiederaufbau, aber dieser Markt war für uns ja geschlossen.«

Die Abstimmung 1955 erleben die beiden Brüder »abwartend und hoffend, dass sich«, wie Oswald Hager es formuliert, »die Mehrheit der Saarländer mit ›Ja‹ für das Saarstatut, vor allem für Europa entscheiden würde. Das Ergebnis war eine Riesenenttäuschung für uns. Viele saarländische Betriebe gingen nach dem Anschluss Konkurs oder gaben auf.«

Doch bevor der wirtschaftliche Anschluss an die Bundesrepublik vollzogen wird, hat das Unternehmen bereits reagiert: In Obernai im Elsass entsteht eine Produktionsstätte. Inzwischen arbeiten in Obernai 3000 Mitarbeiter. Dass auch Remington sich in Benfeld im Elsass niederlässt, ist ein weiterer Vorteil für die Entwicklung des jungen Unternehmens, die Oswald Hager mit dem Satz zusammenfasst: »Wir versuchten, gute Produkte zu entwickeln und zu verkaufen.«

»Einfach war das freilich nicht. Weder auf dem deutschen noch auf dem französischen Markt«, erzählt sein Bruder. »Auf vielen Reisen in Frankreich schauten wir in die Hinterhöfe der Häuser und sahen dort für unsere Verhältnisse sehr primitive elektrische Sicherungssysteme. Wir entwickelten ein einfach zu bedienendes Sicherungselement. Das war unser Büchsenöffner im französischen Markt. Nach dem Tag X suchten wir Kontakte zu Handwerkern, fragten: ›Was kann man an den bisherigen Produkten verbessern?‹ Wir waren in der Bundesrepublik völlig unbekannt. Niemand wartete auf uns. Wir produzierten für den Elektroinstallateur und wir verkauften an den Großhändler. Und die mussten wir von unseren Produkten überzeugen.« 1959 präsentiert sich das junge Unternehmen zum ersten Mal auf der Messe in Hannover, mit »Zählertafeln aus Bakelit und Zählerschränken. Das war damals ein Novum, ein technischer innovativer Fortschritt, würde man heute sagen.«

Die Standbesucher wurden bewirtet, und zwar, wie man das damals vermutlich im Reich von einem Unternehmen aus dem Saarland erwartete, mit französischem Cognac und mit Champagner. Die Innungsversammlungen der Handwerker werden besucht, die Chefs und Monteure geschult, die die Sicherungssysteme und Schaltschränke einbauen sollen. Und die neuen Kunden erleben saarländische Gastfreundlichkeit. Hager lädt ein: gerne in französische Lokale jenseits der Grenze. Französische Küche und dazu gute Weine, oft im damaligen Sterne-Restaurant Charrue d'Or in Sarreguemines. So

Die Saarländer freuten sich auf die DM und standen Schlange.

ein Ausflug ins savoir vivre jenseits der Grenze schafft nicht nur Kontakte und Vertrauen, sondern ist für die meisten Besucher auch ein unvergessliches Erlebnis. Inzwischen gehört zur Kunden-Akquise oft auch eine Einladung ins Hotel »A la Cour d'Alsace« in Obernai, einen alten Zehnthof des Geschlechts der Barone de Gail. Hermann Hager ließ das historische Gebäude im Herzen der alten Stadt sanieren und mit viel Liebe zum Detail zu einem großzügigen Hotel mit einem elsässischen Spitzenrestaurant umbauen. Und heute? Jährlich kommen mehr als 5000 Besucher zur »hager group«. Und viele wollen auch das Werk in Obernai besuchen. Manchmal können einige auch mit Herrmann Hager abheben. Dann lädt er sie in seine Beach King Air C 90 ein und zeigt ihnen das Saarland aus der Luft: »Das Fliegen ist meine Leidenschaft geblieben.« Aus den kleinen Anfängen von einst, dem Start auf dem kriegszerstörten Gelände in Ensheim, ist die ›hager holding AG‹ geworden, ein weltweit operierendes Unternehmen mit Niederlassungen und Produktionsbetrieben in ganz Europa, sogar in China und Australien.

Luise und Hermann Hager:
»Wir lernten uns wie in einem Kitschroman 1959 im Weißen Rössl am Wolfgangsee kennen.«

Natürlich hat der Erfolg viele Beobachter, aus den Reihen der Politik, aus der Wirtschaft und den Medien zum Beispiel (Oswald Hager: »Wir reagieren auf Medien-Anfragen eher zurückhaltend und bescheiden.«), auch aus den Reihen der Konkurrenz und den Verbänden. Da bleibt es nicht aus, dass das Unternehmen und die Verantwortlichen Stellung beziehen müssen und wollen zu aktuellen wirtschaftspolitischen Fragen, auch zu Fragen des Wirtschaftsstandortes Saar. Unter den beiden Brüdern ist das der Part von Oswald Hager: »Ich bin in keiner Partei, aber ich sage meine Meinung. Und ich melde mich auch zu Wort.« Das hat er getan als Präsidiumsmitglied im BDI, im Bundesverband der Deutschen Industrie, im ZVEI, im Zentralverband der Elektro-Industrie, in dessen Vorstand er tätig war, in der IHK, der Industrie- und Handelskammer des Saarlandes als Vizepräsident und, und, und ...Oswald Hager sollte

mit dem Bundesverdienstkreuz erster Klasse ausgezeichnet werden. Er lehnte die Auszeichnung ab. Er sagt: »Ich tue meine Pflicht, dafür brauche ich keinen Orden.«
Wie viel Zeit bleibt bei einem zehn bis zwölf Stunden Arbeitstag für das Privatleben? Oswald Hager sagt: »Die Firma ist mein Hobby, auch heute noch.« Doch dann erzählt er von seiner Frau Ulrike, die er 1967 beim Skilaufen im Berner Oberland kennenlernte und dann in Freiburg heiratete, von seinen drei Kindern und dem Enkel. Und dass »er Golf spielt, gerne gute Witze hört und erzählt, die Musik liebt, früher Klavier und Zither spielte«, und erzählt von seiner »Leidenschaft, dem Skatspielen«. Stolz zeigt er das Foto, das ihn zusammen mit dem damaligen Ministerpräsidenten Franz-Josef Röder nach einem Prominententurnier zeigt: Jubelnd hält Oswald Hager den Siegerpreis, eine Flasche französischen Cognac, hoch.
Hermann Hager hat seine Leidenschaft für das Fliegen nicht nur beruflich eingesetzt. Natürlich fliegt er auch mit seiner Familie in Urlaub, meist nach Frankreich: »Wir schätzen gutes Essen und gute Weine und die französische Art, zu leben und leben zu lassen.« Seine zweite Leidenschaft, »eher eine Passion«, wie er sagt, »ist die Jagd. Ich bin kein Schießer, ich bin Heger und Pfleger. Wir müssen unsere Natur schützen und bewahren. Das ist mir ein Anliegen.« Seine Frau Luise, eine gebürtige Fränkin mit sympathisch rollendem »R«, die ihren Hermann »1957 wie in einem Kitschroman beim Seefest im Weißen Rössl am Wolfgangsee kennenlernte und 1959 heiratete«, interessiert sich für Kunst, vor allem für die klassische Moderne, für Maler wie Miró oder Marc Chagall: »Wenn wir unterwegs in einer Galerie ein schönes Bild sehen, und es passt in unser Haus, dann kaufen wir es. Aber es sind alles nur Lithos oder Drucke, keine Originale.« Hermann Hager bedauert, dass er, vor allem während der Aufbauphase der Firma, »manchmal zu wenig Zeit für unsere drei Kinder hatte. Umso mehr kümmere ich mich nun um meine acht

Enkel. Wir unternehmen viel zusammen. Zum Beispiel tolle Reisen.«
Das Fazit nach 50 Jahren Saarland? Auch Hermann Hager weist auf die unterschiedliche geschichtliche Entwicklung des Saarlandes hin: »Die Herrschaftsverhältnisse im Saarland haben die Menschen geprägt. Der Saarländer ist ein Mensch, der sich anpasst, aber erfolgreich Strategien entwickelt hat, Machtverhältnisse zu unterlaufen und auszuhebeln. Motto: Ich kenne einen, der kennt einen. Die Saarländer sind gastfreundlich. Ich bin Saarländer, ich bin aber auch Elsässer. Wir wurden in Obernai als französisches Unternehmen, nicht als Filiale einer deutschen Firma erfolgreich. Wir im Saarland waren schon zu einem Zeitpunkt Europäer, als es Europa nur in Gedanken bei wenigen Politikern im Kopf gab. Ich fühle mich als frankophiler saarländischer Europäer.« Sein Bruder Oswald: »Ich bin Ensemer und dann Saarländer. In Ensheim ist es eine völlig andere Sprache, als in anderen saarländischen Landesteilen, beispielsweise in Saarbrücken. Ensheim war bayrisch. Das Saarland ist ein künstliches Gebilde. Es gab ja früher einen preußischen und einen bayrischen Landesteil. Wir sind frankophil, aber unsere Muttersprache ist Deutsch. Wenn Sie so wollen, bin ich ein Ur-Ensheimer und ein Ur-Saarländer. Hier bin ich zu Hause.«

Triumphierend hält Dr. Oswald Hager die Flasche Congac hoch, die er bei einem Skatturnier mit Ministerpräsident Dr. Franz Josef Röder gewonnen hat.

Entscheidung in einer nebligen Nacht

Wenn man Klaus Altmeyer, Jahrgang 1926, fragt, wie das damals war nach dem Krieg im Saarland und bei der Abstimmung 1955, ist man bei seinem Thema. Da sprudelt es aus ihm heraus; Daten, Fakten und Hintergründe: »Der wirtschaftliche Anschluss an Frankreich war von Gilbert Grandval, dem damaligen Hohen Kommissar, empfohlen worden und wurde am 7. November 1947 durch die sogenannte Gesetzgebende Versammlung des Saarlandes, von ›La Sarre‹, wie unser Land damals auf Französisch hieß, in einer Präambel angenommen. Zehn Tage später, am 17. November 1947, wurde die Einführung des Franc beschlossen. Der Franken war nun gesetzliches Zahlungsmittel.«

Man muss seinen Redefluss unterbrechen, um eine Chance für Zwischenfragen zu haben. Er hat zu unserem Gespräch eine Aktentasche voller Bücher und Dokumente mitgebracht. Und sofort weiß er dann auch, auf welcher Seite weitere Erläuterungen zum jeweiligen Ereignis stehen. Nicht ohne Stolz zeigt er das Buch von Brigitte Steinle, geborene Linsenmeier, einer Enkelin von »Joho« mit dem Titel: »Johannes Hoffmann – ein Leben«. Klaus Altmeyer hat in diesem Buch einen Beitrag mit der Überschrift »Johannes Hoffmann – sein politisches Wirken in den Nachkriegsjahren 1945 bis 1947« geschrieben. Er ist deswegen so stolz darauf, weil »ich der einzige politische Gegner von Hoffmann bin, der in diesem Buch zu Wort kommt«.

Klaus Altmeyer hat die Zeit nicht nur selbst hautnah erlebt. Er weiß auch darüber zu erzählen. Die CDU trat damals in der heißen Phase des Abstimmungswahlkampfes 1955 gegen die CVP, die Christliche Volkspartei des »Dicken«, des damaligen saarländischen Ministerpräsidenten »Joho« Hoffmann an. Altmeyer war als Stellvertreter des CDU-Generalsekretärs und Sekretär der saarländischen Landtagsfraktion für den Wahlkampf mit verantwortlich: »Da war was los«, sagt er knapp.

Wir sind wieder mitten im Thema, müssen aber noch mal zurückblenden, weil Klaus Altmeyer nun richtigerweise darauf hinweist, dass für ihn die saarländische Nachkriegs-Geschichte eigentlich ganz anders begann; nämlich mit den Problemen, die ein heimkehrender Soldat damals hatte, sich zu Hause wieder zurechtzufinden. Er war gerade mal 18 Jahre alt, als er sich 1944 als Kriegsfreiwilliger meldete: »Ich wäre ja sowieso eingezogen worden. Da habe ich mich lieber freiwillig zur Marine gemeldet.« Er wurde Matrosengefreiter und Fahnenjunker. Sein letzter Einsatzort war Schwerin. Vor der russischen Armee konnte er schwimmend durch die Elbe fliehen. Gesund zwar, aber ziemlich entkräftet, kam er in seinem Elternhaus in Lebach an. Nach einer kurzen Erholungspause meldete er sich auf dem Gymnasium in Völklingen an, um das Abitur nachzuholen. Der Direktor bedauerte, er könne in Völklingen kein Abitur machen, weil in seinen Papieren steht, dass er Fähnleinführer bei der Hitlerjugend gewesen sei. Das habe die französische Verwaltung so bestimmt. Was nun? Er hat dann nach einigen bürokratischen Hürdenläufen ein sogenanntes »Zentralabitur« in Merzig abgelegt. Er erzählt das, »um die schwierige Zeit unter der französischen Besatzung zu verdeutlichen«. Nach dem Abitur fing er sofort an zu studieren, zunächst Philologie 1947 in Homburg. Aber schon 1948 ging er nach Dijon, belegte dort Jura. Und studierte dann weiter in Paris an der Sorbonne, wo er Peter Scholl-Latour kennenlernte, Rechts- und Staatswissenschaften sowie Völkerrecht. In Paris traf er auch Franz Heribert Hoffmann, den Sohn von Johannes Hoffmann. Dass der Vater seines Kommilitonen und er, der überzeugte CDU-Mann und Verfechter des Anschlusses des Saarlandes an die Bundesrepublik Deutschland, einmal politische Gegner sein würden, das konnten freilich damals weder er noch sein Studienkollege ahnen: »Wir hatten auch später Kontakt – trotz aller politischen Meinungsverschiedenheiten der damaligen Zeit.« Er stellte ohnehin fest, dass »viele meiner Freunde von damals später meine politischen Gegner waren. Unserer persönlichen Freundschaft hat das freilich in der Regel nicht geschadet.«

Generalstreik im Februar 1955: Berittene Polizei versucht eine Demonstration aufzulösen.

Nach Paris folgten 1953 in Nancy ein Studium der Rechts- und Staatswissenschaften und zuletzt bis 1955 noch einmal Rechts- und Staatswissenschaften in Bonn: »Ich wollte politischer Journalist werden und schrieb unter anderem auch Artikel für die Bonner Hefte unter dem Pseudonym Gottfried Perger. Das Pseudonym benutzte ich, weil ich sonst als Gegner von Johannes Hoffmann im Saarland hätte mit Pressionen rechnen müssen. Ich war davon überzeugt, dass die sogenannte ›Wiedervereinigung‹ für das Saarland der einzige Weg ist. Kurz nach Mitternacht, in der Nacht vom 23. zum 24. Oktober, dann die Entscheidung. Es war eine neblige Nacht; ich weiß es noch genau. Wir hatten gewonnen. Wir haben uns gefreut, natürlich. Aber wir haben nicht gefeiert. Wir waren alle viel zu erledigt und kaputt: ›Jetzt haben wir gesiegt. Die Wiedervereinigung wird kommen‹, sagten wir. Aber wie wird das weitergehen und praktisch umgesetzt?«

Von 1957, dem Jahr des politischen Anschlusses, bis 1961 war Klaus Altmeyer dann Sprecher der Landesregierung und 1961 wurde er zum Leiter der Pressestelle des Saarländischen Rundfunks ernannt. Das erzählt er alles so kompakt, so schnell, dass kaum eine Chance bleibt, nach dem Privat-Mann Klaus Altmeyer zu fragen: Der hatte 1961 seine »große Liebe Gisela«, die Sekretärin des damaligen Verlagsdirektors der Saarbrücker Zeitung, geheiratet. 1963 wurde die kleine Annemarie geboren: »Sie war die Tochter meiner Schwester, die im Alter von 41 Jahren starb. Wir haben die kleine Annemarie adoptiert.«

Der Trierer Bischof Matthias Wehr empfängt Klaus Altmeyer.
Im Hintergrund Dr. Rolf Best, der Chef der Saarländischen Staatskanzlei

Klaus Altmeyer hatte sich 1959 ein »Cremeschnittchen« gekauft, einen Renault 4 CV (19 PS, Heckmotor, vier Türen, vier Sitze, 100 km/h Höchstgeschwindigkeit, Verbrauch sechs Liter Normal auf 100 km, Kaufpreis damals 265.000 alte Francs). Und er war stolz auf sein »cremefarbenes Cremeschnittchen« – er hatte es tatsächlich in dieser unnachahmlichen Farbmischung aus Weiß, Hellbeige und Eigelb. Eigentlich waren diese Cremefarben Restbestände der Tarnfarbe, mit der die von Renault gebauten Wüsten-Kampffahrzeuge für die Grande Armée in Afrika gespritzt wurden. Aber in den Nachkriegszeiten wurde ja nichts weggeworfen – weder in Frankreich noch im Saarland. Ein Cremeschnittchen »war der Inbegriff des bezahlbaren automobilen Fortschritts der damaligen Zeit«, und er erzählt fröhlich grinsend, dass er, weil er öfter in Bonn zu tun hatte, »jedes Mal von Saarbrücken in die Bundeshauptstadt ein Rennen gegen seine eigene Uhr fuhr: Einmal schaffte ich es in der Rekordzeit von zwei Stunden fünfzig Minuten über die Hunsrückhöhenstraße. Allerdings habe ich da auch zwei Hühner erwischt.« Später leistete er sich einen Renault Dauphine, mit dem er stolz mit seiner jungen Frau in den Spanien-Urlaub fuhr: »Als dann Ford in Saarlouis mit der Produktion begann, fuhr ich seitdem nur noch Ford, zunächst Escort, dann Ford Focus. Ich dachte mir: Wenn die schon im Saarland produziert werden, dann kaufe ich mir einen Ford. Ich unterstütze damit ja arbeitslose Bergleute, die bei Ford in der Produktion einen Job gefunden haben.«

Klaus Altmeyer spricht »perfekt Französisch und natürlich habe ich auch etwas für gutes Essen und einen guten Wein übrig«, erlebte die enger werdenden Kontakte zu den Nachbarn in Lothringen und als SR-Pressesprecher natürlich auch die rasante Entwicklung und Veränderung von Medienlandschaft und Showbusiness. Der Saarländische Rundfunk war ARD-Anstalt geworden. Wichtige Fernsehproduktionen wurden im Saarland gedreht und produziert. Er erinnert sich, dass er einmal im Auftrag des SR mit Charles Aznavour telefonierte, um ihn für ein Konzert in Saarbrücken zu verpflichten: »Charles Aznavour sagte zu und erklärte, wegen des Honorars sollte ich aber mit seiner Frau reden. Er gab den Hörer weiter. Ich bot der Frau 10.000 Mark für den Auftritt an. Sie sagte: ›Monsieur, Sie wissen nicht, in welcher Liga mein Mann spielt.‹ Sie verlangte 30.000, aber nicht Mark, sondern Dollar. Sie bekam sie. Der Auftritt von Charles Aznavour war ein Riesenerfolg, wie überhaupt alle die tollen Unterhaltungs-Produktionen des SR in diesen Jahren, wie die Goldene Europa und der Auftritt von Gilbert Bécaud zum Beispiel. Es war die kulturelle Öffnung des Saarlandes. Und hinzu kamen die anspruchsvollen Kultursendungen und Produktionen wie beispielsweise ›Les Chaises – Die Stühle‹ des französischen Dramatikers Eugène Ionesco unter der Regie von Peter Zadek. Es war eine tolle, eine große Zeit.«

Er war als Pressechef des SR ein Mann mit Einfluss, auch in vielen anderen Bereichen und Funktionen. Er war Mitglied der Historischen Kommission der ARD, verantwortlich für die internationalen Beziehungen, und Beauftragter des SR für die Internationalen Funkausstellungen in Berlin.

1965 wurde er mit dem Saarländischen Verdienstorden für Verdienste um die Eingliederung des Saarlandes in die Bundesrepublik ausgezeichnet, 1986 mit dem Ritterkreuz des Verdienstordens der Französischen Republik für Verdienste um die deutsch-französische Verständigung und 1989 mit dem Offizierskreuz des Luxemburgischen Verdienstordens. Er war Mitglied des Medienbeirats des Bistums Trier, ist Gründungsmitglied des Saarländischen Kulturkreises. Außerdem war er noch vier Jahre in Lebach CDU-Gemeinderatsmitglied, CDU-Bezirksvorsitzender und Leiter des Historischen Seminars für Regional- und Landesgeschichte der Volkshochschule in Lebach. Fragt man ihn nach seinem Fazit nach 50 Jahren Anschluss an die Bundesrepublik und nach der »saarländi-

SR-Pressesprecher Klaus Altmeyer in Paris mit der »Goldenen Europa«

schen Identität« – dann holt er, er kann nicht anders – weit aus: »Eine saarländische Identität gibt es nicht. Es gibt keinen geschichtlichen und geografischen Zusammenhalt, der eine landsmannschaftliche Tradition hätte wachsen lassen können. Nach dem Ende des ersten Weltkrieges 1918 und dem Friedensvertrag von Versailles wurde das Saarland als das drittgrößte Industrierevier des wilhelminischen Reiches als territoriales Reparationsobjekt ausgeguckt. Um Einflüsse der deutschen Regierung zu vermeiden, wurden Land und Leute dem Mandat des Völkerbundes unterstellt. Die Saarländer haben sich damit nicht abgefunden. Trotz unserer freundschaftlichen Einstellung zum Nachbarn war uns Deutschland immer näher. Das Abstimmungsergebnis war richtig. Ein anderes Ergebnis hätte fatale Folgen gehabt. Ich bin kein Vertreter einer Blut- und Bodentheorie. Aber meine Ausgangsposition als Saarländer ist deutsch. Und ich freue mich, dass Europa immer dichter zusammenwächst.«

Rauschgoldengel und soziale Feuerwehr

Es ist einer dieser regnerischen Wintertage, nicht richtig kalt, um die sieben Grad, Grippewetter. Draußen wird es schon kurz nach 16.00 Uhr dunkel. Wir sitzen im »Salon« des Appartements, in dem Ellenruth Freifrau von Gemmingen-Hornberg im Altenwohnstift Reppersberg in Saarbrücken seit 1987 wohnt. Sie schaltet die Tischlampe an, wohl um ihren Gesprächspartner besser im Blick zu haben: »Ich habe gesundheitliche Probleme, die eine ständige ärztliche Betreuung erforderlich machen. Die Ursache ist eine endokrine Störung, die mir vielerlei gesundheitliche Probleme verursacht. Deshalb wohne ich hier. Ich fühle mich wohl und gut aufgehoben«, erzählt sie. Sie leidet an »Arthrose und an Neurodermitis, schon seit meiner Kindheit.«

Ellenruth von Gemmingen-Hornberg ist die Enkeltochter des Industriellen Herrmann Röchling. Sie erzählt, spannend, witzig, über sich, wie sie schon als junge Frau im »sozialen Bereich in nationalsozialistischen Organisationen arbeitete ohne die politischen Ziele der Nazis zu unterstützen« und später »Sozialreferentin der Völklinger Hütte« wurde. Die Geschichte ihres Lebens ist auch ein Stück der Geschichte der Völklinger Hütte: »Ohne die Hütte wäre mein Leben anders verlaufen.« Und wir reden auch über ihre Stiftung, die sie 1998 mit einem Startkapital von zwei Millionen Euro gegründet (»Nicht aus dem Röchling-Vermögen, darauf lege ich Wert!«) hat. Stiftungsziel ist »die Förderung der Gerontologie, insbesondere der Geronto-Psychiatrie und der Hirnforschung und natürlich auch der endokrinen Störungen sowie die Förderung der Vermittlung und Erprobung neuer Behandlungs- und Betreuungskonzepte der Altersforschung in der Praxis der Altenpflege.« Die Stiftung hat die Neubau-Erweiterung der SHG-Klinik Sonnenberg in Saarbrücken finanziert, in der nun 26 zusätzliche Betten für ältere Patienten zur

Verfügung stehen, die dort »nach naturheilkundlichen Verfahren betreut und gepflegt« werden sollen: »Die wollten den Neubau Elli-Klinik nennen«, erzählt sie. »Ellenruth von Gemmingen-Klinik war denen zu lang. Ich habe gesagt: ›Ich bin nicht wie Miss Elli in der Fernseh-Serie Dallas, sondern eher wie Miss Marple.‹« Ein weiteres Ziel ihrer Stiftung ist es, »die Zusammenarbeit der Schulmedizin und der Homöopathie auf dem Gebiet der Endokrinologie und der Neurodermitis« zu fördern: »Was Neurodermitis ist, weiß ich ja leider ganz genau.«

Ellenruth von Gemmingen als junge Frau und als Seniorin

Ellenruth von Gemmingen wurde am 28.6.1923 in Völklingen geboren. Sie ist die älteste von vier Geschwistern, von Karl Hermann (Jahrgang 1924), Eberhard (Jahrgang 1924) und Inge (Jahrgang 1931). Ihr Vater war der Jurist Hans-Lothar Freiherr von Gemmingen-Hornberg, Geschäftsführer der vormaligen Röchling'schen Eisen- und Stahlwerke in Völklingen und Nachfahre des Adelsgeschlechtes der »Herren von Gemmingen«, das sich bis ins sechste Jahrhundert zurückverfolgen lässt. Ihre Mutter Ellenruth Röchling, genannt »Ulla«, war die Tochter des Industriellen Kommerzienrat Herrmann Röchling. Sie wuchs behütet auf. Von den politischen Zeitläuften, den Folgen des Versailler Vertrages, bekam sie nicht viel mit: »Ich war da noch zu klein, und zu Hause wurde da nicht viel drüber gesprochen. Ich war neugierig, aber ständig unter Aufsicht. Ich hatte Privatunterricht, ging nicht in eine Schule.«

Die Abstimmung 1935, bei der sich 90,8 % aller Wahlberechtigten für die Rückgliederung des Saarlandes an das damalige Deutsche Reich entschieden, erlebte sie als zwölfjährige Schülerin »interessiert, aber ohne so recht zu verstehen, um was es da ging«.

Dass 1939 der Zweite Weltkrieg ausgebrochen war, erfuhr sie in einem Mädchenpensionat in Bad Reichenhall. Sie korrespondierte mit ihrer Mutter und ihrem Vater über den Krieg, und sie war damals davon überzeugt, dass der Krieg »für Deutschland eine gerechte Sache« war. Sie empfand es als ihre »selbstverständliche Pflicht«, dass sie in der nationalsozialistischen Jungendorganisation BDM, dem Bund Deutscher Mädchen, »Dienst tat«, obwohl sie sich vermutlich aus gesundheitlichen Gründen hätte befreien lassen können. Sie arbeitete in der sogenannten »zentralen Wehrfertigung« am Fließband und fräste Bauteile für die angebliche Wunder-Waffe V2. Nach 1940 lebte sie in Saarbrücken und arbeitete in der Diätküche im Hüttenkrankenhaus in Völklingen: »Hier wurden Fremdarbeiter und Kriegsgefangene, Franzosen, Russen, Polen ebenso behandelt wie Einheimische.« Und weil sie wegen ihrer anfälligen Gesundheit nicht zum Arbeitsdienst einberufen wurde, leistete sie einen sogenannten »Ausgleichsdienst in der Abteilung Mutter und Kind bei der NSV, der nationalsozialistischen Volkswohlfahrt« in Saarbrücken. Nach Kriegsende wollte sie in Heidelberg Medizin studieren. Doch sie musste bald erkennen, »dass ich dieser Belastung nicht gewachsen gewesen wäre. Als eine junge Frau mit einem epileptischen Anfall umfiel, war ich nicht in der Lage ihr zu helfen. Ich konnte einfach nicht. Eine Freundin half ihr. Da sah ich ein, dass Medizin für mich nicht das Richtige ist.«

Als sie erfährt, dass am 17. Dezember 1944 Karl Theodor Röchling, der Sohn von Herrmann Röchling, und Oberingenieur Heinrich Koch, ein leitender Mitarbeiter der Hütte auf dem Werksgelände ermordet wurden, ist sie entsetzt: »Die Hintergründe sind bis heute nicht restlos aufgeklärt. Und immer noch wird spekuliert, ob es wirklich die beiden russischen Fremdarbeiter waren, die in einem Schauprozess 1945 zum Tod verurteilt und hingerichtet wurden. Oder ob die Mörder nicht doch aus den Reihen der Nazis, der Gestapo oder der SS kamen.«

Anlass für diese Vermutung gibt es, wie man heute weiß, genug. Karl Theodor Röchling, der von seinem Vater Herrmann Röchling einmal die Leitung der Hütte übernehmen sollte, hatte sich offenbar dem »Verbrannte Erde«-Befehl von Adolf Hitler widersetzt und die Hütte vor den anrückenden Amerikanern nicht zerstört. Bei einer Mitarbeiter-Versammlung hatte er Anfang Dezember 1944, wenige Tage vor seinem Tod, erklärt: »Mir ist befohlen worden, das Werk nur zerstört zurückzulassen. Unter allen Umständen und mit aller Kraft werde ich die Zerstörung der Arbeitsplätze unserer uns verbundenen Mitarbeiter verhindern.«

Sie nennt noch einen weiteren Grund, warum man daran zweifeln kann, dass die Mörder wirklich marodierende Fremdarbeiter waren: »Das wurde damals so verbreitet, weil eine Uhr von Theodor Röchling und eine Pistole bei ihnen gefunden wurden. Vielleicht war es doch die SS. Oberingenieur Koch war mit einer Jüdin verheiratet. Die Nazis drängten immer, dass er deswegen entlassen werden sollte. Aber er war es, der den Betrieb der Hütte leitete. Er war unabkömmlich.«

1945: Der Krieg ist zu Ende. Das Saarland wird von Paris aus regiert. Die Röchling'schen Eisen- und Stahlwerke werden unter Sequesterverwaltung gestellt. Herrmann Röchling, Ernst Röchling, ihr Vater Hans Lothar von Gemmingen-Hornberg und die Direktoren Albert Maier und Wilhelm Rodenhauser werden in Haft genommen und in Rastatt vor einem französischen Militärtribunal angeklagt: Die Anklage lautet auf industrielle Ausbeutung der besetzten Gebiete,

Erhöhung des Kriegspotentials und Einfluss auf die Verschleppung von Personen zur Zwangsarbeit.

1946 werden die Angeklagten verurteilt: Herrmann Röchling zu zehn, Ernst Röchling zu fünf, Hans Lothar von Gemmingen-Hornberg zu drei Jahren Gefängnis, Aberkennung der bürgerlichen Ehrenrechte und Einziehung ihres Vermögens. Direktor Wilhelm Rodenhauser wird zu drei Jahren Haft verurteilt und Herbert Maier freigesprochen. Strafmildernd erkennt das Gericht das Eintreten Herrmann Röchlings für die von der Gestapo verhafteten Franzosen und die Begnadigung von Geiseln an.

Nach dem Urteilsspruch bieten 111 Pensionäre der Völklinger Hütte dem Gericht an, die Gefängnisstrafe »für ihren Kommerzienrat« nacheinander zu verbüßen. Ellenruth von Gemmingen sagt heute zu dem Verfahren: »Wir waren plötzlich alle böse Nazis. Das Angebot der Pensionäre war ein Beweis der Treue zum Unternehmen.«

Sie lebt in dieser Zeit im Haus ihrer Eltern in Heidelberg, studiert Fremdsprachen, macht ihr Dolmetscher-Diplom in Englisch und Französisch. Und fängt nach dem Studium einen Job als Übersetzerin und Sekretärin – Schreibmaschine und Steno lernte sie während des Studiums – bei der Bank Deutscher Länder in Frankfurt an. Die Einreise ins Saarland war ihr und ihrer Familie nicht gestattet.

1949 werden ihr Vater und Wilhelm Rodenhauser aus der Haft entlassen. Ernst Röchling und Herrmann Röchling, ihr Großvater, 1951.

1956 wurde die französische Sequesterverwaltung der Völklinger Hütte aufgehoben und der Familie Röchling wurde das Werk zurückgegeben. Von 1958 an war Ellenruth Freifrau von Gemmingen die »Sozialreferentin« der Hütte bis 1978. Sie gehört zu der Frauengeneration, die es schwer hatte, nach dem Krieg einen »geeigneten Lebenspartner zu finden, obwohl es Bewerber genug gab«. Sie erzählt von »einem Theologiestudenten in Heidelberg im Fasching 1948, in den ich stinkverliebt war«. Aber »zum Heiraten und Familiegründen kam es nicht. Viele Männer unserer Generation blieben im

Krieg. Und so bin ich unverheiratet geblieben bis heute. Umso mehr konnte ich mich um die Sozialarbeit in der Hütte kümmern. Das war mir wichtiger als alles andere.« Sie stürzte sich regelrecht in ihre neue Aufgabe. Und zwar mit allen Konsequenzen. Sie ging »in die Wohnungen der Arbeiter, sorgte dafür, dass die Kinder mit dem

Herrmann Röchling im Gespräch mit Kindern und Jugendlichen auf der Bouser Höhe

Kinderhilfswerk der Völklinger Hütte zur Erholung ins Elsass, nach Tirol und Baden-Württemberg geschickt, umsonst versteht sich, und dem Betriebsarzt vorgestellt wurden.«

Sozialreferentin – das war, wie sie sagt »kein edelmütiger Halbtagsjob für die Enkeltochter von Herrmann Röchling«. In der Säuglingsmilchküche holten die Mütter und die Arbeiter nach der Schicht die Fläschchen für ihre Kinder ab und nahmen sie mit nach Hause. Kinderfertignahrung gab es ja noch nicht: »Es war wichtig, dass die Kinder, vor allem die kränkelnden Kinder, richtig ernährt wurden. Zeitweise hatten wir auf der Kleinkinderstation 50 kranke Babys zu

Schichtbeginn: Arbeiter auf dem Weg zur Hütte

betreuen. Mir zur Seite standen zwei tüchtige Fürsorgerinnen, die die Ärmel hochkrempelten und anpackten, wo immer es nötig war. Und in der Säuglingsmilchküche hatten wir eine ausgebildete Säuglingsschwester.«
Das Gehalt für diesen Job hatte ihr Onkel Ernst Röchling festgesetzt. Es war so niedrig, dass der Arbeitsdirektor bei Ernst Röchling vorstellig wurde und sagte: »So einen Vertrag unterschreibt nur ein Familienmitglied.« Sie selbst kann sich nicht daran erinnern, wieviel sie verdiente: »Es war wahrscheinlich weniger, als andere dafür bekommen hätten. Aber was soll es. Es war mir wichtig. Und es hat mir Spaß gemacht. Auch meine Auftritte als ›Rauschgold-Engel‹«, wie sie ihre gesellschaftlichen Verpflichtungen bei Pensionärs-Treffen und Goldenen Hochzeiten nennt. »Da musste ja jemand von Röchling hin. Und immer gab es ja auch Beifall. Soll mir niemand sagen, er habe es nicht gern, wenn geklatscht wird.«
Sie erlebte in diesen zwanzig Jahren den Boom, den Aufschwung der Hütte, die 1967 über 17.000 Menschen Arbeit und Brot gab, aber auch den Beginn des Niedergangs. Mit der Zulieferindustrie lebten zeitweilig mehr als 30.000 Arbeitnehmer von der Völklinger Stahlproduktion. Die Hochöfen kochten den Stahl Tag und Nacht, rund um

die Uhr. Ellenruth von Gemmingen hatte »normale Bürozeiten, und die fingen um acht Uhr morgens an. Aber die Bürozeiten standen freilich nur auf dem Papier. Im Werk nannte man mich die Feuerwehr.«
1975 erfasst die weltweite Stahlkrise auch Völklingen. 1976 wird Kurzarbeit angeordnet. Das langsame Sterben der Hütte beginnt. Sie erinnert sich, dass der Betriebsrat zu ihr kam und zur Fusion mit der Burbacher Hütte »die Geschichte von der Sau und dem Hinkel erzählte. Und die ging so: Eine Sau und ein Hinkel beschließen, zu fusionieren. Das Hinkel legt 30 Eier. ›Das ist mein Teil, den ich in die Fusion einbringe‹, sagt das Hinkel. ›Und jetzt musst Du deinen Anteil liefern, nämlich den Schinken, damit wir Ham and Eggs, also Schinken mit Eiern, machen können!‹ Da sagt die Sau: ›Aber wenn ich Schinken liefern soll, werde ich geschlachtet. Da muss ich ja sterben.‹ Das Hinkel sagt: ›So ist das bei einer Fusion. Da stirbt immer einer.‹«
1978 lässt sich die Familie Röchling für ihre Anteile abfinden. Ellenruth von Gemmingen muss ihre Arbeit als Sozialreferentin aufgeben: »Es war eine schöne, auch eine schwere Zeit. Ich will sie nicht missen. Das Ende war ein schlimmes Ende.«
Wenn man sie, die gebürtige Völklingerin, nach den letzten 50 Jahren fragt, zögert sie erst, sagt aber dann entschieden: »Das war eine wechselvolle, dramatische Geschichte für die Hütte. Für das Land hat sich alles positiv entwickelt. Ob es uns besser ginge, wenn wir heute so was Ähnliches wie Luxemburg wären, weiß ich nicht. Man kann die Geschichte ja nicht zurückdrehen. Also lassen wir es, wie es ist. Ich finde es in Ordnung so.«

Uff de Hütt

Als Manfred Zorn 1949 als Vierzehnjähriger aus der Volksschule in Wehrden entlassen wurde, war für ihn klar, das er »uff de Hütt« geht. »Etwas anderes gab es gar nicht. Mein Großvater, der Vater, der Onkel – alle arbeiteten in Völklingen auf der Hütte.« Und außerdem sagte sein Vater: »Wir wollen bauen. Du musst Geld verdienen.« Doch die Hütte konnte sich ihre Arbeiter aussuchen. Es war schwer uff de Hütt zu kommen. Und der Werksarzt war, wie sich Manfred Zorn erinnert, »ein kribbeliger Hund«. Prompt fiel er bei der obligatorischen betriebsärztlichen Untersuchung erst mal durch: »Ich hatte eine lange Mängelliste: Hohlkreuz, Spreizfüße und was weiß ich was.«

Der Vater hatte den Verdienst des Jungen beim Eigenheimbau schon einkalkuliert. Und nun hing der Junge zu Hause rum... Ohne Arbeit, und na-

Manfred Zorn

türlich auch ohne Lohn. Eine Ausbildung kam nach dem Verständnis des Vaters nicht in Frage. Manfred, den sie später alle Fred nannten, sollte arbeiten, Geld verdienen. Und die einzige Arbeit, die sich lohnte, war die Arbeit »uff de Hütt, weil die e Zukunft hat«, wie der Vater sagte. Ein erneuter Vorstoß bei der Personalabteilung half auch nicht

weiter. Dort sagte man dem kleinen Manfred Zorn mehr oder weniger deutlich: »Wir stellen doch keine Krüppel ein.«
Dann wurde er am 6. Dezember (»Ich hatte ja nun sechs Monate verloren und nichts verdient«) doch eingestellt: »Mein Vater arbeitete da schon 40 Jahre auf der Hütte: Er kannte viele Leute. Und da hat er mit ein paar Leuten gesprochen…« Mehr sagt Manfred Zorn dazu nicht, aber nachdem der Vater offenbar nach dem saarländischen Prinzip »Ich kenn einen, der kennt einen« interveniert hatte, wurde Manfred Zorn angestellt, zunächst »als Laufbursche im Büro«. Und später, nach einem Jahr, wurde er an den »Elektroofen zum Elektrostahl versetzt«. Er war 16 Jahre alt. Für sein Selbstwertgefühl war die Arbeit am Elektroofen wichtig: Nun musste, nun durfte er arbeiten »wie ein Mann«, und nun »fühlte er sich auch so«. Eines Tages kam er von der Schicht »mit dicken Füßen nach Hause, total geschwollen. Ich konnte nicht mehr auftreten.« Der Vater ging mit ihm zum Arzt ins Krankenhaus. »Der sagte: ›Das kann von den Mandeln kommen‹, und empfahl mir, die Mandeln rausnehmen zu lassen. Ich sagte: ›Herr Doktor, die Mandeln sind oben und die Füße unten.‹ Auch mein Vater war gegen die Mandeloperation. Der Doktor sagte: ›Wenn Sie kein Vertrauen zum Arzt haben, müssen Sie ihren Sohn wieder mitnehmen.‹«
Manfred Zorn ließ sich an den Mandeln operieren. Davon aber wurden seine geschwollenen Füße nicht besser. Insgesamt lag er ein halbes Jahr im Krankenhaus. Die Ärzte verschrieben Salben und Tinkturen: »Von einem auf den anderen Tag gingen die Schwellungen zurück. Bis heute weiß ich nicht, was die Ursache war.«
Ein Jahr war er am Elektroofen, bis sein Vater zu ihm sagte: »Ich hole dich da weg. Du kommst ins Walzwerk.« Und wie ging das? »Der Papa hat mit seinem Chef geredet. Und der hat zu mir gesagt: ›Dein Vater ist ein guter Mann. Das hoffe ich von dir auch. Du kannst bei mir anfangen.‹«
Von der medizinischen Mängelliste des Werkarztes war keine Rede mehr. Manfred Zorn war ein stämmiger junger Mann geworden, der

mit langsamem bedächtigem Gang daherkam, so als wäre ihm nichts zu schwer und nichts zu viel. Er arbeitete fortan im Walzwerk, von 1952 bis 1957. Kein Wort verliert er von sich aus darüber, wie schwer und wie gefährlich diese Arbeit war, von dem ohrenbetäubenden Lärm, der das Hörvermögen zerstört, von der Gluthitze...

Er sagt nur einen Satz darüber: »Mir hann schwer geschaffd.« Noch arbeitet man 56 Stunden in der Woche, verteilt auf sieben Tage, mit einem freien Sonntag innerhalb von drei Wochen. Hinzu kommen die Sonderschichten. Die bringen Geld, weil sie als Überstunden abgerechnet werden. Erst im Februar 1959 wird die 48-Stunden-Woche eingeführt – in den Stahlwerken an der Ruhr gilt schon längst die 42-Stunden-Woche. Und der Stundenlohn an der Ruhr war doch auch besser, oder? Manfred Zorn sagt dazu erst mal nichts, überlegt, sagt dann: »Ja, stimmt.«

Busse vor dem alten Völklinger Bahnhof

Zögernd erzählt er: »Die Luft hat geflittert, wenn der Stahl, in 1,50 Meter langen glühenden Stangen auf die Walze gezogen wurde.« Am Hochofen, so sagen Insider, die dort schufteten, rechnete man »mit einem Toten auf eine Million Tonnen Stahl«.

Manfred Zorn arbeitete nun dort, wo der Vater ihn haben wollte. Das Geld, das er verdiente, musste er zu Hause abliefern. Denn der Vater baute in Wehrden ein Haus für die Familie, also auch für ihn. Es ist das Haus, in dem Manfred Zorn nach dem Tod seiner Eltern sein Leben lang wohnen wird. Gebaut wurde nach der Schicht: »Uff de Hütt wurde in drei Schichten geschafft, von sechs Uhr morgens bis mittags 14.00 Uhr, von 14.00 Uhr bis 22.00 Uhr, und dann kam die

Nachtschicht von 22.00 Uhr bis morgens 6.00 Uhr. Das Problem ist, dass der Körper sich auf die wechselnden Schichten nicht richtig einstellen kann. Man schläft nicht richtig. Man isst nicht richtig, irgendwie ist man immer neben sich.«
Wann kommt so ein Körper eigentlich zur Ruhe?
Die schwere Arbeit in der Hitze, dem Qualm und Dreck, machte Durst. Nach der Schicht trafen sich die Arbeiter in den Kneipen um die Hütte, im »Rippsches Eck« zum Beispiel: »Da wurde allerhand getrunken«, umschreibt Manfred Zorn das Schichtende: »Dort standen schon 30 bis 40 Gläser Bier fertig gezapft da. Und da hat sich jeder genommen, was er wollte. Wenn die Frühschicht zu Ende war, hat man da so bis sieben Uhr gestanden. Und dann fuhren wir heim, mit dem Bus.«
Egal wie anstrengend und schwer die Arbeit war – zu Hause wurde gebaut, mit einfachsten Mitteln: »Mit Schaufel und Hacke haben wir die Grube ausgehoben.« Und später, als es »dann ans Mauern ging, hat ja jeder so getan, als könnte er mauern. Wenn dann die Gipser kamen, haben die geflucht über die schiefen Wände. Irgendwie musste dann alles ausgeglichen werden.«
1957 wurde Manfred Zorn auf »die Steuerbühne der Walzstahlstraße« versetzt: »Da lief alles vollautomatisch. Der Stahl lief aus dem Ofen und lief durch die Vorgerüste und dann durch die Fertiggerüste und anschließend durch ein langes Kühlbett mit Wasser.«

Arbeitspause

Nun war die Arbeit leichter. »Aber Schicht bleibt Schicht«, sagt er. 1965 heiratete er Rita, die er, wie er lächelnd erzählt, eigentlich »durch Vermittlung kennengelernt hatte. Der VdK, der Verein der Kriegsopfer im Warndt, machte eine Busfahrt nach Wien. Neun Tage. Der Vorsitzende fragte mich: ›Willst du nicht mal mit nach Wien?‹ Da bin ich mitgefahren. Und im Bus saß dann Rita. Die kam aus Geislautern. Das hatte der Vorsitzende so eingefädelt. Wir heirateten 1965 und waren bis 2006, als sie starb, 41 Jahre zusammen.«

»Hochöfner« beim Anstich: »Die Luft hat geflittert, wenn die glühenden Stangen auf die Walze gezogen wurden.«

Wie viel er verdiente, weiß er nicht genau: »Es war gutes Geld, was ich verdient habe. Wir waren sparsam. Irgendwie hat es immer gereicht. Meine Frau und ich haben beratschlagt, wenn wir was kaufen wollten. Und wenn wir was kaufen wollten, und das Geld war da, dann haben wir gekauft.«

Nach einigem Überlegen sagt er: »Es müssen so um die 600 Mark netto im Monat gewesen sein.« Und dann fällt ihm auch ein, dass er manchmal mehr als sieben Schichten, also »56 Stunden in der Woche arbeitete. Und dann war natürlich mehr Geld auf dem Zettel.«
Den ersten Betriebsunfall hatte er, als er noch im Walzwerk arbeitete: »Ein glühender Eisenstab fiel neben raus und mir zwischen die Beine. Ich stürzte nach hinten.« Der erste Betriebsunfall verlief glimpflich.
Der ohrenbetäubende Lärm zerstörte sein Hörvermögen. Er meldete sich beim Betriebsarzt. Der verordnete »Ohrstöpsel, die ich aber nicht vertragen habe. Unter den Stöpseln bildete sich Wasser, weil ich in der Hitze schwitzte. Das Ohr konnte nicht ausdunsten. Das Wasser lief in den Gehörgang.« Manfred Zorn fragte, ob man ihm nicht statt der Ohrpfropfen schalldämpfende Kopfhörer als Lärmschutz geben könnte. Das sei zu teuer, sagte man ihm. Er ließ sich auf eigene Kosten für 300 Mark ein Hörgerät anpassen: »Damit kam ich anfangs auch ganz gut zurecht, bis sich das im Gehörgang verharkte, schmerzte und entfernt werden musste.«
Eine Betriebsuntersuchung in dieser Zeit ergab, dass Manfred Zorn 40 Prozent erwerbsunfähig war: »Das war zuwenig. Damit wurde man nicht heimgeschickt.«
Es war die Zeit der Stahlkrise. Die Produktion wurde zurückgefahren. Tausende hatten Angst um ihre Arbeitsplätze und demonstrierten: »Wir waren sauer auf die Geschäftsleitung.« Manfred Zorn hat sich an diesen Demonstrationen nicht beteiligt. Warum nicht? »Da hätte ich Nachteile gehabt«, sagt er leise. Die letzten drei Jahre seines Berufslebens war er Wärter in den Waschräumen, in denen sich die Arbeiter duschten: »Die wurden drei Mal am Tag gereinigt. Das war der Geschäftsleitung zuviel. Die beauftragte eine Firma mit der Reinigung. Die machte das nur einmal am Tag. Und ich wurde entlassen. Das war 1989. Nach vierzig Jahren uff de Hütt.«
Die schwere Arbeit hat seinen Körper zerschlissen. Er hat Bandscheibenprobleme, bekam ein neues Hüftgelenk eingesetzt. Wenn

man mit ihm redet, muss man wegen seiner Schwerhörigkeit sehr laut reden. Und er atmet schwer.

Für vierzig Jahre schwere Arbeit bekommt er, so steht es in seinem Rentenbescheid, eine Rente von der Landesversicherungsanstalt von 1561,70 Mark und von der HZV, der Hüttenknappschaftlichen Zusatz-Versicherung, zusätzlich 366,30. Zusammen sind das rund 960 Euro. »Damit komme ich gut zurecht«, sagt er. In all den Jahren waren Manfred Zorn und seine Frau Rita nie im Urlaub. Das lag nicht daran, dass sie sich keinen Urlaub leisten konnten – Rita Zorn verdiente als Verkäufern in einem Haushaltwarengeschäft dazu. Es liegt daran, dass Manfred Zorn am »liebsten dehemm ist. Ich kann nicht länger als einen Tag aus dem Saarland weg. Ich bin ein Hausmuffel. Meine Frau wäre mal in Urlaub geflogen. ›Das is nix für mich‹, sagte ich zu ihr und wir sind zu Hause geblieben. Wir haben Ausflüge mit dem Auto gemacht, an die Mosel sind wir gefahren. Aber abends waren wir wieder zu Hause. Dehemm is dehemm.«

Schichtende

Der Hüttenmann

Frank Becker hat in Völklingen die Grundschule besucht, und 1939, als seine Familie und er wie viele Tausend Saarländer evakuiert wurden, in Ludwigshafen bei der Gebr. Röchling Eisenhandel mbH eine kaufmännische Lehre als Industriekaufmann begonnen und später in Völklingen abgeschlossen. 1942 meldete er sich als Kriegsfreiwilliger zur Luftwaffe: »Ich wollte fliegen«, sagt er. »Das faszinierte mich.« Nach einer Grundausbildung im Segelfliegen mit der abschließenden A-, B- und C-Flugscheinprüfung Schulung auf verschiedenen Flugzeugtypen: Am 1. Juni 1944 hat er dann sein Ziel erreicht. Der Gefreite Frank Becker erhält in Crailsheim seinen »Flugzeug-

Frank Becker

führerschein« ausgehändigt und wird dem 3. Jagdgeschwader 105 zugeteilt und zum Unteroffizier befördert. In der Nähe von Posen wird er abgeschossen: »Wochenlang lag ich im Lazarett. Heute noch habe ich Erinnerungslücken. Ich weiß immer noch nicht genau, was damals passierte.« Irgendwie gelingt es ihm nach Kriegsende, sich durch alle Kontrollen zu mogeln und nach Völklingen zu seiner Familie durchzuschlagen: »Ich hatte eine kurze Hitlerjungen-Hose an. Das war unverdächtig.«

Er ist nun 21 Jahre alt, Kriegsveteran, letzter Dienstrang Fahnenjunker-Unteroffizier, mit einer Kriegsverletzung, die ihm immer noch zu schaffen macht. Nach einer dreimonatigen Erholungspause zu Hause wird er im November 1945 in der Völklinger Hütte in der Buchhaltung angestellt. Abends studiert er an der Akademie der Arbeit: »Da wurden Jura, Psychologie und natürlich auch Betriebswirtschaft gelehrt.«

Nach vier Semestern schließt er mit Diplom ab. Frank Becker, den viele später »Frankie« nennen, ist ein zielstrebiger junger Mann. In der Buchhaltung will er »nicht versauern«. Die Hütte steht seit Kriegsende unter französischer Sequesterverwaltung. Die Produktion läuft nur mühsam an. Der Franzose Georges Thédrell wird am 18. September 1945 zum »Administrateur Sequestre« ernannt. Thédrell ist ein guter Katholik, gilt »als Mann des Ausgleichs mit sozialer Verantwortung« und Hüttenfachmann. Seine Karriere als Ingenieur und Direktionsassistent hatte er bei Usines métallurgiques du Hanaut im belgischen Coullet begonnen. Nach dem Ersten Weltkrieg war er sogar Betriebsleiter beim Neunkircher Eisenwerk gewesen, solange das unter französischer Verwaltung stand. Zuletzt hatte er in leitender Funktion für die Etablissements de l'Est de la Compagnie Châtillon-Commentry in Neuves Maisons gearbeitet. Ein Mann mit Erfahrung in der Verwaltung und der Stahlproduktion – aber auch in der Mitarbeiterführung?

Frank Becker erkennt seine Chance, meldet sich bei Thédrell und unterbreitet ihm »Vorschläge zur Erhöhung des Unternehmensgewinns bei gleichzeitiger sozialer Besserstellung der Belegschaft«. Thédrell ist interessiert. Er fordert den jungen Mann auf, seine Vorschläge zu konkretisieren. Der schlägt eine bessere Information der Belegschaft über die Situation der Hütte vor und argumentiert: »Dann können sich die Mitarbeiter mit der Hütte identifizieren. Das wird ihre Leistung steigern.« Er hat seine damaligen Vorschläge aufgeschrieben: »Sie gelten auch heute noch, wenngleich sich natürlich seitdem in der Arbeitswelt vieles verändert hat.« Dann liest er vor: »Die Grundidee der Vorschläge war die Pflege der menschlichen Beziehungen im Betrieb. Der Mensch sollte im Mittelpunkt des wirtschaftlichen und betrieblichen Geschehens stehen. Ich wollte, dass auch die Vorgesetzten geschult werden – in Menschenführung und Menschenbehandlung, und setzte mich für ein System der Produktivitätsmessung ein, das auch die Belegschaft an den Ergebnissen der Leistungssteigerung, dem Einsparen von Energie und Material beteiligen sollte. Gute Ideen der Belegschaft sollten durch die Einführung eines betrieblichen Vorschlagwesens abgerufen und belohnt werden.« Thédrell ist von den Vorschlägen angetan, ernennt ihn zum »Sekretär des Komitees für betrieblichen Fortschritt«, das einmal

Dr. Jürgen Krackow, Vorsitzender der Geschäftsführung (l.) und Frank Becker begleiten Irmgard Röchling bei einem Empfang.

monatlich zu Sitzungen zusammenkommt und zum »Schriftleiter« der Betriebszeitschrift »DU UND DEIN WERK«, die später »Der Hüttenmann« heißt. Becker erzählt: »Alle waren sich einig. Es muss etwas passieren in der Hütte. Die technische Ausstattung war auf dem Stand von 1938. Andere Hütten, vor allem im Ruhrgebiet, waren weitaus besser ausgerüstet und damit auch erfolgreicher.«

Becker kennt die Zahlen und die Fakten aus dieser Zeit: 1952 hat die Produktion wieder die Kapazität von 1938 erreicht.

1953 wird der Bau des neuen Walzwerkes im »Nauweiler Gewann« vorbereitet, der Saarbogen wird begradigt und eine Kaimauer und Schiffsverladestelle gebaut. Mit der Hütte geht es weiter aufwärts. Die Arbeiter profitieren von den guten französischen Sozialleistungen.

Im Oktober 1954 erfährt Becker, dass die Familie Röchling die Völklinger Hütte verkaufen will. Georges Thédrell, Becker, der Justitiar der Hütte und drei Betriebsräte fahren nach Paris, um dort mit den französischen Behörden über die Zukunft der Hütte zu verhandeln: »Wir hatten einen Forderungskatalog dabei. Es ging um den Erhalt des sozialen Besitzstandes der Arbeitnehmer, um die dringend notwendige Modernisierung des Werkes und die Ablehnung der Forderung, die Völklinger Hütte als Konjunktur-Reserve der französischen Stahlindustrie einzusetzen. Außerdem ging es um Gratis-Aktien für die Belegschaft. Wir wurden empfangen. Unsere Wünsche wurden entgegengenommen. Eine wohlwollende Prüfung wurde uns zugesagt. Entschieden wurde nichts.«

Als Konrad Adenauer 1954 mit dem französischen Premier Pierre Mendès-France verhandelte, ging »es natürlich vordringlich um die Zukunft des Saarlandes, aber natürlich auch«, wie Frank Becker weiß, »entscheidend um die Zukunft von Völklingen. Der französische Grand Commissaire Oberst Gilbert Grandval war bei den Verhandlungen teilweise auch dabei. Wenn es um das Saarland ging, das mit dem Saarstatut eine Keimzelle der europäischen Gemeinschaft werden sollte, war auch die Hütte ein Thema auf der Tagesordnung. Die Röchlings wollten die Hütte zurück. Adenauer bat die Röchlings um Einlenken. Er wollte den deutsch-französischen Ausgleich nicht gefährden. Sein oberstes Ziel war eine dauerhafte Verständigung und Aussöhnung mit Frankreich. Schließlich einigten sich Adenauer und Mendès-France auf einen Optionsvertrag: Beide Länder wollten von der Familie Röchling je 50 Prozent der Hütte kaufen. Als Kaufpreis wurden 200 Millionen Schweizer Franken vereinbart, von denen Frankreich und Deutschland je die Hälfte zahlen sollten. Außerdem gab es Vermutungen, dass das französische Unternehmen Schneider-Creuzot die Absicht hatte, den Völklinger Industriekomplex zu erwerben.«

Das Abstimmungsergebnis 1955? »Ich war vom Ergebnis überrascht. Ich gehörte keiner Partei an. Aber ich war für das Statut. In der Belegschaft der Hütte war die Stimmung eindeutig für die DPS und Heini Schneider, obwohl die Belegschaft durch die Entscheidung für Heini Schneider und seine Parole ›Heim ins Reich‹ die guten französischen Sozialleistungen verlor.«

Im Frühjahr 1956 diskutiert der saarländische Landtag die Eigentümerfrage für die Völklinger Hütte. Man ist sich einig: Die Hütte soll an die Familie Röchling zurückgegeben werden. Die französische Sequesterverwaltung durch Georges Thédrell wird durch Dekret am 16. September 1956 in Paris aufgehoben. Die Röchlings sind wieder Eigentümer der Hütte, die zu dieser Zeit etwa 13.000 Mitarbeiter beschäftigt.

Für Frank Becker hat die Entwicklung schlimme Konsequenzen. Er hatte in der Werkzeitung einen versöhnlichen Leitartikel geschrieben, mit der Grundtendenz, dass die Kontrahenten sich nach dem mit Vehemenz und Leidenschaft geführten Wahlkampf nun wieder versöhnen sollten. Dr. Ernst Röchling, der nun zusammen mit Hans Lothar Freiherr von Gemmingen die Hütte leitete, versetzte Frank Becker mit der Begründung zurück in die Buchhaltung, nach dem

Leitartikel habe er zu Frank Becker »das Vertrauen verloren«. Wer einen solchen Artikel schreibe, könne nicht länger Schriftleiter der Werkzeitung sein. Vergeblich bat Frank Becker um ein persönliches Gespräch: »Ernst Röchling hat mich nicht empfangen.«

Anfang 1957 wurde die Versetzung in die Buchhaltung dann sogar in eine »fristlose Kündigung« umgewandelt. Becker vermutet: »Die DPS hatte großen Einfluss in der Hütte. Ich bin sicher, dass die hinter dieser Maßnahme steckte.«

Mit Fackeln gehen die Bewohner von Völklingen auf die Straße und demonstrieren für den Erhalt des Stahlwerks.

Was nun? »Ich war arbeitslos, stand auf der Straße. Ich bekam auch kein Arbeitslosengeld, weil mir fristlos gekündigt wurde. Ohne dass ich davon wusste, bat meine Sekretärin Pfarrer Jakob um Hilfe. Der war ein einflussreicher Mann in Völklingen und kannte die Familie Röchling gut. Auch die Industrie- und Handelskammer und viele andere setzten sich für mich ein. Das Ergebnis war, dass Ernst Röchling die Kündigung zurücknahm und mich in einem persönlichen Gespräch aufforderte: ›Machen Sie weiter wie bisher!‹ Ich sagte: ›Das kann ich nicht. Sie haben offenbar kein Vertrauen mehr zu mir.‹«

Frank Becker wurde zum Leiter der Werkbücherei ernannt und mit Sonderaufgaben betraut, und als 1958 im Rahmen der Mitbestimmung in der Montanindustrie »in Übereinstimmung mit Dr. Ernst Röchling« und dem Betriebsrat ein »Arbeitsdirektor« gewählt werden sollte, wurde Frank Becker vom Betriebsrat als Kandidat aufgestellt. »Ich hätte es werden können. Doch der Druck, den das

Mitbestimmungsbüro des DGB in Düsseldorf auf die Betriebsräte ausübte, war zu groß. Die beim DGB wollten mich nicht. Da habe ich die Kandidatur zurückgezogen.«
Stattdessen wird er »Geschäftsführer der Arbeiter- und Angestellten-Pensionskassen« und »Leiter der Sozialstation in der Arbeitsdirektion«. Seit 1958 ist er verantwortlich für die vielen Sozial-Einrichtungen des Unternehmens: »Für viele Mitarbeiter waren die sozialen Leistungen ein wichtiger Teil ihres Lebens und ihrer Lebensplanung. Mit Hilfe der Hütte konnten viele den saarländischen Traum vom eigenen Häuschen verwirklichen. Es gab zinsgünstige Darlehen. Steine, Zement und Eisenträger konnte man auf der Hütte zum Selbstkostenpreis einkaufen. Die sozialen Leistungen schafften zwar nicht Identifikation im Sinn des Wortes mit dem Unternehmen, aber doch eine Art Zugehörigkeitsgefühl. Es war eine materielle Bindung der Belegschaft an das Unternehmen.«

Die Hütte beschäftigt 1966 über 17.000 Mitarbeiter, knapp 3500 sind Angestellte. Weitere 30.000 Beschäftigte, so schätzt man, verdienen ihren Lebensunterhalt in den Zulieferfirmen der Hütte, in den Gaststätten und Läden, in denen die Familien der Hüttenarbeiter einkaufen. Tag und Nacht glühen die Öfen. Völklinger Stahl ist überall gefragt, bis 1966 und 1968 die erste Stahlkrise Europa erreicht. Jetzt gibt es auf dem Weltmarkt zuviel Stahl. Die Folge ist Kurzarbeit. Für die Arbeiter bedeutet das Lohnverlust. Becker beschreibt die Situation so: »Auch wenn die Arbeit nicht wirklich gut bezahlt war – nur Spitzenleute kamen mit Zulagen auf bis 800 Mark im Monat – hatten alle das Gefühl, einen sicheren und guten Arbeitsplatz zu haben. Es gab ganze Familienverbände, die auf der Hütte schafften. Zum Teil kamen die Arbeiter von weither. Die Menschen waren enttäuscht und voller Angst...« Doch die Krise geht – scheinbar – so schnell vorbei, wie sie gekommen ist. 1969/1970 brummt es wieder in Völklingen. Vollbeschäftigung. Über 16.000 Mitarbeiter. Die Einzelhändler in Völklingen und Umgebung atmen auf.

Industrie-Idylle: Das Foto mit dem pflügenden Bauern vor der der Völklinger Hütte entstand vermutlich in den Fünfzigerjahren.

1971 die nächste Krise. Sie beginnt zögerlich, aber mit deutlichen Vorzeichen, die Schlimmes ahnen lassen: Die Auftragsverluste im »Massenstahlbereich« sind gravierend. Es folgt die Fusion mit dem Werk Burbach. Aber auch das neugegründete Unternehmen »Stahlwerke Röchling-Burbach«, bei dem nun 23.500 Menschen beschäftigt sind, kann die Auswirkungen der europäischen Stahlkrise nicht abwenden.

Becker kennt die Daten des Niedergangs wie kaum ein anderer: 1977 werden 4700 Arbeiter und Angestellte entlassen. Im Burbacher Werk wurde die Eisen- und Stahlproduktion eingestellt.

1978 lässt sich die Familie Röchling für ihre Anteile abfinden und trennt sich nach 97 Jahren von dem Industriegiganten.

1979 fusionieren die Neunkircher Eisen- und Stahlwerke mit den »Stahlwerken Röchling-Burbach«.

Die »Kathedrale der Arbeit«: 1994 wird die Völklinger Hütte in die Liste der Kulturdenkmäler der Unesco aufgenommen.

1980 wird das neu gebaute Blas-Stahlwerk eingeweiht, das die Völklinger Hütte wieder wettbewerbsfähig machen soll. Das Roheisen für das neue Werk liefert die Dillinger Hütte. Doch das Siechtum geht weiter. 1982 entsteht die »Arbed Saarstahl GmbH«. Im selben Jahr ziehen 20.000 Menschen durch die Völklinger Innenstadt und demonstrieren gegen drohende Entlassungen.

Am 4. Juli 1986 werden die veralteten Hochöfen, die Koksanlage und die Nebenbetriebe stillgelegt. Die »Alte Hütte« wird nach 103 Jahren geschlossen. In der »Kathedrale der Arbeit« wird nicht mehr gearbeitet. 1994 wird die »Alte Völklinger Hütte« in die Liste der Kulturdenkmäler der Unesco aufgenommen.

Frank Becker schüttelt den Kopf, so als könne er das alles immer noch nicht so richtig glauben: »Ich habe die letzten Jahre nicht als Mitarbeiter, sondern nur noch als Völklinger Bürger miterlebt. Seit den Siebzigerjahren hatten wir alle Sorge um den Arbeitsplatz.«

1979 wurde Frank Becker, verheiratet, Vater von drei Kindern, nach 34 Jahren auf eigenen Wunsch pensioniert. »Durch die Stahlkrise und die dadurch notwendigen Sparmaßnahmen wurden auch die Sozialmaßnahmen abgebaut. Ich sah im sozialen Bereich keine Perspektive mehr.«

Der Sizilianer

Angelo Cino, Jahrgang 1938, stammt aus Ravanusa, einer kleinen Stadt mit rund 10.000 Einwohnern in der Provinz Agrigent auf der Insel Sizilien. Inzwischen kennen auch saarländische Touristen Ravanusa. Zwischen Sulzbach und Ravanusa besteht eine Städtepartnerschaft. Aus Ravanusa und aus Sizilien kamen viele Gastarbeiter ins Saarland. Einer war Angelo Cino.
Damals 1957, als sich Angelo Cino wie viele seiner Landsleute auf die Reise nach Germania aufmachte, fuhren noch wenige Deutsche nach Sizilien und nach Ravanusa, allenfalls Bildungstouristen, die die Ausgrabungsstätten besichtigen wollten. Die Geschichte der Stadt reicht zurück bis ins siebte Jahrhundert vor Christus. Die meisten Einwohner lebten von der Landwirtschaft, vornehmlich vom Getreide-, Wein- und Olivenanbau. Die Arbeitslosigkeit war hoch. Viele schlugen sich mit Gelegenheitsarbeiten durch. Angelo Cino konnte nur die Grundschule besuchen: »Ein weiterer Schulbesuch wäre nur im Nachbarort auf dem Gymnasium möglich gewesen. Das hätte Schulgeld gekostet.« Er half seinem Vater, der auf den Wochenmärkten Stoff verkaufte: »Viel verdient wurde da nicht.« Wo man mehr verdiente, das war »in Germania«, in Deutschland. Dort wurden Arbeiter gesucht. Und die Berichte über das deutsche Wirtschaftswunder, das gerade richtig Fahrt aufgenommen hatte, schilderten ein Land, in dem es zwar kalt war und die Menschen wenig Zeit hatten, aber in dem es wenigstens Arbeit gab und man Geld verdienen konnte. In Deutschland rollte die Gastarbeiterwelle an. Im Radio sang Conny Froboess »Zwei kleine Italiener, die kamen aus Napoli...«
Ein Cousin von Angelo Cina lebte in Rohrbach im Saarland. Wo das Saarland war, wusste Angelo Cino nicht. Er wusste, dass ihn eine fremde Welt erwarten würde. »Ich war optimistisch. Ich wollte arbei-

ten. Und die Tedeschi suchen Arbeiter.« Mit dreißig anderen vertraute er sich einer Schlepperorganisation an. Es war eine lange, nicht ungefährliche Reise. Angelo Cino hatte keinen Pass. Er war gerade gemustert worden und sollte eingezogen werden. Sie fuhren mit dem Zug den italienischen Stiefel hinauf und irgendwo zwischen San Remo und Ventimiglia an der italienischen Riviera schleuste sie die Schlepperorganisation über die französische Grenze. Und dann ging

Cino mit Ehefrau Roswitha

die Reise weiter über Lyon nach Strassburg: »Damals fuhren Firmen mit dem Bus zum Bahnhof nach Strassburg, um dort italienische Gastarbeiter abzuholen.« Irgendwie landete Angelo Cino – so genau ist ihm das heute noch nicht klar, wie das alles ablief – bei seinem

Cousin in Rohrbach, der ihn schon erwartete und gerne aufnahm. Er fand auch gleich Arbeit, zunächst in einer Gießerei in Rohrbach, dann auf der Halberger Hütte in Saarbrücken-Brebach: »Als Maschinist. Ich wurde angelernt.«

Angelo Cino sprach kein Wort Deutsch. Er lebte mit seinen Landsleuten zusammen. Und er versuchte ruhig zu bleiben, wenn sie ihn und seine Freunde als »Scheiß-Itaker« und »Spaghetti-Fresser« beschimpften. Er war ein großer gutaussehender Mann und ein geschickter Arbeiter: »Gegenüber wohnte Roswitha«, erzählt er lächelnd. Roswitha kam aus Berlin und arbeitete als Friseuse: »Ich hatte eine Vespa damals, zum Spazierenfahren. 1959 kamen Zwillinge auf die Welt, zwei Mädchen.« Sie tauften sie auf die Namen Carmelina & Viola. Die Hochzeit war 1960. Angelo Cino zieht die Schultern hoch, als wolle er sich für die verspätete Hochzeit entschuldigen: »Ich hatte Schwierigkeiten mit den Papieren. Ich brauchte eine ›dispensa militare‹, eine Bescheinigung, dass ich vom Wehrdienst in Italien befreit war, einen Pass, die Arbeitserlaubnis, die alle drei Monate verlängert werden musste.«

Die junge Familie zog in eine Zwei-Zimmer-Wohnung. Angelo Cino fand einen neuen Job bei der Karlsberg-Brauerei in Homburg in der Flaschenabfüllung. Er verdiente gut. Bei einem Stundenlohn von 1,60 DM brachte er es im Monat manchmal auf über 1000 Mark netto. Der Lohnbuchhalter sagte einmal zu ihm: »Sie verdienen fast doppelt so viel wie ich.« Gino sagte in seiner Mischung aus Italienisch und Saarländisch: »Io mache zwei Schischten..., zwei Schischten, nix Pause, manchmal 312 Stunden, trecento-dodici ora, in de Monat.«

Inzwischen war die Familie motorisiert. Er zeigt stolz die Fotos von seinem roten Simca 1000, mit dem die Familie fast 2000 Kilometer weit in die Heimat fuhr. Jedes Jahr. Und er amüsiert sich noch heute darüber, dass er bei den ersten Fahrten mit dem Simca 1000 und mit

dem saarländischen Kennzeichen noch chaotischer als die Italiener durch Rom und Florenz kurvte: »Bei Rot mit Avanti über die Ampel. Ich habe immer gesagt. Isch nix verstehen. Die haben mich für einen Deutschen gehalten.«
Schichtarbeiter am Fließband bei Karlsberg – das wollte er nicht bleiben, auch nicht, wenn die Arbeit gut bezahlt war. Angelo Cino griff zu, als er in Niederwürzbach ein Lokal mieten konnte. Er kratzte alle Ersparnisse zusammen, lieh sich Geld und eröffnete den »Eissalon Gondola«. Das war bald ein beliebter Treff in Niederwürzbach, vor allem der Jugend. Es gab gutes Eis. Und Angelo Cino war ein geschickter und freundlicher »Eismann«.
Als der Saarländer Armin Hary bei der Olympiade in Rom 1960 über 100 Meter die damals kaum vorstellbare Zeit von 10,00 Sekunden lief und die Goldmedaille für Deutschland gewann, saß halb Niederwürzbach in Angelos Eissalon »Gondola« und sah im Fernsehen zu. Den Farbfernseher – damals eine Sensation – hatte er auf Pump gekauft.
Das »Gondola« lief gut. 1961 wurde Sohn Volker, 1963 Tochter Manuela geboren. Alle vier Kinder lernten in der Schule »Deutsch und saarländisch Platt«, und zu Hause sprachen sie Italienisch, genau genommen Sizilianisch.
Er sagt in seiner manchmal schwer verständlichen Mischung aus saarländischem Platt und italienischen Brocken: »En bisssche Geld sparn han mer schon, naturalmente.« Sie kauften ein 1000 Quadratmeter-Grundstück am Weiher in Niederwürzbach und fingen an zu bauen, wie man im Saarland eben baut: »Da halfen alle, die Landsleute und die Freunde.« Oben, im ersten Stock, entstand eine geräumige Wohnung für die inzwischen sechsköpfige Familie, und unten das Restaurant »Da Cino« mit hundert Plätzen, ein beliebter Treff am See, »mit de cucina italiana«, wie er sagt. »Beim Start haben viele geholfen. Allein hätten wir das nicht geschafft.«

Angelo Cino mit Jugendfotos aus Sizilien

Wir sitzen in der Ecke rechts neben dem Tresen und blättern in den Familien-Fotoalben. Angelo Cino holt einen Roten, einen Barbera, und Gläser. Wir stoßen an. Stolz zeigen sie die Fotos von einer Kreuzfahrt im Mittelmeer, von Urlauben am Gardasee. Und vom Ford 17 M, der Familienkutsche, mit der sie viele Male mit den Kindern auf der Rückbank und den Koffern und den Mitbringseln für die Familie auf dem Dachgepäckträger nach Sizilien fuhren. Lang, lang ist's her... Nach Ravanusa kommen

Angelo Cino in der Gastwirtschaft

sie nur noch selten. Nachdenklich ziehen Roswitha und Angelo Cino Bilanz. Sie haben vier Kinder. »Und die sind«, wie er stolz sagt, »alle was geworden. Wir sind stolze Großeltern von sechs Enkeln. Ich war arm 1957 und habe nix verstanden. Ich habe Roswitha getroffen. Und viel gearbeitet haben wir. Das wird was, wenn man fleißig ist.« Auf die Frage nach der Heimat, nach dehemm, sagt er: »Ich habe immer noch einen italienischen Pass, ich bin immer noch Italiener. Und ich bin stolz auf mein Sizilien, wo ich herkomme. Aber im Saarland ist die Familie. Hier bin ich zu Hause.«

Kuhmist im VW-Käfer

Die Saarbrücker Hautärztin Christiane Martin, Jahrgang 1949, erzählt, »dass ich eigentlich ein Bub sein und Rainer hätte heißen sollen«. Sie war ein Einzelkind, wurde »entsprechend umsorgt, auch verwöhnt, was aber nicht bedeutete, dass man mir alles durchgehen ließ«. Ihr Vater Franz Pulch war Gewerbe-Oberlehrer in der Mügelsberg-Berufsschule. Die Mutter stammt aus einer Weinhändler-Familie aus Oppenheim: »In Saarbrücken wohnten wir zunächst im Haus einer Tante in der Dachmansarde. Die Stadt war ja ziemlich zerstört.« Sie erzählt von den »Schmuggelfahrten im Auto meiner Tante. Meistens ging es um Kaffee, den meine Eltern schmuggeln wollten. Ich war ganz scharf auf Coca Cola. Da gab es eine tolle Reklame mit hübschen Mädchen, die statt eines Hutes oder einer Mütze den Coca Cola-Kronenkorken auf dem Kopf trugen. Ich bekam nie eine Coca Cola. Dafür bekam ich Schuhe, die ich gleich anziehen durfte. Auf der Rückfahrt wurde ich auf die Bettwäsche gesetzt, die wir eingekauft hatten. Die Mutter hatte inwendige Taschen in die Kleider genäht, in die alles verstaut wurde. Was nicht verstaut werden konnte, war die Puppe, die ich geschenkt bekommen hatte und die ich nun an mich schmiegte: Der Zollbeamte fragte: ›Puppe neu?‹ Ich schrie wie am Spieß. Ich dachte, der nimmt mir die Puppe weg. Der

Christiane Martin als Studentin...

Zollbeamte hat uns weiterfahren lassen.«
1955? Sie erinnert sich, wie sie und ihre Spielkameraden »Der Dicke muss weg« schrieen und »natürlich nicht wussten, was das bedeutet«. Heute noch kann sie wie damals, als sie als Kinder das Portrait von Johannes Hoffmann mit Kreide auf das Pflaster kritzelten, eine Joho-Karikatur ohne abzusetzen mit einem Strich zeichnen: »Erst aus dem Wort »doof« die beiden Brillengläser

... und als Hautärztin in Saarbrücken

und den Mittelsteg, dann aus dem »d« das eine, aus dem »f« das zweite Ohr und dann ohne abzusetzen einen Kreis um alles für das runde Gesicht zeichnen. So malten wir es überall hin.«
Zu Hause hörte sie, wie der »Vater auf Bundeskanzler Adenauer« schimpfte und »zufrieden war, als das Abstimmungsergebnis bekannt wurde. Er war unbedingt für den Anschluss an die Bundesrepublik, meine Mutter auch.«
1956 wurde sie in die Rodenhofschule eingeschult, in den katholischen Zweig: »Es gab auch einen evangelischen Teil der Rodenhofschule. Wir Kinder machten keinen Unterschied. Wir spielten auf der Straße zusammen. Aber in der Schule gab es einen Strich, einen Graben zwischen katholischen und evangelischen Kindern. Wir gingen sogar auf getrennten Bürgersteigen zur Schule und nach Hause, die evangelischen Kinder auf der linken Straßenseite, wir Katholiken auf der rechten Seite. Statt christlicher Nächstenliebe, Toleranz und Verständigung wurde Abgrenzung gepredigt. Das ging soweit, dass die katholischen Eltern am Karfreitag, einem der höchsten evangelischen Feiertage, demonstrativ ihre Wäsche

aufhängten. Und am Fronleichnamstag, wenn die Katholiken mit Prozessionen durch die Straßen zogen, hingen die Protestanten ihre Wäsche auf. Es gab Eltern, die es nicht gerne sahen, wenn ihre

Der Tag X: Die D-Mark wird, wie hier an der Grenze in Niederkirchen, mit Lastwagen ins Saarland gebracht.

Kinder mit den Kindern der anderen Religion spielten. Meine beste Freundin Lisa war katholisch, ich war katholisch. Unsere Eltern lebten in Mischehe, ein Partner war evangelisch, einer katholisch. Als wir uns über die Ehe zwischen Katholiken und Protestanten unterhielten und darüber, dass das angeblich eine Sünde sei, fragte sie: ›Glaabschd du das?‹ Ich sagte: ›Näh.‹ Sie sagte: ›Ich aah nit‹.«
1959: »Der Kaufrausch nach dem Tag X, dem wirtschaftlichen Anschluss des Saarlandes an die Bundesrepublik, ging an uns vorbei. Meine Eltern machten keine Ratenkäufe. Sie arbeiteten im Garten, bauten Erdbeeren und Gemüse an. Als Dünger holten sie Kuhmist, den sie im VW-Käfer entweder auf der Ablage hinter dem Rücksitz in

Eimern oder in einer Zinkwaschbütte auf dem Rücksitz transportierten. Das war mir schrecklich peinlich. Wir hatten keinen Fernseher. Ich trug ein sogenanntes ›Anbauröckchen‹. Das heißt, da wurde am Rocksaum drangestrickt, wenn ich wieder gewachsen war.«

1960 wechselte sie auf die Marienschule: »Das war ein katholisches Mädchengymnasium, das von Dominikanerinnen geleitet wurde. Erste Fremdsprache Latein, dann Französisch und Englisch. Das Schlimmste war, dass wir keine Hosen tragen durften. Wir sollten nur in Röcken in die Schule kommen. Wir gingen in den damals modischen Latex-Keilhosen zu Schule, zogen aber vor dem Schulhof irgendwo die Röcke an und die Hosen aus.«

Die frühen Sechzigerjahre, die Zeit von Paul Anka, von Elvis Presley mit »Love me tender« bis »Abobbabalobamababbaembumm tuttiii

Christiane Martin (hinten rechts) bei einer Studentenfete: »Sex kam für uns vor dem Abi nicht in Frage. Da waren die drei P's Pille, Papst und Penne.«

fruttiii«, die Zeit der Beatles und der Rolling Stones auch der beginnenden sexuellen Libertinage erlebte sie als neugieriger Teenager: »Die Platten konnten wir in einer Kellerbar der katholischen Pfarrei St. Albert hören. Aber sonst war nichts«, sagt sie. »Wenigstens nichts besonders Aufregendes, außer der Musik. Wir waren brav und katholisch. Als wir 16 Jahre alt waren, mussten wir um 22.00 Uhr zu Hause sein. Sex kam vor dem Abi für keine von uns in Frage. Da waren die drei P's. Pille, Papst und Penne. Die Pille musste ja vom Arzt verschrieben werden. Da hat sich von uns niemand getraut hinzugehen. Der Papst war sowieso dagegen. Und in der Penne wäre das ein Skandal gewesen, wenn es rausgekommen wäre. Als die Schwester einer Klassenkameradin schwanger wurde, musste sie die Schule verlassen.«

1968 Abitur. Zunächst studierte sie Chemie in Saarbrücken, bis ihr »angesichts des brechend vollen Hörsaales klar wurde, dass da möglicherweise bald ein Überangebot an Chemikern ausgebildet wird«. Sie entschied sich nach zwei Semestern Chemie für Human-Medizin, studierte zunächst in Saarbrücken, später in Homburg. Von ihrer Tante hatte sie einen alten Borgward-Isabella geerbt. Sie fuhr mit ihrem späteren Mann nach Paris. Sie besuchten den Louvre, streiften durch die Avenuen, über den Montmartre und landeten abends in einem Striptease-Lokal: »Als ich das sah, habe ich mich halb totgelacht. In Saarbrücken hingen wir in den damals angesagten Kneipen rum. Im Fürst Ludwig, der schon damals in der Szene ›Feuschte Ludwisch‹ hieß, im Smugglers Inn in Dudweiler, abends vielleicht in der Rumpelkammer, in der Patricia Kaas ihre Karriere begonnen hatte und wo man bis in die Nacht hinein schwofen konnte oder im ›Lords Inn‹, einer echten Studentenkneipe. Dort wurde heiß diskutiert: über den ›Mief von tausend Jahren unter den Talaren‹, wie einer der Slogans damals hieß, und wie man diese Welt zu einer besseren Welt verändern könnte. Es gab auch ein paar Demos. Aber im

Vergleich zu dem, was in Berlin oder in Frankfurt an Demos abging, war das eine ruhige, eher eine gemütliche saarländische 68er Bewegung. Die Spartakisten spielten sich ein wenig auf. Auch die SDS-Leute. In deren Augen war ich reaktionär. Von Marx und Engels und der kommunistischen Gleichmacherei hielt ich nicht viel.«

1977 schloss sie ihr Studium mit dem Staatsexamen ab, arbeitete in verschiedenen Krankenhäusern fast zehn Jahre in der Chirurgie und anderthalb Jahre in der Radiologie, absolvierte noch eine Facharztausbildung für Hautkrankheiten und Allergien und ließ sich 1992 im November mit einer eigenen Praxis »als Fachärztin für Haut und Liebe«, wie sie sagt, in Saarbrücken nieder. Sie ist dreifache Mutter. »Die Kinder sind alle erwachsen und gelungen«, sagt sie stolz. Sie hat sie nach dem Motto erzogen: »Geh mit den Menschen so um, wie du möchtest, dass sie mit dir umgehen.« Sie ist Amateur-Fotografin und bringt beeindruckende Bilder von ihren Reisen nach Afrika mit, wo sie jenseits der ausgetretenen Touristenpfade die Mythen, Kulturen und Geheimnisse dieses Kontinents aufzuspüren versucht: »Leider habe ich dazu viel zu wenig Zeit. Aber das Fernweh treibt mich immer wieder weg.« Wenn man sie fragt, wo sie sich zu Hause fühlt, sagt sie: »Meine Wurzeln sind hier im Saarland. Ich kann mir vorstellen, dass man mal nicht mehr hierher zurück kann. Aber man muss das Bewusstsein haben, woher man kommt und wer man ist. Heute denke ich, dass ich nicht in heimischer Erde begraben sein muss. Aber andererseits möchte ich, wenn ich mal alt und hilflos bin, dehemm sein.«

Der Mann vom Bau

Für Werner Mörsdorf, Jahrgang 1925, stand schon als Pimpf bei der Hitlerjugend fest, dass er einmal »Ingenieur auf dem Bau« werden würde. Nach der Schule hatte er dann gerade noch Zeit für ein Praktikum in einem Bauunternehmen, bevor die »Nazis mich 1942 zum Arbeitsdienst holten. Und anschließend kam ich dann gleich zu den Soldaten.« 1943 Grundausbildung in Mainz bei einer Pionier-Einheit: »Und schon war ich erst in Polen und dann in Russland.« Er wurde zwei Mal verwundet: Bei Dnjepr-Petrowsk erwischte ihn ein Granatsplitter im linken Knie. Kurz vor Kriegsende wäre er beinahe von einer russischen Panzergranate zerrissen worden: »Das Haus, in dem ich mich versteckt hatte, wurde getroffen. Der Luftdruck schleuderte mich auf die Straße, wo ich mit einer schmerzhaften Armverletzung liegen blieb.« Trotzdem gelang ihm die Flucht vor der russischen Armee am 7. Mai 1945, einen Tag vor der deutschen Kapitulation, auf die andere, die rettende Seite der Elbe: »Dort waren die Amerikaner. Nur nicht in russische Gefangenschaft geraten, das war unser aller Ziel.« Im September 1945 wurde er aus der US-Gefangenschaft entlassen, ein nun 20-jähriger junger Mann in einer zerschlissenen Uniform auf dem Weg nach Hause: »So einfach war das damals nicht. Die Franzosen sperrten viele, die aus englischer und amerikanischer Gefangenschaft entlassen worden waren, gleich noch einmal ein. Ich ließ mich deswegen nach Heidelberg entlassen.« Irgendwie gelangte er nach Neunkirchen. Auf dem Bahnhof traf er Elisabeth, mit der er zusammen in Oberthal-Gronig in die Volksschule gegangen war. Elisabeth rief, als könne sie es nicht glauben: »Weeerneeer...« Vier Jahre hatten sie sich nicht gesehen. Elisabeth war Näherin, hatte wie viele andere junge Frauen für die deutsche Wehrmacht Uniformen geschneidert, und nun, nach dem Krieg, hat-

Werner Mörsdorf

ten sie die Franzosen verpflichtet. Nun nähte sie wieder Uniformen, statt feldgrau für die Deutsche Wehrmacht die braunen Uniformen der Grande Armée. Ihrem Schulkameraden Werner nähte sie eine weiße Kapitulationsbinde, die er am rechten Arm trug. Werner Mörsdorf wollte »nur noch hemm«. Anfang Oktober 1945 war er wieder zu Hause, in Oberthal-Gronig, wo er seine Kindheit verbracht hatte: »Viele Häuser lagen in Trümmern. Die Brücken waren von den Alliierten bombardiert worden. Bei einem solchen Angriff waren 28 Zivilisten getötet worden. Aber an unserem Elternhaus gab es keine Schäden.«

Er erholte sich kurz zu Hause bei seinen Eltern, dann schrieb er sich als Student an der Staatsbauschule in Trier ein. In Trier traf er Herbert Wolff, den Sohn des Saarbrücker Bauunternehmers Friedrich »Fritz« Wolff. Herbert Wolff, »de Herbert«, war wie er Jahrgang 1925, hatte ebenfalls den Krieg als Soldat hinter sich gebracht, und saß nun neben ihm im Hörsaal. 1948 bestand Werner Mörsdorff sein Examen als Bauingenieur. Sein Freund Herbert stellte ihn seinem Vater in Saarbrücken vor: »Der stellte mich ein, gleich als Bauleiter. Ich war 24 Jahre alt, voller Pläne und Ideen. Am nächsten Tag ging es schon los. Aus dem Angestelltenverhältnis wurde eine Freundschaft, die 44 Jahre hielt, bis zu seinem Tod.«

Die Firma Friedrich Wolff GmbH & Co KG in Saarbrücken war eines der großen saarländischen Unternehmen der Branche. Zeitweilig arbeiteten 550 Mitarbeiter »bei Wolff«. Es war Aufbruchsstimmung, überall: »Arbeit gab es genug in dieser Zeit. Alle wollten den Krieg vergessen, endlich wieder ordentlich leben, frei sein. Die Wohnungsnot war groß. Viel wurde in Eigenhilfe gebaut. Ohne die gegenseitige Hilfsbereitschaft der Menschen, dieses Zusammenstehen, hätte vieles damals nicht funktioniert. Da wurde nicht viel geredet. Da wurde angepackt. Wenn in Eigenhilfe gebaut wurde, ging das noch alles mit der Hand. Die Steine wurden vom Lkw abgeladen. Da gab es keinen Kran und keine Paletten. Das wurde einzeln abgeladen, Stein für Stein. Und jeder, der gerade da war und Zeit hatte, fasste mit an. Der Speis wurde in großen Wannen gemischt, Zement mit Sand, Schaufel für Schaufel. Ich weiß nicht, ob das heute alles möglich wäre, was die Menschen damals leisteten. Für mich ist die gegenseitige Hilfsbereitschaft eine saarländische Tugend. Dass in Eigenhilfe gebaut wurde, hat uns nicht gestört. Wir hatten genug zu tun. Wir bauten die großen Objekte, Schulen, Verwaltungsgebäude, Industrieanlagen, auch Wohnhäuser. An der Saarbrücker Universität bauten wir insgesamt – mit Unterbrechungen – fast zehn Jahre.«

Werner Mörsdorf fuhr von Baustelle zu Baustelle, kontrollierte, sprach mit Architekten und Bauherren. Da blieb zunächst wenig Zeit für ein Familienleben. Er war, wie man das damals nannte, ein »möblierter Herr«: »Ich wohnte in einem Zimmer in Gersweiler. Früh morgens, oft noch im Morgengrauen, fuhr ich los auf die Baustellen kreuz und quer durch das Saarland. Im Sommer war ich zehn, manchmal auch zwölf Stunden auf dem Bau. Oft auch am Samstag. Der Samstagvormittag war gesetzlicher Arbeitstag. Freizeit gab es so gut wie nie.«

Er erzählt, dass »die saarländischen Brauereien in jedem halbwegs geeigneten Wohnzimmer eine Wirtschaft eröffneten. Die Menschen wollten zusammenkommen, sich freuen und feiern. Die Brauereien bezahlten den Umbau. Wir hatten fünf oder sechs Leute abgestellt, die nur die Toiletten in die Kneipen einbauten.«

Viele Arbeiter auf den Baustellen kamen aus Lothringen und dem Elsass: »Als die ersten Franzosen Anfang der Fünfzigerjahre bei uns anfingen, haben sie die Mittagspause, die bis dahin eine halbe Stunde war, auf eine dreiviertel Stunde verlängert. Damals war es üblich, dass man zum Mittagessen auch eine Flasche Bier trank. Unsere französischen Arbeiter packten zur Mittagspause eine Flasche Rotwein aus. Die Franzosen waren gute Arbeiter. Das Betriebsklima auf den Baustellen war sehr gut. Dass Franzosen und Deutsche sich noch vor wenigen Jahren in diesem fürchterlichen Krieg als Gegner gegenübergestanden hatten – davon war auf unseren Baustellen nichts zu spüren. Wir hatten sogar zwei französische Meister.«

Krawalle und Auseinandersetzungen während des Wahlkampfes waren an der Tagesordnung. Werner Mörsdorf sagt: »Wir wollten den Anfang von Europa machen.«

1954 heiratete Werner Mörsdorf seine Elfriede, eine Bankangestellte aus St. Wendel: »Die Hochzeit war eine typische Familienfeier im privaten Kreis. Zum ersten Mal machte ich vierzehn Tage Urlaub. Wir fuhren nach Pörtschach an den Wörthersee. Es war unsere Hochzeitsreise. Damals gab es viele Heimatfilme, die in Österreich spielten. Wir lebten in dieser Filmkulisse vierzehn Tage wie im Märchen.«
Wieder zu Hause erlebte das junge Ehepaar die heiße Phase des Kampfes um die Abstimmung 1955. Werner Mörsdorf und seine Frau Elfriede waren für »ein offenes europäisches Land, für das Saarstatut, für ein unabhängiges Saarland. Wir wollten den Anfang von Europa machen. Dass es anders kam, dass die Mehrheit für den Anschluss an die Bundesrepublik stimmte, hatten meine Frau und ich so nicht erwartet. Auf den Tag X, als die Schranken hochgingen, hatten viele Saarländer gewartet. Viele Familien hatten gespart. Jeder wollte Waren aus dem Reich. Geschäftsleute, die sich nicht rechtzeitig darauf eingestellt hatten, bekamen große Schwierigkeiten.«
Schwierigkeiten hatte auch die saarländische Baubranche: »Unsere Mitarbeiter, vor allem die Arbeiter auf den Baustellen, verdienten mehr als in der Bundesrepublik. Wir hatten Arbeiter von der Mosel und aus dem Hunsrück, die deswegen zu uns einpendelten. Die wohnten die Woche über in Bauarbeiterunterkünften und fuhren am Wochenende nach Hause. Die Folge war, dass wir kaum Aufträge aus dem Reich erhielten, weil wir wegen unserer Löhne nicht konkurrenzfähig waren.«
Das sollte sich im Laufe der Jahre dann gründlich ändern: Die Friedrich Wolff GmbH & Co KG aus Saarbrücken baute bundesweit, vor allem im Tiefbau. Und Werner Mörsdorf war ständig unterwegs, mal in Bremen, in Hamburg, in Bayern, in Hessen: »In elf Monaten bauten wir die Gasleitung zwischen Klingenberg und Bamberg in Bayern, insgesamt 117 Kilometer. Und wir waren maßgeblich beteiligt am Ausbau der A1, der A6 und der A8 und der A61.«

Natürlich hat Werner Mörsdorf auch »ein eigenes Haus für die Familie gebaut. Das ist wichtig. Man muss einen Familienmittelpunkt haben, wissen, wo man hingehört. Da bin ich saarländisch bodenständig. Ich als Saarländer ohne eigenes Haus – das könnte ich mir nicht vorstellen. Und ich habe auch nicht nur gearbeitet. Wir sind mit unseren beiden Töchtern Christa und Gitte gern in Urlaub gefahren, nach Südfrankreich oder in den Schwarzwald, solange die noch mit uns gefahren sind. Und natürlich haben wir auch gefeiert. In den Fünfzigerjahren standen wir in den Kneipen und trafen uns in Restaurants mit Freunden – in der Strohdiele am Saarbrücker Hauptbahnhof zum Beispiel – und haben unser Bier getrunken. Das war nie langweilig. Da traf man allerhand Leute. Einmal in der Woche ging ich zum Kegeln; freitagabends, mit Freunden in Kleinblittersdorf. Das war ein festes Ritual. Und ich war bei vielen Spielen des 1. FC Saarbrücken. Mit den Spielern und dem Verein konnte man sich identifizieren. Die Spieler bekamen zwar Geld, waren Profis, aber sie haben für den Verein gekämpft. Der 1. FC war so was wie ein saarländisches Gütezeichen im Fußball, ein saarländisches Aushängeschild.« Und heute? »Heute, da bin ich ruhiger. Ich habe als Pensionär mit Skat angefangen. Einmal in der Woche treffe ich meine Freunde. Wir spielen, reden ein bisschen, trinken einen guten Wein. Wenn man soviel erlebt und bewegt hat wie ich, ist man froh, wenn man sich zurücklehnen kann. Ich bin mit meinem Leben im Saarland zufrieden. Ich bin Saarländer. Hier ist meine Heimat. Ihr fühle ich mich verbunden.«

Dieter im Fußballfieber

Dieter Fritsch, Jahrgang 1944, wuchs in Saarbrücken-Malstatt auf, ging dort in die Volksschule, und für einen Jungen aus »Molschd« war klar, dass es nur einen Fußballverein gibt, den 1. FC Saarbrücken, zumal die »Molschder« in den Fünfzigerjahren sogar international spielten. Er ging in die Wallenbaumschule, »und auf dem Schulhof oder wo auch immer es e Plätzche gab, kickte ich mit den andern mit allem was rund war«. Das Saarland war im FC-Fieber. Die Blauschwarzen galten, so sagte es der damalige Fifa-Präsident

Dieter Fritsch

Jules Rimet und so ist es in alten Zeitungen zu lesen, als »eine der interessantesten Mannschaften Europas«. Sie spielten in Barcelona und Madrid, in Liverpool und in Kopenhagen und Paris, sogar in Rio de Janeiro, und auch zu Hause sammelten sie Siege und Erfolge.
So wie die Spieler der Molschder wollte er werden. Er kannte sie alle mit Namen, die großen Stars der Schwarzblauen, und er bewunderte sie alle. Der Größte war für ihn der Herbert Martin, »der war Elfmeterkönig. Wenn der einen Elfmeter schoss, konnte man auf die Toilette gehen. Der war mit Sicherheit drin.«
Man muss schon sehr genau zuhören und aufpassen, wenn Dieter Fritsch vom Fußball und seinem Verein erzählt. Da springen die Ergebnisse und die vielen Spiele, die er gesehen hat, und die Geschichten und Geschichtchen, die er zu erzählen weiß, über Jahrzehnte hinweg hin und her. »Das war 1972 in München, und dann das 1961 in...«, so ähnlich geht das in einem fort.

Dann blendet er wieder zurück zu seiner Kindheit in Molschd, zu den Träumen des kleinen Dieter vom großen Fußball, und er erzählt von seinen Helden und Idolen. Natürlich war er auch ein Fan von Herbert Binkert, dem Stürmerstar der Blauschwarzen und saarländischen Nationalspieler, vom Waldemar Philippi und dem Peter Momber, dem Jockel Balzert und wie sie alle in der großen FC-Zeit in den Fünfzigerjahren hießen. Die Fußballleidenschaft teilte er mit seinem Vater, der ebenfalls ein FCS-Fan war. Das ging soweit, dass der Papa in der Schule vorstellig wurde, als die Blauschwarzen 1952 in Ludwigshafen im Spiel um die Deutsche Meisterschaft gegen den VfB Stuttgart mit 3:2 zwar unterlagen, ihnen zu Hause aber ein großer Empfang bereitet wurde: Papa Fritsch meldete seinen Sohn mit der Begründung vom Unterricht ab: »Da kommt der Deutsche Vizemeister. Meinen Sohn will ich mitholen, wenn die in Saarbrücken empfangen werden.«

Papa Fritsch war in Ludwigshafen dabei gewesen, als 85.000 Zuschauer ein packendes Spiel sahen. Sein Sohn konnte nicht mitfahren: »Ich war so ein verhungertes Kerlchen und war in Bergzabern zur Erholung. Außerdem hatte ich die Freck.« Er hatte das Endspiel am Radio verfolgt, hatte mitgefiebert, als FC-Tormann Erwin Strempel sich den Arm brach und Verteidiger Theo Puff für ihn ins Tor ging: »Das gab es ja damals nicht, dass in einem Meisterschaftsspiel verletzte Feldspieler oder der Tormann ausgewechselt werden konnten.« Als die FCS-Spieler, die Vizemeister, in einem Autokorso in offenen Wagen durch die Stadt fuhren, und die Saarbrücker jubelten, schrie der kleine Dieter am Straßenrand sich heiser: »EffCeeS, EffCeeS!« Wir standen an der Johanneskirche. Der Papa nahm mich auf den Arm, damit ich besser sehen konnte. Ich habe das bis heute nicht vergessen.«

Fortan war er mit Papa – später auch allein mit seinen Freunden – am Sonntag auf dem Sportplatz, erst auf dem Kieselhumes, als der 1. FC Saarbrücken noch dort spielte, später im neuen Ludwigsparkstadion.

Dort erlebte er auch sein erstes Länderspiel: Saarland gegen Deutschland. »Ich war mit meinen Freunden schon um 9.00 Uhr morgens dort. Das Spiel begann um 15.00 Uhr. Die Karten hatten wir uns schon vorher geholt. Das Ludwigsparkstadion war ausverkauft. 53.000 Zuschauer. Man hatte extra Stahlrohrtribünen aufgestellt. Wir standen in der Ostkurve. Da war eine kleine Mauer hinter dem Tor. Wir konnten gerade drübersehen, wenn wir die Kinnladen auf die Mauer legten. Da haben wir gestanden und haben gewartet, bis es losging. Es gab kein Vorprogramm. Der Rasen war neu. Deswegen gab es wohl auch kein Vorspiel. Die hatten wohl einfach Angst, dass der Rasen das nicht aushält.«

Die saarländische Elf wurde von Helmut Schön trainiert. Und die deutsche Elf von Sepp Herberger: »Prickelnd an dieser Konstellation war, dass Schön unter Herberger in 16 Länderspielen für Deutschland gespielt hatte. Das Spiel endete schließlich 3:1 für die Bundesrepublik Deutschland. Wenn das Saarland gegen Deutschland gewonnen hätte, wären beide Mannschaften punktgleich gewesen. Im Pariser Prinzenparkstadion hätte dann ein Entscheidungsspiel stattfinden müssen. Bei einem Sieg hätte das Saarland dann an der WM in der Schweiz teilgenommen, statt dem Herberger-Team«, sagt Fritsch nachdenklich. Ohnehin hat er seine eigene Meinung zum Spiel: »Fritz Walter wurde vor der Halbzeit wegen einer Verletzung ausgewechselt. Ob der wirklich verletzt war...? Der Waldemar Philippi, der saarländische Verteidiger, war ein Angstgegner von Fritz Walter, ein gnadenloser Manndecker. Vielleicht ist der Fritz deswegen raus. In der saarländischen Nationalmannschaft spielten damals zehn Spieler vom FCS, auch mein Idol Herbert Martin. Der schoss das einzige Tor für die saarländische Mannschaft.«

Trotz seiner Zweifel, ob Fritz Walter wirklich verletzt war, ist er ein Fritz Walter-Fan geblieben. Er zeigt stolz das Buch »3:2 – Die Spiele zur Weltmeisterschaft«, in dem Fritz Walter erzählt, wie alles war damals in Bern 1954. Das kleine Buch mit dem grünen Leinenumschlag und der verblassten goldenen Aufschrift »Fritz Walter« hütet er wie eine heilige Fußball-Reliquie, die das Buch vermutlich heute auch ist. Fritz Walter hat ihm eine Widmung auf Seite 3 geschrieben: »Zur frdl. Erinnerung, herzlichst Fritz Walter.«

Klar, dass Dieter Fritsch auch selbst beim FC spielen wollte: »Doch da war der Vater plötzlich dagegen. Der hatte Angst, dass ich mich verletze. Und auf den Vater habe ich gehört. Was blieb mir auch sonst übrig.« Anstatt in Schulhöfen und auf Straßen spielte er künftig in der Jugendmannschaft der Pfarrei St. Josef in Saarbrücken-Malstatt: »Position rechter Läufer, Wasserträger. Die Außenlinie rauf

Dieter Fritsch (u.r.) in der A-Jugend-Mannschaft der Kirchengemeinde St. Josef in Saarbrücken

und runter. Vor mir als Rechtsaußen spielte Wolfgang Scherffius, den die saarländischen Leichtathletik-Fans kannten. Der lief die 100 Meter in 10,8 Sekunden. Wenn ich den bedienen konnte, hat den keiner mehr eingeholt.«

Neben Fußball interessierte er sich für alles, was um ihn herum geschah, auch für Politik. Er las schon als Kind Zeitungen. Die Abstimmung 1955 erlebte er zu Hause in der Familie »als Streitthema. Mein Vater war für das Statut und ›Joho‹; mein Onkel, der Gemeindebaumeister in Schwalbach war, war für den Anschluss an die Bundesrepublik.« Der Wahlkampf erreichte auch die Schule: »Wir tauschten die kleinen Wahlplakate der Parteien gegeneinander aus. Und schrieen uns die Slogans der Parteien zu, beispielsweise den

16. April 1977: Es ist ein denkwürdiger Tag in der saarländischen Fußballgeschichte. Der 1. FC Saarbrücken besiegt Bayern München mit 6:1. Mit einem Fallrückzieher erzielt der Saarbrücker Stürmer Roland Stegmayer sein viertes Tor (rechts Fanz Beckenbauer).
Dieter Fritsch schwärmt noch heute:»Auf der Tribüne saßen meine Frau und ich. Sie war schwanger mit unserem Sohn Oliver, der im Dezember geboren wurde. Es war das schönste Spiel, das ich im Ludwigspark gesehen habe.«

über Johannes Hoffmann ›Joho, der falsche Bergmannssohn, verkauft den Warndt um Judaslohn‹. Und geschmuggelt haben wir auch.«
Dieter Fritsch verdankt seine Märklin-Eisenbahn den Familien-Einkaufsfahrten nach Zweibrücken: »Das Geld hatten wir im Schuh. Und wenn Kleider eingekauft wurden, wurden die Etiketten aus unseren saarländischen Klamotten in die neuen Jacken genäht, bevor wir über die Grenze fuhren. Und als dann der Tag X kam, hatten wir den ersten Kühlschrank.«
Doch das Thema Politik »war mir damals wirklich nicht so wichtig. Wichtig waren der Fußball und die Wochenenden im Ludwigspark«. Er erzählt von seinem Jugendfreund Knut Schimmelpfennig, der »immer ein Läppchen dabei hatte, damit er nach dem Fußballspielen die Schuhe wieder sauber putzen konnte. Wir kickten ja in unseren normalen Straßenschuhen. Das Läppchen hatten ihm seine Schwestern geschenkt. Mit dreckigen Schuhen hätte er zu Hause Ärger bekommen.« Und vom FC-Ordner »Dibbelabbes«, der sie beim Pinkeln während eines Spiels hinter dem Stadion erwischte und dann fragte: »Wo sind eure Karten?« »Die Karten hatten wir längst weggeschmissen. Aber nun wollte der uns nicht mehr reinlassen. Mein Kumpel Knut Schimmelpfennig hatte noch Geld. Da hat der neue Karten für uns beide gekauft. Die kosteten 50 Pfennig. Bei zwei Mark Wochentaschengeld war das eine Menge Kohle damals.« Er grinst, sagt nach einer kurzen Pause: »So lange ich den FC kenne, haben die finanzielle Probleme. Dabei müsste es denen doch gut gehen, wo wir doch zwei Mal Eintritt bezahlt haben damals.«
1956: Er geht inzwischen auf die Realschule. »Dort haben wir im Sportunterricht jeden Mist gemacht, nur nicht Fußball gespielt«, ärgert er sich. Aber jeden Samstag war er im Ludwigspark beim 1. FC oder auch bei einem anderen Spiel. In der Mannschaft von St. Josef spielte er, bis er 18 Jahre alt war. Und wenn er nicht für St. Josef kickte, bolzten sie auch auf den Hartplätzen des Lud-

wigsparks. Das war natürlich offiziell nicht erlaubt.»Dann kam Fubbes, der Platzwart, und verjagte uns.«

Er hat in seinem Fußball-Fan-Leben bis dahin viele Spieler auch persönlich kennen gelernt, zu einigen verbindet ihn seitdem eine echte Freundschaft. Einer ist Emil Poklitar, ein Stürmer, der bei Dynamo Berlin gespielt hatte, dann in die Bundesrepublik geflohen war und nach einer Zwischenstation beim FC Freiburg 1964 zum 1. FC Saarbrücken kam: »Damals haben auch Profis noch einen ordentlichen Beruf gehabt. Emil Poklitar wollte wie ich Beamter bei der Stadtverwaltung werden. Wir drückten zusammen die Schulbank in der Verwaltungsschule, um die Prüfung als Diplom-Verwaltungswirt ablegen zu können. Er wurde später Diplom-Sportlehrer. Wir sind seitdem befreundet. Poklitar war ein Superstürmer. Als der FC gegen Ludwigshafen-Oppau 11:0 gewann, schoss er allein sieben Tore.«

Er lernt Niko Semlitsch kennen, einen Spieler, der von Kickers Offenbach zum FC kam und hier von 1974 bis 1978 spielte: »Er war oft zu Hause bei uns. Auch aus dieser Bekanntschaft wurde eine Freundschaft.«

Bei aller Leidenschaft und Liebe zum Fußball hätte er es sich aber nie träumen lassen, dass er »auch noch in Sachen Fußball« heiraten würde. Er war 1967 »mit ein paar Freunden bei einem Spiel in Neunkirchen, das damals in der Bundesliga spielte. Und abends war der HTL-Ball, der Ball der Höheren Technischen Lehranstalt in Saarbrücken. Das war eine tolle Veranstaltung. Wir fuhren heim, zogen uns um und dann nix wie hin. Und da lernte ich Brigitte kennen, meine spätere Frau. Später erfuhr ich, dass sie beim Saarländischen Fußballverband beschäftigt war. Da war sie mir natürlich noch sympathischer. So konnten wir zu Hause auch über Fußball reden.«

1977, der 1. FC Saarbrücken spielte wieder mal in der ersten Bundesliga, musste gegen den Abstieg kämpfen und gewann ausgerechnet gegen Bayern München sensationell 6:1. »Auf der Tribüne saßen meine Frau und ich. Sie war schwanger mit unserem Sohn Oliver, der im Dezember 1977 geboren wurde. Es war das schönste und das aufregendste Spiel des FC, das ich im Ludwigspark gesehen habe.« Er reiste durch halb Europa, um die großen Spiele zu sehen, sah

Die Saarländische Nationalmannschaft: Im Saarbrücker Ludwigsparkstadion unterlagen die Saarländer der Deutschen Fußballnationalmannschaft mit 1:3.

Europa-Pokalspiele und Länderspiele. Er erlebte das WM-Auftaktspiel 1974 in Frankfurt Brasilien gegen Jugoslawien und auch das Endspiel Deutschland gegen Holland, das 2:1 endete. Und wie Deutschland Weltmeister wurde. Er war dabei, als Bayern München Leeds United mit 2:0 in Paris besiegte, und, und, und... »Fußball, das ist ein Virus, wenn der dich mal hat, hilft nichts mehr. Auch keine Anti-Fußball-Antibiotika, wenn es solche denn geben würde.«

Und heute? Dieter Fritsch ist inzwischen Pensionär. Fast 40 Jahre arbeitete der Diplom-Verwaltungswirt in der Stadtverwaltung Saarbrücken. Er ist ein beachtlich guter Tennisspieler, ein gefürchteter Defensiv-Spieler, eine »Art tennisspielende Gummiwand, von der jeder Ball irgendwie immer wieder zurückkommt«, wie es einer seiner entnervten Gegner einmal formulierte. 1987 gründete er mit einem Partner die Tennisabteilung von Saar 05: »Da soll noch einer sagen, es gäbe eine Rivalität zwischen dem FC und Saar 05. Der FC hat als Fußballmannschaft größere Erfolge gehabt, aber das geht ja auch ständig auf und ab.«

Immer noch ist er (fast) jedes Wochenende, wenn der 1. FCS spielt, im Ludwigsparkstadion. »Ich bin ein echter Fan, seit über 50 Jahren. Länger, als es das Saarland gibt, bin ich schon im Ludwigspark. Doch heute ist das irgendwie anders. Das sind keine Jungs aus unserem Land mehr, die da unten spielen. Das sind Fremde. Heute kicken sie da, morgen kicken sie dort. Es fehlt die innere emotionale Beziehung zu den Spielern auf dem Rasen. Früher konnte man sie mit Vornamen anreden. Ich gehe hin, sehe mir die Spiele an und freue mich, wenn ich Freunde treffe, mit denen ich über die Zeiten von früher reden kann. Und nicht nur über Fußball. Wir reden oft über unser Land, über die Menschen, über Schicksale und Lebenswege. Wenn ich heute darüber nachdenke, wie damals alles begann, muss ich schon vor dem Land und seinen Menschen den Hut ziehen und sagen: ›Das haben wir gut gemacht‹, auch wenn ich damals dachte, wir hätten so was Ähnliches werden können wie Luxemburg. Aber das war wohl eine Utopie.«

Der Funktionär

Rudi Strumm, Jahrgang 1942, ist ein SPD-Mann mit »Stallgeruch«, sagen seine Parteifreunde. Er trat 1949, als er 17 Jahre alt war, in die sozialistische Jugendorganisation Die Falken ein, wurde 1960 Mitglied bei den Naturfreunden und 1964 SPD-Mitglied. »Die Sozialdemokratie hat in der Familie Tradition«, erzählt er. »Mein Vater Rudolf war Jahrgang 1900. Er war Bergmann und seit 1922 Sozialdemokrat. Zehn Jahre war er Vorsitzender des Arbeiter-Theater-Vereins in Elversberg. Er war Mitglied bei der AWO, der Arbeiter-Wohlfahrt, der Gewerkschaft IGBE, Industriegewerkschaft Bergbau und Energie, und viele Jahre auch SPD-Stadtratsmitglied in Sulzbach. Unsere Familie, mein Vater, meine Mutter, meine beiden Schwestern und ich – wir wohnten bei der Großtante in Altenwald. Wir hielten wie viele Bergmannsfamilien damals Kaninchen, um den Speisezettel aufzubessern. Die Arbeit meines Vaters unter Tage war hart. Da gab es noch nicht so viele Maschinen. Mein Vater hat immer versucht, für die Arbeiter Verbesserungen herauszuholen. Zu Hause bei uns wurde viel diskutiert über die politischen Verhältnisse vor dem Krieg und nach dem Krieg. Mein Vater hatte nach der Abstimmung 1935, weil er als Sozialdemokrat gegen die Angliederung an das Hitlerdeutschland war, Schwierigkeiten am Arbeitsplatz. Er musste Schikanen hinnehmen. Sogar sein Lohn wurde zurückgestuft.«

Rudi Strumm

Was gibt es da zu flüstern? Aufmerksam hört Ex-Ministerpräsident Reinhard Klimmt zu, was ihm Rudi Strumm leise ins Ohr sagt.

Rudi Strumm besuchte die Volksschule in Altenwald, durfte danach für ein Jahr auf die Handelsschule wechseln: »Das war eine Ausnahme. In der ganzen Klasse gab es nur zwei Schüler, die auf die Handelsschule durften. Für die Söhne von Bergleuten war es schwierig, weiterführende Schule zu besuchen.« Nach der Handelsschule absolvierte er eine Lehre bei der Saarknappschaft, die er mit der

Verwaltungsprüfung abschloss. Doch sein Interesse galt vor allem der Politik. Er las schon als Schüler »zwei Zeitungen, nämlich die sozialdemokratische Volksstimme und die bürgerliche Saarbrücker Zeitung. Ich fühlte mich ganz gut informiert, auch über den Abstimmungswahlkampf 1955.«

Er erlebte, wie der Vater für die SPS, die Sozialistische Partei Saar, fast jeden Abend Veranstaltungen besuchte: »Zu Hause wurden auch Plakate geschrieben. Ich half dabei. Mein Vater war für Europa.« Anfang 1955 wurde der 13 Jahre alte Schüler von der französischen Grubenverwaltung »Régie des Mines de la Sarre« wie viele andere Kinder von Bergleuten zu einem Erholungsurlaub nach Südfrankreich in ein Kinderheim in der Nähe der Hafenstadt Sète eingeladen: »Es waren wundervolle Wochen.«

Als er zurückkam, lief die heiße Phase des Abstimmungs-Wahlkampfes. Sogar in seiner Volksschule gerieten die Kontrahenten aneinander: »Da wurde auch vieles durcheinander gebracht und falsch kolportiert. Ein Mitschüler sagte zu Rudi: ›Der Joho will den saarländischen Teil des Bistums Speyer zu Metz schlagen.‹ Rudi antwortete: ›Ei, Metz, das ist doch Frankreich. Da komme ich doch gerade her.‹ Und prompt hatten wir eine Prügelei miteinander.«

Den Tag der Abstimmung erlebten Rudi Strumm und seine Familie am Radio: »Nach der Abstimmung waren wir alle enttäuscht. Mein Vater fragte voller Sorge: ›So was haben wir 1935 schon mal erlebt, als wir heim ins Reich geholt wurden. Wie geht es weiter?‹ Doch zunächst hieß es warten auf den Tag X, den 5. Juli 1959, den Tag, an dem sich die Grenzen öffnen sollten: »Bis dahin war Schmuggeln angesagt. Beliebt als Schmuggelgelegenheiten waren die sogenannten Sambazüge. Einer fuhr von Saarhölzbach nach Zweibrücken. Unterwegs spielte Tanzmusik. Offizieller Grund war der Besuch des Rosengartens in Zweibrücken. Ich war nie im Rosengarten, aber dafür einkaufen. Was am Tag X geschah, war teilweise beschämend.

Die kamen aus dem Reich mit Gütern des täglichen Bedarfs, als wären wir hinterm Mond zu Hause, versuchten uns sogar Zahnbürsten zu verkaufen. Mit der Warenschwemme aus der Bundesrepublik wurden auch saarländische Unternehmen vom Markt gedrängt, beispielsweise die Margarinewerke Landsieg, die erst in Sulzbach waren, dann wegen Grubenschäden nach St. Ingbert umsiedelten und schließlich von einem bundesdeutschen Großunternehmen geschluckt wurden.«

Ende der Fünfzigerjahre engagierte er »sich immer mehr in der SPD«, wurde schließlich von der Partei fest angestellt. Er wurde Parteisekretär. »Parteifunktionär«, das blieb er dann fast 40 Jahre lang. Von 1967 an war er Geschäftsführer des SPD-Unterbezirks St. Wendel und Neunkirchen, Geschäftsführer des SPD-Unterbezirks Saarbrücken und später Landesgeschäftsführer der saarländischen SPD, um nur einige seiner vielen Ämter zu nennen. Als Juso, als Jungsozialist, war er auch Zeuge der internen Richtungskämpfe, vor allem auch der Auseinandersetzungen zwischen den Mitgliedern der SPS, die für das Europastatut von Johannes Hoffmann votiert, und den Mitgliedern der SPD, die sich für die Rückgliederung an die Bundesrepublik eingesetzt hatten: »Die SPD brauchte sehr lange, um die Kluft zur SPS zu überbrücken. Die SPD hat einen Teil der Mitglieder der SPS nur zögernd aufgenommen. Der Hintergrund war: Es hatte 1956 auf dem Parteitag der SPS einen Beschluss gegeben, dass die SPS sich auflöst. Den Mitgliedern wurde empfohlen, in die SPD einzutreten. Einige wollten nicht, andere wollte die SPD nicht aufnehmen. Die SPD hatte 1959, nachdem einige von der SPS eingetreten waren, rund 11.700 Mitglieder.«

1959. Viele seiner Altersgenossen zogen in diesem Alter durch die Rock'n'Roll-Tanzschuppen. Er erinnert sich, dass Frank Fahrian, der später mit Boney M. Millionenhits produzierte und die Musikszene der 80er Jahre prägte, in Elversberg in der »Blauen Grotte« mit seiner Band spielte: »Aber das war nicht so meine Welt.« Er war lieber mit den Falken unterwegs, fuhr nach Belgien, Dänemark, Frankreich und Finnland in Zeltlager, war Juso-Vorsitzender im Unterbezirk Sulzbach und im Unterbezirk Saarbrücken-Land, Mitglied der Falken-Landeskontrollkommission und Mitglied des Falken-Bundesausschusses, und, und, und....

Genossen unter sich: Walter Momper, SPD, der ehemalige Regierende Bürgermeister von Berlin (l.), und Rudi Strumm

1966 heiratete er die Fotolaborantin Maria, die er bei den Falken kennengelernt hatte: »Ich bin evangelisch, die Hochzeit war katholisch. Aber beinahe hätte ich auf die kirchliche Trauung verzichtet. Der katholische Geistliche verlangte, dass ich konvertieren sollte. Ich empfand das als Zumutung.«

1967 wurde Tochter Ursula, 1969 Tochter Brigitte geboren. Rudi Strumm erlebte als Parteifunktionär die saarländischen SPD-Größen Oskar Lafontaine und seinen »Libero« Reinhard Klimmt hautnah: »Ich war viel mit ihnen unterwegs, versuchte aber trotzdem eine gewisse Distanz zu wahren. Intern, wenn wir alleine waren, redeten wir Tacheles. Ich versuchte den Kontakt zu den Mitgliedern zu halten.«

»Über 40 Jahre«, so hat Rudi Strumm hochgerechnet, »war ich Parteifunktionär, auch Diener der Partei«. Die Entwicklung des Saarlandes seit der Abstimmung 1955 sieht er kritisch und auch als vertane Chance: »Ich bin der Meinung, dass sich Europa anders entwickelt hätte, wenn das Saarland zusammen mit Luxemburg europäisches Kernland geworden wäre.«

Was ist typisch saarländisch? Gibt es eine saarländische Identität? »Nein, es gibt keine saarländische Identität. Das ist nicht richtig gewachsen. Wir waren bayrisch und preußisch. Vor dem Versailler Vertrag gehörten Lothringen und das Elsass ja noch zum Deutschen Reich. Die Folge war, dass bis 1920 sogar Gewerkschaftssekretäre aus Metz oder Paris zu uns kamen. Wir waren mal französisch, mal deutsch, mal französisch. Der Saarländer ist offen, hilfsbereit und will es am liebsten harmonisch. Streit versucht er aus dem Weg zu gehen oder ihn zu schlichten. Nach dieser geschichtlichen Entwicklung ist das verständlich. Das trifft auch auf mich zu. Ich bin Saarländer.«

Die rote Inge

Ingeborg Diehl wuchs als älteste von vier Geschwistern in Sulzbach in »einer durch und durch sozialdemokratischen Familie« auf. Ihr Vater war Bergmann: »Ich wusste nicht, dass er und meine Mutter Sozialdemokraten waren. Er hat es uns nicht erzählt, weil er wohl Angst hatte, dass wir uns vielleicht irgendwo verplappern und er und unsere Mutter wie so viele andere SPD-Leute und Gewerkschafter von der Gestapo einkassiert worden wären.« Später erfuhr sie auch, dass ihr Vater am 3. August 1934 zu den 60.000 Demonstranten – vorwiegend Mitglieder der KP und der SPD – gehörte, die bei der bevorstehenden Abstimmung 1935 gegen den Anschluss an Hitlerdeutschland demonstrierten. Sie holt ein kleines Bild, das das Reichsbannerheim von Sulzbach, auf einer Lichtung umgeben von Laubbäumen, zeigt: »Es war das Versammlungsheim der Arbeiterbewegung, in dem viele Flüchtlinge aus dem Reich nach 1933 Unterschlupf fanden. Deswegen nannte man es auch Emigranten-Asyl.« Unter dem Bild liest man: »26. August 1934 – Reichsbannerheim Sulzbach – Versammlung von 60.000 Antifaschisten aus allen Teilen des unter Völkerbundverwaltung stehenden Saargebietes gegen die Nazidiktatur, die bei der Rückkehr zu Deutschland drohte.« Wir diskutieren in ihrer Wohnung in Dudweiler über die Abstimmung 1935, die Nazizeit im Saarland und natürlich auch über die Nachkriegsjahre: »Die Versammlung der 60.000 war erfolglos. Und doch war es eine eindrucksvolle Demonstration gegen den Nationalsozialismus, die größte im Saarland. Und für die Teilnehmer nicht ungefährlich.«

Ingeborg Diehl, Jahrgang 1929, ging in die Volksschule in Sulzbach, besuchte ein Jahr lang das Gymnasium, musste aber »abbrechen, weil meine Eltern das Schulgeld nicht bezahlen konnten«. Nach dem Krieg begann sie eine Lehre als Bürokauffrau bei der Geschäftsstelle der SPS, der Sozialistischen Partei Saar, in Sulzbach. »Heftig und ausgiebig« diskutierte sie mit ihrem Vater, vor allem über die Lebensbedingungen der Arbeiter. Wenn ihr Vater von seiner Arbeit in der Grube und seinen Vorgesetzten erzählte, »wurde ich wütend. Du bist Sozialdemokrat. Die Menschen sind gleich, haben die gleichen Rechte. Das Kapital kann sich ohne die arbeitenden Menschen nicht vermehren. Kapital und Arbeiter sind also voneinander abhängig. Sie sollten auf Augenhöhe miteinander verhandeln. Und nicht aus der Position des Untergebenen zum Vorgesetzten. Mein Vater sagte dann: ›Wenn du älter bist, wirst du das verstehen.‹ Was Demokratie war, was freie Wahlen bedeuteten, wusste ich damals gar nicht. Ich betrachtete die amerikanischen Besatzungssoldaten als Feinde in unserem Land, nicht als unsere Befreier. Die waren es doch gewesen, die auf uns geschossen hatten, oder? Dann sah ich in einer Wochenschau den damaligen US-Präsidenten Harry S. Truman in einem bunten Hawaii-Hemd. Ich war fassungslos. Meine Jugend, mein Leben, waren bis dahin geprägt gewesen von Uniformen. Ich konnte mir nicht vorstellen, dass es Menschen gab, die keine Uniform trugen und etwas zu sagen hatten.«

Ingeborg Diehl

Die SPS, bei der ihr Vater von Anfang an Mitglied war, vertrat im Wesentlichen das Parteiprogramm der SPD, jedoch später, wie sie weiß, »saarpolitisch den wirtschaftlichen Anschluss an Frankreich bei eigener innerer Autonomie. Mein Vater war außerdem einer der Gründer der AWO in Sulzbach und besuchte die Akademie der Arbeit: Wir waren eine Familie, fest verankert in der Vision eines sozialdemokratischen Sozialismus.«

1949 wurde sie zur Landessekretärin der Sozialistischen Jugendbewegung, die damals im Saarland etwa 4000 Mitglieder hatte, berufen. Mit den Naturfreunden ging sie am Wochenende wandern: Immer wurde diskutiert und gesungen: »Brüder zu Sonne, zur Freiheit« und »Wenn wir schreiten Seit' an Seit«. Noch lieber aber war ihr die Arbeiterhymne »So flieg, du flammende, du rote Fahne, voran dem Wege, den wir ziehn!«, von der sie gleich – ein wenig erinnerungsselig – die erste Strophe zitiert: »Wir sind das Bauvolk der kommenden Welt, wir sind der Sämann, die Saat und das Feld, wir sind die Schnitter der kommenden Mahd, wir sind die Zukunft, wir sind die Tat. Wir sind die Arbeiter von Wien.«

Nach einer kleinen nachdenklichen Pause sagt sie: »Es ist das Lied des Arbeiteraufstandes 1934 in Österreich. Und wissen Sie auch, warum die rote Fahne das Symbol der arbeitenden Klasse ist? Beim Aufstand der Seidenweber 1831 in Lyon marschierten die Arbeiter hinter einer weißen Fahne als Zeichen ihrer friedlichen Absichten. Das war das erste große soziale Aufbegehren zu Beginn des Industriezeitalters in Frankreich, eine zunächst friedliche Demonstration. Die Armee eröffnete trotzdem das Feuer, schoss in die Demonstranten. Die weiße Fahne färbte sich blutrot.«

Als wir über Religion und Politik reden, vor allem darüber, wie die Kirche, wie Protestanten und Katholiken, sich in den Fünfzigerjahren im Saarland regelrecht bekämpften, und statt Toleranz von den Kanzeln oft Abgrenzung und Intoleranz gegenüber den Mitgliedern der anderen Religionsgemeinschaft gepredigt wurde, reagiert sie zunächst zurückhaltend. Doch beim Stichwort »Institution Kirche« legt sie richtig los: »Was der gute Mann vor zweitausend Jahren verkündet hat« – womit sie Jesus Christus meint –, »und die zehn Gebote sind eine Grundlage unseres Wertesystems und unseres Zusammenlebens. Nehmen wir die ersten drei Gebote weg, dann hat man eine Lebensrichtschnur. Es würde uns besser gehen, wenn sich die Menschen an diese Richtschnur halten würden.« Und die

Institution Kirche? »Die Kirche hat sich von dem, was Jesus Christus sagte, teilweise weit entfernt. Sie hat im Namen des Herrn und mit dem Kreuz voran entsetzliche Verbrechen verübt oder gutgeheißen, sogar gesegnet, in Südamerika und anderswo. Dabei war Jesus Christus der erste Sozial-Revolutionär der Geschichte, auch wenn er den Pharisäern entgegenhielt: Gebt dem Kaiser, was des Kaisers ist, und Gott, was Gottes ist. Vermutlich hat er dieses Zugeständnis an den Kaiser aus taktischen Gründen gemacht. Ich bin Christin, ohne die Kirche als Institution akzeptieren zu können.«

1953 heiratete sie den Bergmann Horst Diehl. Von der Hochzeit, die nur standesamtlich stattfand (»Mein Mann ist nicht getauft«), gibt es kein Foto: »Wir waren so arm damals«, sagt sie, »die Gründung des Hausstandes war allein ein finanzieller Kraftakt«.

Horst Diehl stammt ebenfalls aus einer sozialdemokratischen Familie und lebte während der Nazizeit mit seinen Eltern bis 1941 in Frankreich. Sein Vater wurde bei der Rückkehr ins Saarland sofort von der Gestapo verhaftet und kämpfte im berühmt-berüchtigten Strafbataillon 999 an der Ostfront. Von 1946 an arbeitete er wie sein Schwiegervater unter Tage auf der Grube Mellin: »Das war damals eine sichere Sache. Es gab Essen, es gab Kohle zum Heizen zu Hause und es gab Zigaretten.«

1952 heuerte Horst Diehl in Dudweiler, das damals, vor der Gebietsreform 1974, noch eine Stadt war, bei der Verwaltung an: »Da verdiente man zwar weniger, die Arbeit war leichter. Es hieß ›Für die Arbeit uff der Grub gibt es e Butterbrot, aber ein unsicheres. Bei der Stadt gibt es ein Margarinebrot, aber ein sicheres‹.«

Drei Jahre lang arbeitete er auf dem Bauhof, dann wurde er nach einer entsprechenden Prüfung Schwimm- und Bademeister im Schwimmbad in Dudweiler. Die junge Familie lebte in einer engen Zweizimmerwohnung.

1955. Sie klebten Plakate und verteilten Handzettel. Sie kämpften für den SPS-Spitzenmann Richard Kirn. Sie erzählt: »Wir waren für das

Statut und für den Europa-Gedanken. Die Meinungen prallten aufeinander. Auch innerhalb der Falken war die Meinung zum Saarstatut gespalten. Es gab auch Neinsager. Mein Vater sagte ahnungsvoll: ›Die haben 1935 einen Fehler gemacht. Die machen den Fehler noch einmal‹. Der Wahlausgang war für uns niederschmetternd.«

Montankrise: Wie geht es weiter? Tausende gehen auf die Straße.

In den Sechziger- und Siebzigerjahren kümmerte sie sich vorwiegend um die Erziehung ihrer drei Söhne Karsten, Arne und Thorsten, engagierte sich in der Arbeiterwohlfahrt und war Schriftführerin im SPD-Ortsverband Dudweiler: »Als unser Jüngster, Thorsten aufs Gymna-

sium ging, wollte ich es noch einmal wissen. Ich war fünfzig Jahre alt, hatte drei Kinder, einen Haushalt, und ging in die Kommunalpolitik.«
Neben ihrer hauptamtlichen Beschäftigung als Sachbearbeiterin für den Mobilen Sozialen Dienst im Landesverband der Arbeiterwohlfahrt von 1981 bis 1994 war sie von 1979 bis 1984 Abgeordnete im Bezirksrat Dudweiler und von 1985 bis 1994 Mitglied der SPD-Fraktion im Saarbrücker Stadtrat. Sie erlebte die Oberbürgermeister Oskar Lafontaine, Hans-Jürgen Koebnick und Hajo Hoffmann: »Als Frau wurde ich in die Ausschüsse Schule und Soziales gewählt.«
Es war die Zeit der Montankrise, »als im Bergbau über 50.000 Arbeitsplätze wegfielen und in den Hütten in Völklingen, Burbach und Neunkirchen die Öfen ausgingen und die Menschen ihre Arbeit verloren und wütend, aber ergebnislos protestierten. Ich bin davon überzeugt, dass man die Arbeitslosigkeit hätte anders auffangen können. Stahl aus dem Saarland ist wieder gefragt, wenn auch in viel kleinerem Umfang. Das ist ein Hinweis darauf, dass es auch andere Wege hätte geben können. Aber es wurde abgebaut, gekündigt. Zurück blieben Menschen, von denen viele mit ihrer Arbeit auch ihre Identität verloren hatten.«
Ihre Freunde, und auch die, die nicht politisch ihrer Meinung sind, nennen sie die »rote Inge«: »Vermutlich nennt man mich so, weil ich mich mein Leben lang für soziale Gerechtigkeit eingesetzt habe.«
1994 wurde sie pensioniert. Das bedeutet nicht, dass »ich nicht weiterhin für meine politischen Ideale gekämpft und gearbeitet habe.« Von 1995 bis 2004 war sie Mitglied im Landesvorstand der Arbeiterwohlfahrt. 1994 wurde sie mit der Freiherr vom Stein Medaille, 1996 mit der Ehrenmedaille der Arbeiterwohlfahrt Saarland und mit der Verdienstmedaille zum Verdienstorden der Bundesrepublik Deutschland und 2004 mit der Verdienstmedaille des Bundesverbandes der Arbeiterwohlfahrt ausgezeichnet.

Ihre Tätigkeit in den Kommunalparlamenten von Dudweiler und Saarbrücken bilanziert sie kritisch: »Ich glaube, man kann da nicht sehr viel bewegen. Da kommen Stapel von Unterlagen, die freitags von der Verwaltung zur Verfügung gestellt werden, und am Montag ist dann die Fraktionssitzung. Und wann soll man diese Papierberge durchgelesen haben?« Sie hat den Verdacht, dass die Verwaltungen »vielleicht sogar mit Absicht das alles so verquast darstellen. Sich sachkundig machen, halte ich bei dieser Vorgehensweise für sehr kompliziert. Dann wird diskutiert und abgestimmt. Doch vieles wurde schon hinter verschlossenen Türen ausgekungelt. Die sprichwörtliche Macht des gewählten Volksvertreters ist faktisch eher eine Ohnmacht.«

Seit 1994 ist sie »nur noch zu Hause«. Nach wie vor engagiert sie sich bei der AWO in Dudweiler: »Wir haben das Haus der Arbeiterwohlfahrt gebaut, wir haben eine Nähstube, eine Kleiderstube. Menschen treffen Menschen. Es ist mein Lebenswerk. Darauf bin ich stolz.«

Die Mitarbeiterinnen der AWO in der Kleiderstube in Dudweiler beim Sortieren der Kleidungsstücke. Ingeborg Diehl (rechts) sagt: »Menschen treffen Menschen. Darauf bin ich stolz.«

»Wenn ich dran bin, haue ich auf den Putz«

Arno Walter, wurde in Berlin geboren, ist Jurist, Spezialgebiet Verwaltungs- und Verfassungsrecht, lebt seit 1954 im Saarland, war 14 Jahre saarländischer Justizminister (von 1985 bis 1999), und ist, wie er sagt, »überzeugter Saarländer«. Er erzählt, dass es »allerdings am Anfang nicht so ganz einfach war, sich zurechtzufinden, wenn man die hiesige Landessprache nicht versteht«. Sprachprobleme hat er inzwischen natürlich längst keine mehr. »Die Kommunikation kann nicht besser sein«, sagt er. Ins Saarländische übersetzt bedeutet das, dass er »saarländisch net redde, aber kapiere« kann. »Ich fühle mich hier sehr wohl. Mir geht es erstklassig.«

Arno Walter, Jahrgang 1934, ist der Sohn eines Straßenbahners. Als Kind erlebte er den Endkampf um Berlin, die allnächtlichen Bombenangriffe und die vorrückende russische Armee: »Ausgerechnet bei unserem Haus in Tegel hatten sich die Russen festgesetzt. Die kriegten Zunder mit Granatfeuer der SS. Da hat auch unser Haus was abgekriegt.« In den ersten Nachkriegsjahren, als die Menschen Atem holen und alles zu vergessen versuchten, eskaliert ein neuer, der Kalte Krieg. Im Sommer 1948 blockieren sowjetische Truppen die Zufahrtswege nach Berlin. Täglich fliegen die Rosinenbomber der Luftbrücke Berlin an. Alle zwei bis drei Minuten landet eine Maschine. Die Berliner werden aus der Luft ernährt, sogar Kohlen werden eingeflogen. Arno Walter, ein lang aufgeschossener Pennäler, besucht die Humboldt-Oberschule, wird

Arno Walter

Zeuge, wie in Ost-Berlin am 17. Juni 1953 die Menschen auf die Straße gehen und gegen das DDR-Regime demonstrieren (»Ich war Sympathisant, bin aber nicht mitmarschiert.«), und wie russische Panzer den Aufstand niederschlagen. 1954 beginnt er an der Freien Universität (FU) in Berlin sein Jura-Studium: »Die Studienbedingungen waren miserabel. Der Hörsaal war ein ehemaliger Pferdestall. Da saßen 250 Studenten drin.« Er musste sich sein Studium verdienen, jobbte hier, jobbte da und kam zu dem Schluss, dass »ich einen Ortswechsel brauchte. Zum einen wegen der miserablen Studienbedingungen, zum anderen aber auch weil das Studieren in Berlin Studiengebühren kostete, und zwar 10 Mark hochgerechnet auf die Wochenstunde pro Semester.«
Er bewarb sich an den Universitäten in Innsbruck und in Saarbrücken und bekam von Saarbrücken die schnellere Zusage: »Ich bin nach Saarbrücken gegangen. Das war im Wintersemester 1954. Wir wohnten auf dem Campus, vier Mann in einer Bude in einer ehemaligen Kaserne. Die juristische Fakultät war nur 80 Meter entfernt. Und die Wohn- und Studienkosten waren gering. Das fand ich prima.«

1986 – Amtswechsel im Oberverwaltungsgericht (OVG) des Saarlandes: Der bisherige Präsident Paul Werner (l.) wird von Justizminister Arno Walter (Mitte) in den Ruhestand verabschiedet und Nachfolger Karl-Heinz Friese (r.) ins Amt eingeführt.

In die saarländische Politik geriet er »zum ersten Mal Ende 1955. Ich musste ja Geld verdienen. Abstimmungswahlkampf 1955. Da war was los. Die DPS suchte Studenten als Wahlhelfer. Einer davon war ich. Meine Aufgabe war es, Zettel zu verteilen und Plakate zu kleben für Heini Schneider. Da habe ich gut verdient. Ich bin mit einem Lautsprecherwagen als Wahlwerber rumgefahren und habe ›Deutsch ist die Saar‹ ins Mikro gerufen.«

Das Abstimmungsergebnis fand er »in Ordnung. Ist es auch heute noch. Der Anschluss des Saarlandes an die Bundesrepublik war logisch. Es war eine Art Wiedervereinigung, wie sie 44 Jahre später 1989 zwischen der Bundesrepublik und der ehemaligen DDR stattfand.« Den wirtschaftlichen Anschluss erlebte er 1959 auf der Saarmesse in Saarbrücken: Er hatte inzwischen sein erstes Staatsexamen abgelegt, arbeitete bei Gericht als Referendar (»Da hat man sich ja nicht tot gearbeitet.«) und konnte sich deswegen »nebenher finanziell einträglicheren Aufgaben« zuwenden. Auf der Saarmesse hatte er einen Job als Kühlschrankverkäufer: »Die Besucher haben uns die Neckermann-Kühlschränke förmlich aus den Händen gerissen. Es war unglaublich. Auch da habe ich gut verdient, zwischen zehn und zwölf Prozent pro verkauftem Kühlschrank.«

Und die Politik? Arno Walter hatte einen Studienfreund, mit dem er, wie er erzählt, »immer wieder kontrovers politische Themen diskutierte. Irgendwann sagte mein Freund: ›Wenn du eh alles besser weißt, musst du auch was tun. Nur reden gilt nicht.‹«

1961 trat er in die SPD ein. 1962 bestand er sein zweites Staatsexamen, war wissenschaftlicher Assistent am Institut für Europäisches Recht und wollte nach erfolgreicher Promotion eigentlich eine Universitätslaufbahn einschlagen und Professor werden. Aber »irgendwann und irgendwie hatte ich dann doch das Gefühl, dass eine Tätigkeit als niedergelassener Anwalt mehr Zukunft hat, als Professor an der Uni.« Zusammen mit einem Kollegen gründete er in der Saarbrücker Bahnhofstraße 1966 eine Anwaltskanzlei, die sich auf Zivilrecht spezialisierte. Inzwischen war er 32 Jahre alt, hatte »rechtsvergleichend über deutsches und französisches Recht« promoviert und ging neben seiner anwaltlichen Tätigkeit vor allem auch seinen Vorlieben nach: Er liebt den Sport, segelt, ist ein beachtlich guter Tennisspieler, stand 1956 auf Anhieb (»Ohne Mitglied in einem Club zu sein«) im Endspiel um die saarländische Meisterschaft im Einzel und im Doppel in der B-Klasse. Er verreist gern: »Ich bin ein ziemlicher Reiseonkel. Ferne Länder haben es mir angetan.« Er war in der ganzen Welt unterwegs, selbst in der Antarktis und in Sibirien, und er sucht die nicht von Touristen ausgetretenen Reisewege, wie zuletzt bei einem fünfwöchigen Eisenbahntrip durch das südliche Afrika. Arno Walter spricht sehr gut Französisch, liebt »die französische Küche und den französischen Wein, vor allem den roten aus dem Medoc«. Und wenn man hartnäckig nachfragt, erfährt man auch, dass er mit seinem Parteifreund und späteren Chef Oskar Lafontaine, »als der noch Vorstand bei der Saarbrücker Straßenbahn

Ministerielles Gruppenbild: Am 16. Oktober 1996 stellten sich Oskar Lafonaine und sein neues Kabinett zum obligatorischen Gruppenfoto. Hintere Reihe von links: Justizminister Arno Walter, Sozialministerin Barbara Wackernagel-Jakobs, Kultusminister Henner Wittling und Umweltminister Willy Leonhardt. Vordere Reihe von links: Wirtschafts- und Finanzministerin Christiane Krajewski, Ministerpräsident Oskar Lafontaine, Innenminister Friedel Läpple.

und ich junger Anwalt war, das Beaujolais-Gebiet erwandert und die schönsten Bordeaux-Weingüter besucht hat. Und dabei haben wir natürlich auch das getrunken, was gut war.«

Im SPD-Ortsverband Saarbrücken, wo er auch heute noch Mitglied ist, »gab es damals viele, die glaubten, ich könnte was bewegen, obwohl ich mich mit dem oder jenem gerieben habe. Wenn ich dran bin, dann haue ich auf den Putz.«

1974 wurde er Mitglied der SPD-Fraktion im Kommunalparlament des Stadtverbandes Saarbrücken, später stellvertretender Fraktionschef, und als Anwalt gewann er für seine Partei manche gerichtliche Auseinandersetzung. 1985 berief ihn Oskar Lafontaine als Justizminister in sein Kabinett: »Natürlich bin ich gerne Minister geworden. Aber ich habe mich nach den politischen Weihen nicht gedrängt. Für so ein Amt wie das des Justizministers ist kein sogenannter Vollblutpolitiker erforderlich, sondern eher jemand, der vom Fach Ahnung hat. Ich sah meine Aufgabe unter anderem auch darin, die Justiz verständlicher zu machen, transparenter und menschlicher. Ich frage mich noch heute, ob ein Gerichtsurteil 40 Seiten Umfang haben und in einer Kunstsprache abgefasst sein muss, die nur Insider verstehen. Oder warum ein Bauantrag ewig lange Bearbeitungszeiten hat und jemand, der Schulden eintreiben will, unter Umständen fünf oder sechs Jahre prozessieren muss.«

Guter Jurist und guter Tennisspieler: 1956 stand Arno Walter im Endspiel um die Saarländische Meisterschaft im Einzel und im Doppel.

Er lehnt sich zurück, mustert sein Gegenüber nachdenklich und sagt dann: »Viele Menschen glauben, dass man Minister wegen des Geldes wird. Ich verdiente als Minister die Hälfte von dem, was ich zuvor als Anwalt verdiente. Es ging mir um die Sache. Mit Oskar Lafontaine gab es schon anfangs ein Problem, als der mich im

Kabinett regelrecht abgebürstet hatte. Da wollte ich schon nach einem halben Jahr den Minister an den Nagel hängen. Hinter meinem Rücken hat meine Frau ihm dann gesteckt, dass ich daheim auf dem Teppich bereits den Rücktritt üben würde, indem ich rückwärts einen Schritt vom Teppich runter machen würde. Das hat dann – zumindest mir gegenüber – zu größerer beidseitiger Sozialverträglichkeit geführt. Und von da an war er anders. Wir sind Freunde geblieben, bis heute, auch wenn ich mit vielem, was er jetzt politisch vertritt, nicht ganz einverstanden bin.«

Über 14 Jahre, von 1985 bis 1999, war er Justizminister. Drei Mal holte ihn Oskar Lafontaine in sein Kabinett, von 1985 bis 1990, von 1990 bis 1994 und von 1994 bis 1998. Er bleibt auch Justizminister, als Reinhard Klimmt als Ministerpräsident Nachfolger von Oskar Lafontaine wird, weil dieser als Bundesfinanzminister nach Bonn wechselt. Am 29. September 1999, nach einer mit einem hauchdünnen Rückstand von der SPD verlorenen Landtagswahl, wird Peter Müller saarländischer Ministerpräsident. Und Arno Walter geht wieder in seine Kanzlei auf der Berliner Promenade in Saarbrücken: »Ich hatte ja immer eine Rückfahrkarte.«

Er ist nun 65 Jahre alt, zum zweiten Mal verheiratet, Vater von zwei Söhnen und einer Tochter, an der Grenze zu einem Lebensabschnitt, in dem andere über das letzte Viertel ihres Lebens nachdenken und beschließen, es ruhiger angehen zu lassen. Nicht so Arno Walter.

Er hält den Ball im Spiel. Das ist durchaus wörtlich zu nehmen, sowohl in der Kanzlei als auch auf dem Tennisplatz. Nachdenklich erzählt er, wie er die Achtziger- und Neunzigerjahre als Minister erlebt hat: »Im Landtag musste ich in die Bütt, wenn Oskar angepinkelt wurde. Wenn es um seine Pensionsansprüche ging zum Beispiel. Es gab ja viele Attacken gegen ihn. Man sieht, dass auch Großkopfete vor Anwürfen nicht sicher sind.« Als Oskar Lafontaine wegen der sogenannten Rotlichtaffäre und der ständigen Diskussionen um seine Pensionsansprüche in die Schlagzeilen geriet und kritische

Berichte über seine Person als »Schweinejournalismus« bezeichnete, war Arno Walter wieder gefordert. Die SPD-Landesregierung verabschiedete 1994 ein verschärftes Presserecht, die sogenannte »Lex Lafontaine«, in der festgeschrieben wurde, dass Gegendarstellungen künftig nur noch ohne Kommentierung, also ohne den sogenannten »Redaktionsschwanz« erscheinen durften, in dem erklärt wird, dass die Gegendarstellung »unabhängig von ihrem Wahrheitsgehalt« veröffentlicht werden muss. Gegen diese Einschränkung klagten die leitenden Redakteure der Saarbrücker Zeitung – und verloren. Die »Lex Lafontaine« löste bundesweit kritische Kommentare aus. Arno Walter nickt und sagt auf die entsprechende Frage: »Dieses Gesetz wurde in meinem Ministerium vorbereitet. Ich habe es in verschiedenen Gremien, so auch vor dem Deutschen Journalistenverband, verteidigt. Das Kabinett von Peter Müller hat es ja dann später wieder zurückgenommen.«

14 Jahre Minister – das waren auch 14 Jahre Termine, spannende, interessante und natürlich auch langweilige? »Ich war viel in Bonn«, erzählt er. »Ich war Mitglied des Bundesrates im Vermittlungsausschuss von Bundestag und Bundesrat, habe das Saarland wiederholt beim Bundesverfassungsgericht vertreten. Und natürlich gibt es auch endlos lange Debatten, die nerven. Das gehört dazu.« Er war Mitglied der Verfassungskommission von Bundestag und Bundesrat, stellvertretender Vorsitzender der innen- und rechtspolitischen Kommission beim SPD-Bundesvorstand und Mitglied des ZDF-Fernsehrates.

Stolz ist er darauf, dass er, was »die Vereinfachung und Durchsichtigkeit der Justiz, also die Behebung der Kluft zwischen Otto Normalverbraucher und der Judikative, doch einiges erreicht hat.« Er nennt als Beispiel die Einführung des elektronischen Grundbuchamtes in Saabrücken: »Früher erforderte die Umschreibung einer Immobilie sechs bis acht Monate. Unternehmen und Personen konnten in Schwierigkeiten geraten, weil die Eigentumsverhältnisse an

Grundstücken so lange nicht neu dokumentiert waren, sie aber aus finanziellen Gründen bei Banken zum Beispiel nachweisen mussten, dass sie Grundeigentum besitzen. Das geht heute viel schneller Dass heute nicht mehr jedes Amtsgericht im Saarland Insolvenz-Verfahren bearbeitet und entscheidet, haben wir ebenfalls erreicht. Nur noch das Amtsgericht Sulzbach ist für Insolvenzverfahren zuständig. Ebenfalls eine große Vereinfachung. Und wir haben das Verwaltungsgericht um 60 Prozent personell aufgestockt, damit wegen der vielen Asylverfahren die Prozesse zügiger bearbeitet werden konnten. Das war eine unmenschliche Praxis, dass Asylanten oft jahrelang auf eine Entscheidung warten mussten.«

Sein Fazit: »Mir hat die Zeit als Minister viel gegeben. Ich bin zufrieden. Ich kann mir nicht vorwerfen, einen Scheiß gemacht zu haben. Und was die allgemeine politische Entwicklung des Saarlandes betrifft, können wir ebenfalls zufrieden sein. Das Abstimmungsergebnis 1955 war richtig. Die wirtschaftliche Entwicklung nach dem Anschluss an die Bundesrepublik hat das gezeigt. Die angestrebte Europäisierung des Saarlandes war nur ein Vorwand, um die Saar abzutrennen und an Frankreich anzuschließen. Ich bin sicher, dass wir nicht den gleichen Status wie Luxemburg hätten erreichen können. Das hätte nicht funktioniert.«

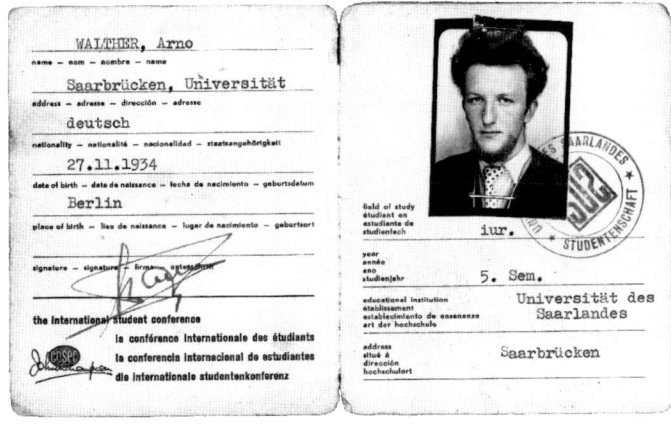

Arno Walters Studentenausweis: Seit 1954 Jura-Studium in Saarbrücken

Berufsverbote und willfährige Richter

Emil Geiger wurde in Saarbrücken geboren und ging hier zur Schule, bis seine Familie 1939 nach Nordhausen im Harz evakuiert wurde, machte dann dort 1941 das Abitur und meldete sich im selben Jahr als Achtzehnjähriger freiwillig zur Wehrmacht. Warum? »Die Einberufung stand kurz bevor. Warum dann noch studieren anfangen? Außerdem hatte man als Freiwilliger sicher Vorteile. Und ich wollte kein Drückeberger sein.« Was dann folgte beschreibt er in Stichworten so: Drei Jahre Russland-Feldzug. Fronteinsatz, ausgezeichnet mit dem EK 2, dann vier Jahre die Tortur russischer Kriegsgefangenenlager.«

Am 24. April 1948 kam Emil Geiger »endlich wieder nach Hause«. Ausgezehrt und »physisch so geschwächt, dass ich keine schwere Arbeit leisten konnte«. Er hatte nur einen Wunsch: »Alles hinter mich zu bringen, einen neuen Anfang zu machen. Erst einmal erholen. Und dann sehen, wie es weitergeht.« Studieren wollte er, das stand fest. Doch zunächst sortierte er seine Notizen und schrieb aus der Erinnerung auf, was er erlebt hatte: »Als ich aus der Gefangenschaft heimkehrte, war das wie eine Wiedergeburt. Einerseits wollte ich das Erlebte, das mich geprägt hatte,

Elisabeth und Emil Geiger

nicht vergessen. Andererseits erschien es mir, dass ohne Vergessen unbeschwerte Freude nicht möglich sein wird.« Er hat seine Gedanken, seine Sehnsüchte und Wünsche während seiner sieben

Jahre als Soldat und Kriegsgefangener mit einer kleinen sehr lesbaren Schrift einem kleinen roten Buch anvertraut. Er hat es »Russische Skizzen – Tagebuch einer schweren Zeit« genannt. Man liest Sätze wie diesen: »Einst las ich von (...) Freundschaft in Kampf und Not. In der Stunde der Bewährung fand ich sie nirgends.« Und: »Woran denkst du, wenn du einschläfst. Nicht an die fernen Lieben, (...). An das Stückchen Brot, das du morgen bekommst!«
Es geht ihm körperlich so schlecht, dass er vier Wochen bei den Barmherzigen Brüdern in Rilchingen lernen muss, »wie man wieder richtig isst. Der Körper war ordentliche und vor allem fette Nahrung nicht mehr gewöhnt.«
Nach einer Erholungspause schreibt er sich sofort an der Saarbrücker Universität als Jurastudent ein: »Eigentlich wollte ich Architekt werden. Ich hatte mich schon in Karlsruhe eingeschrieben. Doch dort verlangte man drei Monate Wiederaufbauarbeit, bevor man mit dem Studium beginnen konnte. Ich hatte in Russland genug gearbeitet. Noch einmal drei Monate. Das kam nicht in Frage. Ich wollte nun endlich einen Beruf, ein Auskommen, eine bürgerliche Existenz und eine Familie gründen.«
Im Wintersemester 1948/1949 sitzt er im Hörsaal neben Studenten, die – später wird man sagen – »durch die Gnade der späten Geburt« nicht Soldat werden und den Krieg erleben mussten, wie er. Er ist Studienanfänger und 26 Jahre alt. Seine Kommilitonen sind in der Regel junge Abiturienten, 19 oder 20 Jahre alt. Sie sind Studenten der Jahrgänge 1930 und 1931. Viele hatten als Hitlerjungen Panzergräben ausgehoben und als Flakhelfer auf alliierte Bombenflugzeuge geschossen. Emil Geiger war in dieser Zeit Soldat und Kriegsgefangener gewesen. Seine Kommilitonen lebten die goldenen Jugendjahre jetzt, unbekümmert, soweit das in der Nachkriegszeit möglich war. Er hatte seine Jugendjahre in Russland in Schützengräben und Gefangenenlagern verbracht: »Sieben Jahre habe ich

verloren.« Das wurde ihm immer bewusster. Er wollte aufholen, nicht nur die Zeit, sondern auch seinen Teil an einem geregelten Leben. Wie sieben Jahre aufholen?
1952 legt er die erste große juristische Staatsprüfung ab, 1955 die große Staatsprüfung und wird Assessor im Staatsdienst. 1959 wird er zum Amtsgerichtsrat ernannt und klettert dann zielstrebig die Justizlaufbahn im Staatsdienst nach oben. Er gilt als tüchtiger Jurist und kompetenter Richter, wird befördert, »jedoch meistens Jahre später, als meine jüngeren Kollegen. Es zählte ja das Dienstalter, nicht das Lebensalter.«
Emil Geiger ist ein Saarländer mit typisch bodenständigen saarländischen Grundsätzen: Erst Heirat, dann Kinder, dann Haus bauen, dann Auto kaufen. Er heiratete 1960 in Pforzheim Elisabeth, eine junge Frau, die wie drei Millionen Deutsche aus dem Sudetenland vertrieben worden war. Drei Kinder, Sohn Reinhard und zwei Töchter, Jasmine und Anemone werden geboren. Das Haus in Saarbrücken-Bischmisheim wird gebaut. Elfriede und Emil Geiger sind inzwischen stolze Großeltern von sechs Enkelkindern: »Das erste Auto hatten wir 1968, einen gebrauchten Opel-Rekord. Die ersten Urlaube machten wir mit den Kindern an der Mosel und im Odenwald, damit die nicht solange still im Auto sitzen mussten«, erzählt er.
Zahlen, knappe Erinnerungen, ein rotes Tagebuch, sieben verlorene Jahre, drei Kinder, sechs Enkelkinder, die Justizlaufbahn, zuletzt, von 1983 bis zu seiner Pensionierung 1986, ist er Vorsitzender Richter am Oberlandesgericht in Saarbrücken...
Wir sitzen im großen Wohnzimmer seines Hauses mit Blick in den Garten, hinter uns viele Bücher, in der Mitte des Raumes ein Klavier, reden über sein Leben, über das Saarland und seine Geschichte. Geiger liebt Musik, hat selbst Klavier gespielt. Seine Schwiegermutter, so erzählt er, war Pianistin. Aber ins Konzert oder ins Theater gehen die Geigers kaum noch. Was seinen Kunstgeschmack betrifft ist er, wie er später selbst sagt, »konservativ, vielleicht noch liberal-

konservativ«. Im Theater »beispielsweise gefallen mir die modernen Inszenierungen der Klassiker nicht. Da bleibe ich lieber zu Hause und lese.«
Er liest viele zeitgeschichtliche politische Bücher, auch Biografien, die sich mit der jüngsten Geschichte befassen, so als wolle er noch einmal nachlesen, was er selbst erlebt hat. Wir diskutieren über das Saarland in den Dreißigerjahren, dann in den Fünfziger- und Sechzigerjahren, über seine Zeit in der Justiz, und natürlich über die Abstimmungen 1935 und 1955.
Geiger ist einer der wenigen Zeitzeugen, die beide Saar-Abstimmungen bewusst erlebt haben, auch wenn er damals 1935 gerade ein zwölfjähriger Quintaner im Reform-Real-Gymnasium im Saarbrücker Stadtteil Malstatt war. Seine Meinung hat er, der Jurist, der gewohnt ist, jedes Wort abzuwägen, aufgeschrieben. Beide Abstimmungen habe er in »unterschiedlicher Seelenlage erlebt«. Die von »1935 mit Begeisterung und Hass auf die Landesverräter«. Es sei eine »dumme Lüge, dass die Saarländer 1935 für Hitler gestimmt haben. Bis 1933 waren alle Parteien an der Saar für die Rückkehr. Die Parole hieß: Heim ins Reich. Bei der Wahl zum Landesrat am 13.3.1932 erhielt die Zentrumspartei etwas über 46 Prozent der Stimmen, die Kommunisten bekamen 26 Prozent, die Sozialdemokraten zehn Prozent, die Deutsche Saarländische Volkspartei sechs Prozent und die Wirtschaftspartei des Mittelstandes drei Prozent. Die NSDAP kam auf sechs Prozent. Niemand kann mir weismachen, dass die etwas mehr als 36 Prozent Kommunisten und Sozialdemokraten in den knapp zwei Jahren nach der Machtergreifung Hitlers zu Nazis wurden. Die haben Deutschland gewählt, nicht Hitler - heim ins Reich zur Mutter Deutschland. Entscheidend war, dass die katholische Kirche für die Heimkehr ins Reich plädierte.«
Über die Fünfzigerjahre, über die saarländische Justiz, über das Lebensgefühl damals und auch über den Abstimmungskampf 1955 sagt er: »Ich hatte meine Meinung. Aber mein oberstes Ziel war es,

einen Beruf zu finden und eine Familie zu gründen. Die damaligen Professoren der 68er Generation haben uns als Studenten später nachgetrauert. Wir haben gearbeitet und weniger diskutiert. In der Justiz, wo ich ja noch nicht festangestellt war, versuchte ich mich nicht zu exponieren. Unter den Richtern wusste man schon, wer für das Statut und wer dagegen, also für die Rückgliederung war. Es gab zunächst aber doch eine gewisse Europa-Begeisterung, die jedoch nachließ, als sich konkret nichts bewegte. Ich war Mitglied in der Französisch-Saarländischen Studentenvereinigung. Obwohl ich das Statut ablehnte, konnte ich den Befürwortern nicht gram sein. Das Saarland hatte durch die Annexion an das französische Wirtschaftsgebiet das Glück, die Kriegsfolgelasten in geringerem Umfang zu tragen als das übrige Deutschland. Das Saarland musste keine Vertriebenen aufnehmen. Es gab keine Demontagen. Aber in Deutschland gab es nach 1948 einen kraftvollen Wirtschaftsaufschwung, in Frankreich eine ziemliche Inflation, der Franken wurde ständig abgewertet. Unbeliebt machte sich die Regierung auch durch undemokratische Maßnahmen, wie das Verbot der DPS, nachdem diese den Frankreich-Kurs aufgegeben hatte. Es gab Berufsverbote, willfährige Richter, und das arrogante Auftreten des Hohen Kommissars Gilbert Grandval hat Frankreich sicher auch viele Sympathien gekostet. Die Justiz war in zwei Lager gespalten. Und auch in der katholischen Kirche gab es zwei Strömungen. Aber nachdem ich sieben Jahre meiner Jugend für das Vaterland geopfert hatte, habe ich mich bewusst vor lautstarken Äußerungen zu Gunsten der Ablehnung des Statuts zurückgehalten. Der Wahlkampf hatte mich nicht interessiert. Massenveranstaltungen liebe ich nicht. 1952 war mein Onkel, in dessen Wohnung die Polizei unerlaubtes Propagandamaterial der DPS vermutete, eines plötzlichen Herztodes gestorben, als die Polizisten in die Wohnung eindrangen und meinen Vetter Dr. Georg Geiger verprügelten. Der Vorfall erregte großes Aufsehen und kostete die Regierungspartei viele Sympathien.«

Emil Geiger (hintere Reihe links) mit Kommilitonen vor der Akademie für Internationales Recht in Den Haag

Sein Fazit der Abstimmung von 1955: »Johannes Hoffman hat die Niederlage demokratisch anerkannt. Das war sein erster demokratischer Schritt. Vorher war vieles nicht demokratisch.«

Im juristischen Alltag habe das Abstimmungsergebnis »eigentlich wenig Neuerungen gebracht. Es galten auch zur Franzosenzeit das deutsche Strafrecht und das deutsche Zivilrecht. Im Wirtschaftsrecht war es manchmal ein wenig anders. Es gab Wirtschaftsstrafverfahren wegen Schmuggels. Schmuggeln war damals saarländischer Nationalsport.« Geiger erinnert sich an einen »idiotischen Paragrafen«, wonach derjenige, der beim Schmuggeln erwischt wurde, auch mit dem Verlust des Fahrzeuges, in dem er geschmuggelt hatte, bestraft werden konnte: »Das hätte konsequenterweise sogar zur Folge haben können, dass ein Eisenbahnwagen oder ein Auto wegen eines geschmuggelten Fotoapparates hätte beschlagnahmt werden können. Und es gab viele Prozesse um Mietprobleme. Die Wohnungsnot war groß. Wer einmal in eine Wohnung eingewiesen worden war, wie das damals hieß, der wollte auch nicht mehr rausgehen. Wohin auch? Es war ja so viel zerstört. Aber es ist alles so lange her. Die Menschen vergessen, und die Zeit vergeht.«

Fünfzig Jahre Saarland, fünfzig Jahre Anschluss? »Ich bin froh, dass wir es so gemacht haben. Die Entwicklung spricht für sich. Deutsche und Franzosen leben in Freundschaft miteinander. Die Grenzen sind gefallen. Es ist alles anders geworden. Zwei meiner Kinder haben das Deutsch-Französische Gymnasium in Saabrücken mit gutem Erfolg durchlaufen und meine jüngste Tochter bildet im Elsass junge Franzosen zu Deutsch-Lehrern aus. Ich bin mehr Deutscher, als Saarländer. Aber ich bin im Saarland zu Hause. Ich bedaure meine Frau, die ihre Heimat verloren hat.«

Der Reporter

Werner Zimmer, Jahrgang 1936, geboren in Schaffhausen/Saar, besuchte nach der Volksschule in Saarbrücken von 1947 bis 1956 das Jesuiten-Internat St. Blasien im Schwarzwald. Eine beschützte, aber geforderte Kindheit und Jugend, wenn auch weitab vom Nachkriegselend und den politischen Entwicklungen und dem Streit um die Zukunft des Saarlandes. »Von der Abstimmung 1955 bekam ich fast überhaupt nichts mit«, erzählt er. »Wir haben das diskutiert, wenn ich in den Ferien nach Saarbrücken nach Hause kam. Zwei Häuser neben uns am Rotenbühl wohnte Heini Schneider, der Spitzenkandidat der DPS. Mit seinem Sohn war ich befreundet. Meine Mutter war unpolitisch. Mein Vater war gegen den Status quo. Ich muss zugeben, dass mich das damals kaum interessiert und deswegen auch nicht besonders aufgeregt hat.«

Werner Zimmer

St. Blasien?: »Ich war ein mittelprächtiger Schüler. In meinem Zeugnis für Sexta und Quinta stand als Fußnote: Werner fügt sich schwer in die Gemeinschaft ein. Später hat sich das komplett geändert. Ich sang im Chor, gehörte zur Schauspielgruppe, war Tischleser und später Vorbeter im Dom von St. Blasien.« Die sprichwörtliche Internatsdisziplin habe ihm nichts ausgemacht: »Ich kann heute noch Betten bauen.« Nach dem Abitur stand für ihn fest: »Ich will Theologie studieren und Priester werden.« Er meldete sich im Priesterseminar in Trier an, kam »aber dann nach einem Jahr doch zu dem Schluss, dass Priester vielleicht für mich nicht ganz das Richtige ist«. Den Religionswissenschaften blieb er – zunächst – treu und studierte an der Uni in Saarbrücken Theologie in Kombination mit Geschichte und Leibeserziehung: »Ich wollte Lehrer werden.«

Wir sitzen in der Kantine der Herrmann Neuberger Sportschule in Saarbrücken, und er erzählt von seinen beruflichen Anfängen als Sportjournalist: »Ich habe als Student Geld verdienen müssen und habe mal hier und mal da gearbeitet, bei der Post, in der Totoannahmestelle oder als Auswerter in der Zentrale in der Saaruferstraße oder auch auf dem Bau. Durch Zufall kam ich zum Saarländischen Rundfunk als Mädchen für alles, zunächst als Papierabreißer und Telefonbediener in die Redaktion.«

Der Reporter und die Helden von Bern: Werner Zimmer mit Sepp Herberger (l.) und Fritz Walter (r.)

Der turbulente Betrieb in einer Redaktion, vor allem in der damaligen SR-Hörfunk-Sportredaktion unter Sportchef Jupp Hoppen, gefiel ihm. Er war wissbegierig. Und Sport faszinierte ihn außerdem. In St. Blasien gehörte er zum Handball-, Hockey- und Fußballteam. Er war ein talentierter Mittelstreckler, lief im Saarbrücker Ludwigspark saarländischen Jugendrekord über 1000 Meter in 2.00,4 Minuten, war später bei Saar 05 sogar Staffelkamerad über 4 x 400 Meter von Armin Hary oder Jochen Reske. Bei seinem Start als Hörfunk-Sportreporter half ihm aber nicht nur seine Liebe zum Sport. Werner Zimmer hat eine Mikrofonstimme. Irgendwann fragte ihn Jupp Hoppen: »Willst du mal die Sport-Nachrichten lesen?« Natürlich war er stolz, als man ihm danach sagte: »Das war gar nicht so schlecht.« Und bald danach kam auch die Frage, auf die er gehofft hatte: »Willst du nicht mal eine Reportage machen?« Und auch die war wohl ebenfalls so gut gelungen, dass er künftig neben seinem Studium als ständiger freier Mitarbeiter für die Hörfunk-Sportredaktion des SR in saarländischen Landen auf den Sportplätzen unterwegs war. Damit war die Frage des damaligen Sportchefs: »Willst du 800 Meter laufen oder Geld verdienen?«, schnell beantwortet. Irgendwann gab es dann wohl so etwas wie einen fliegenden Wechsel, wie man im Sport sagen würde, vom Studenten und Mitglied der Studentenvereinigung Unitas in Saarbrücken (»Da war ich ein Jahr Vorsitzender. Wir waren ziemlich trinkfest und haben im Umgang mit den damals üblichen Stiefeln oder den hierzulande bekannten Ein-Liter-Bomben bemerkenswertes Stehvermögen bewiesen.«) zum Mitglied der SR-Sportredaktion. Es war auch die Zeit, in der im »Fernsehen die Bilder so richtig laufen lernten«. Zwar unkten einige Kollegen: »Mit deiner Nase hast du beim Fernsehen keine Chance.« Doch die sollten sich täuschen.

Werner Zimmer wurde nicht nur ein kompetenter Fernseh-Sportreporter, zunächst »für die Sportarten, um die sich die anderen nicht rissen, wie Turnen, Gymnastik, Kanu, Rudern und auch Tauziehen«. Schon bald aber berichtete er auch weltweit live von sportlichen Großereignissen, von Olympischen Sommer- und Winterspielen. Bei seinem ersten Olympiaeinsatz in Grenoble wurde er als Nachrücker »Spezialist« für Bob und Rodeln. »Das war für mich als saarländischen Flachlandtiroler schon eine Herausforderung. 1964 kam ich nach Tokio, weil ich in Saarbrücken gelernt hatte, Bänder zu schneiden, Nachrichten zu machen und zu lesen. Teamchef war damals Rudi Michel vom Südwestfunk, von dem ich eine Menge gelernt habe.«

Schnell tauchte er dann auch als Moderator der ARD-Sportschau auf. Doch sein Interesse und seine Liebe galten von Anfang dem Radsport: »Das war ein Thema, das mich faszinierte, und da natürlich vor allem die Tour de France und die Deutschland-Tour.«

Hans Blickensdörfer, einer der ganz Großen des deutschen Sportjournalismus, damals Reporter bei der Stuttgarter Zeitung, Radsportfan und Tour-de-France-Experte, der auch für die französischen Zeitungen Le Figaro und L'Equipe berichtete, fragte Zimmer eines Tages: »Willst du nicht mal die Tour mitfahren?« Werner Zimmer fuhr mit: »Die erste Hörfunkreportage sprach ich vom Motorrad, den ersten Fernseh-Kommentar aus einem Straßengraben.«

Über 40 Jahre, alle Jahre wieder, war er »im Tour-Fieber«, war die Tour de France sein Thema. Über 160.000 Straßenkilometer legte er als Tour-Reporter zurück. Er erzählte dabei auch Wissenswertes und Interessantes über Land und Leute: »Das kam mir entgegen. Ich mag die Menschen in unserem Nachbarland, auch die Art zu leben. Die Franzosen schätzten uns wegen unseres Engagements.« Dass er schließlich Chef des ARD-Radsportteams wurde, ist da nur logisch und konsequent. Stetig kletterte er die Karriereleiter weiter nach oben: 1970 wurde er beim Saarländischen Rundfunk Abteilungsleiter Sport für Hörfunk und Fernsehen, 1975 Hauptabteilungsleiter Aktuelles Fernsehen und damit verantwortlich unter anderem auch

Die Zwei vom SR: Werner Zimmer und Friedrich Nowottny, der spätere Intendant des Westdeutschen Rundfunks (WDR), lernten sich in Saarbrücken beim Saarländischen Rundfunk kennen. Nowottny war Leiter der Redaktion Wirtschaft und Soziales und später stellvertretender Chefredakteur. Werner Zimmer begann seine Karriere in der SR-Sportredaktion.

für Tagesschau und Tagesthemen, und 1991 Leiter der Hauptabteilung Sport und Gesellschaft und stellvertretender Programmdirektor Fernsehen. 1993 wurde er zum Fernsehprogrammdirektor und 1998 zum stellvertretenden Intendanten des SR berufen. Seine Freunde und Kollegen schätzen an ihm Fairness und Teamgeist: »Ich versuche, ehrliche Arbeit abzuliefern, immer.«

Als 2002 Saarbrücken Etappenziel der Tour de France wurde, war das beinahe so etwas wie der krönende Abschluss seiner Reporter-Karriere, die er als Leiter des ARD-Radsportteams offiziell 2005 beendete. Thomas Gruber, der Intendant des Bayrischen Rundfunks und damalige Sportintendant der ARD, beschrieb ihn bei der offiziellen Verabschiedung als »Reporter-Legende« und »Institution«. Mit im Publikum bei der Verabschiedung saß auch der ehemalige Radsportprofi Rudi Altig, der bis 1971 insgesamt acht Etappen der Tour die France gewonnen hatte. Werner Zimmer und Rudi Altig lernten sich – wo sonst? – auf der Tour kennen. Die beiden sind befreundet. Werner Zimmer ist seit 1977 mit Christa, der geschiedenen Frau von Rudi Altig, verheiratet.

Bei all den Erfolgen ist er, so sagen seine Kollegen, »ein Mann mit Bodenhaftung geblieben«, der einräumt, »dass die Mattscheibe eine oft unverdiente Popularität« einbringt und sagt: »Ich habe großen Respekt vor den Kollegen der schreibenden Zunft, ihrem Sachverstand und Engagement. Viele verdienten zumindest gleiche Popularität, aber dazu fehlt ihnen der Bildschirm. Viele von ihnen tun auch sehr viel für unser Saarland – auch im Sport. Unser Land ist ein Land des Sports. Mit über vierzig Prozent der Bevölkerung hat es den höchsten Organisationsgrad im Vergleich mit allen Bundesländern. Ein Beweis, wie ich denke, dass der Sport auch ein hoher Identifikationsfaktor für die Menschen im Saarland ist.«

Offiziell ist er Pensionär. Das ist nicht wörtlich zu nehmen. Er ist Präsident des Presseclubs Saar e.V. (seit 1983), Präsident des Saarländischen Leichtathletikbundes und Mitglied im Präsidium des Landessportverbandes für das Saarland und seit 2004 auch Vizepräsident des Deutschen Leichtathletik-Verbandes. Neben den vielen offiziellen Verpflichtungen hat er sich vor 30 Jahren, »weil mich das Schicksal eines elfjährigen Jungens bewegt hat, der mit 15 Jahren an den Folgen von Muskelschwund gestorben ist, in der Deutschen Gesellschaft für Muskelkrankheiten engagiert und trommelt mit den Fußball-Idolen Uwe Seeler und Franz Beckenbauer für Bedürftige. Wir sind der

Interview mit der Hochspringerin Heike Henkel: Die Leverkuserin war eine der erfolgreichsten deutschen Leichtathletinnen.
1992 wurde sie Olympiasiegerin in Barcelona und im selben Jahr als Weltathletin und in Deutschland als Sportlerin des Jahres ausgezeichnet.

Meinung, dass wir dankbar sein müssen, dass es uns gut geht und auch dafür, dass wir bei solchen Gelegenheiten auch mal etwas zurückgeben können.«

Bei den vielen internationalen Verpflichtungen, seinen Auftritten als ARD-Sportmoderator und auch als Verbandsfunktionär, hat er auch immer wieder stolz darauf hingewiesen, wo seine Wurzeln sind: »Ich bin Saarländer. Ich bin hier dehemm. Und das habe ich bei jeder passenden und unpassenden Gelegenheit gesagt und werde es auch weiter tun.« Und dass er seit 2004 Saarlandbotschafter ist, »erfüllt mich doch mit Stolz und Genugtuung. Ich kann bei vielen Gelegenheiten Reklame für unser Land machen wie in dieser Funktion zum Beispiel auch Dieter-Thomas Heck und Nicole.«

Die Abstimmung 1955? Die Entwicklung des Saarlandes? »Positiv. Ich glaube, dass auch die meisten von denen, die vor 50 Jahren von einem selbstständigen Land Marke Luxemburg träumten, das heute so sehen. Unser Land hat trotz Spätstart und Stahl- und Kohlekrise einen guten Weg gemacht. Feindliche Übernahme-Pläne werden hier eher belächelt als befürchtet – insbesondere aus Rheinland-Pfalz. Wir Saarländer müssten uns dazu ja selbst auflösen. Und so behämmert kann keiner sein.«

Aufwärmen zum Prominenten-Fußballspiel: Fritz Walter, Uwe Seeler und Werner Zimmer (v.l.n.r.)

Ja-Sager tanzten nicht mit Nein-Sagern

1955 ging Rita Waschbüsch in die Obertertia des Realgymnasiums in Lebach. Geschichte und Deutsch interessierten sie besonders. Sie empfand sich als »politisch gut informiert, weil ich täglich Zeitungen las. Ich gehörte zu den Ja-Sagern, ich wollte das Saarstatut.«

Rita Waschbüsch, Tochter eines Polizeibeamten, der im Krieg gefallen war, lebte mit ihrer Mutter, ihrem Stiefvater und ihrem älteren Bruder in einem Haus in Landsweiler zusammen. Ihre Mutter arbeitete tagsüber. Abends saß die Familie zusammen und diskutierte über die bevorstehende Abstimmung: »Da ging es auch hoch her. In meiner Familie waren alle für den Anschluss an die Bundesrepublik. Ich war für das Statut, für Europa.«

Sie setzte die Diskussion außerhalb der Familie mit ihrer »damals großen Liebe, meinem Tanzstundenfreund, dem Sohn eines CVP-Landtagsabgeordneten, fort. Andere schrieben sich Liebesbriefe. Wir schrieben uns viele Seiten über die Politik und die bevorstehende Abstimmung. Sogar in der Tanzstunde zog der Abstimmungswahlkampf einen Graben. Manche Ja-Sager tanzten nicht mit den Nein-Sagern. Das war idiotisch. Aber so war es.«

Sie kann heute noch den Text eines Spottliedes von damals auswendig aufsagen: »Der Franzmann, der Drecksack, der das Saarland besetzt hat, und die Regierung, die Idioten, reicht ihm noch die Pfoten.« Sie war verärgert und wütend, wenn sie das hörte, »vor allem über die vielen Flugblätter mit dem Slogan: ›Der Dicke muss weg.‹ Ich hob jedes Flugblatt mit dem Slogan auf und warf es in den Papierkorb. Als die Entscheidung gefallen war, saßen wir am Radio, die ganze Familie. Gegen 23.00 Uhr kam das Ergebnis. Die anderen haben gejubelt. Mir kamen die Tränen vor Enttäuschung.«

Die ersten Reaktionen nach dem Abstimmungsergebnis bezeichnet sie »als gemäßigt. Auch die Gegner der Rückgliederung akzeptierten das Ergebnis schnell. Die meisten sagten: Es ist eine demokratische Entscheidung, jetzt müssen wir das Beste draus machen. Viele waren trotzdem enttäuscht. Einige Zeit später hatte der Anschluss für viele Familien auch negative finanzielle Folgen; das großzügige Kindergeld, das nach den französischen gesetzlichen Vorschriften gewährt wurde, und auch das sogenannte Frauengeld waren nun gestrichen. Doch bald kam allgemein eine Art Euphorie auf. Alle warteten auf den wirtschaftlichen Anschluss.«

Die Sechzigerjahre, in denen der Rock'n'Roll kam, und die Haare der Jungens länger wurden und die Mädels Petticoats trugen – an Rita Waschbüsch »ging diese Zeit«, wie sie sagt »weitgehend vorbei. Wir haben mal auf Schulfesten Rock getanzt. Aber viel mehr war da nicht.«

Sie hatte andere Ziele. Bereits als junges Mädchen hatte sie sich in der katholischen Jugend engagiert, war Mitglied in der Frohschar, später Gruppenleiterin. Das Gymnasium verließ sie aus gesundheitlichen Gründen in der Unterprima, absolvierte dann eine zweijährige Ausbildung als Katechetin und erhielt damit die Lehrbefähigung für den katholischen Religionsunterricht. Später unterrichtete sie an der Grundschule Landsweiler und der Sonderschule in Lebach Religion und Sport. 1958 heiratete sie den zwölf Jahre älteren Grundschullehrer Ernst Waschbüsch: »Ich wollte sieben Kinder. Es wurden dann fünf.«

1973: Rita Waschbüsch ist die jüngste Landesministerin der Bundesrepublik.

Die CDU-Politikerin, spätere Präsidentin des Zentralkomitees der deutschen Katholiken (ZdK), die spätere Bundesvorsitzende des Vereins Donum Vitae, die 1973 als jüngste

Landesministerin der Bundesrepublik in der saarländischen Landesregierung verantwortlich für das Ressort »Familie, Gesundheit und Soziales« war, erinnert sich lächelnd, »dass wir natürlich damals in den Fünfzigerjahren auch geschmuggelt haben. Der Bedarf an Konsumgütern war groß. Die Schnittstelle war die Zoll-Abfertigungsstelle zwischen Zerf und Weiskirchen. Wenn wir rüberfuhren nach Trier zum Einkaufen, hatten wir zum Beispiel alte Schuhe an. In einem Waldstück bei Zerf zogen wir uns die neuen Sachen über die alten an. Und dann ging es ab über die Grenze. Das Waldstück war ein bekannter Schmugglertreff. Da wechselte das halbe Saarland die Klamotten. Gewissensbisse hatte ich keine. Es ging ja auch um nichts Großes.«

Den wirtschaftlichen Anschluss 1959 vergleicht sie mit der Wiedervereinigung 1990 zwischen der Bundesrepublik und der ehemaligen DDR: »Glücksritter kamen ins Saarland. Die traten nach dem Motto auf: Jetzt bringen wir euch die große weite Welt. Vertreter klingelten von Tür zu Tür, boten Haushaltsgüter in Ratengeschäften an. Viele Saarländer griffen zu, auch wenn sie sich verschuldeten. Viele kleine Geschäfte waren der scheinbar übermächtigen Konkurrenz aus dem Reich nicht gewachsen. Sie mussten schließen. Aber es begann auch eine Zeit des Wandels und der Offenheit. Die Saarländer fuhren in Urlaub, packten Kind und Kegel ins Cremeschnittchen und fuhren an die Côte d'Azur oder sonst wohin. Auch wir fuhren zelten. Mit dem VW und vier Kindern, von denen sich zwei immer stritten, wer hinter der Rückbank sitzen durfte, auf der Fahrt an die Nordsee oder nach Südfrankreich.«

1961 trat Rita Waschbüsch in die CDU ein, »leistete Basis-Arbeit im Orts- und Kreisvorstand«. So steht es im Munzinger, einem anerkannten Agentur-Dienst mit den Biografien wichtiger Persönlichkeiten. Was im Klartext bedeutet, dass sie sich zielstrebig durch die unteren Parteigremien kämpfte. Und weiter heißt es: »Sie war fünf

Jahre lang Mitglied des Gemeinderats in Landsweiler und zwei Jahre im Stadtrat von Lebach. Am 14. Juni 1970 wurde sie in den saarländischen Landtag gewählt.« Das liest sich so einfach. Was man aus ihr herausfragen muss, ist dies: Als sie in den Landtag gewählt wurde, war sie bereits vierfache Mutter; 1960 wurde Tochter Andrea, 1962 Sohn Christof, 1964 Tochter Eva, 1965 Tochter Anni geboren. Und 1975 kam Tochter Ina als Nachzüglerin auf die Welt. Mit Tochter Ina war sie als saarländische Familienministerin schwanger.

Wie schafft man das? »Mein Mann war emanzipiert, als andere Männer das noch lange nicht waren. Meine Mutter, die nach dem Krieg noch einmal geheiratet hatte, war 1955 Witwe geworden. Sie lebte mit bei uns. Sie hat sich viel um die Kinder gekümmert. Ich verdanke ihr sehr viel. Meine Kinder haben

Rita Waschbüsch mit Ehemann Ernst und Töchterchen Ina

mich vielleicht weniger oft gesehen, als andere Kinder ihre Mütter. Meine Tochter Eva sagte einmal auf die Frage einer Bekannten, ob sie sich nicht wünsche, dass ich öfter zu Hause wäre: ›Um Himmelswillen, dann versucht die uns ja noch mehr zu erziehen.‹«

Wir diskutieren in einem Besprechungszimmer der CDU-nahen

Union Stiftung in Saarbrücken über die Sechziger- und Siebzigerjahre, die sie »als Jahre des Umbruchs« bezeichnet und über die Arbeitsbedingungen in der Montanindustrie und die früher scheinbar unverrückbaren gesellschaftlichen Schranken, die den Kindern von Berg- und Hüttenarbeitern wenig Aufstiegsmöglichkeiten ließen. Frage: Selbst wenn diese Kinder eine höhere Schule – oft unter großen finanziellen Opfern der Eltern – besuchen konnten, bedeutete das noch lange nicht, dass sie damit auch die Möglichkeiten hatten, beruflich Karriere zu machen? Rita Waschbüsch nickt: »Die Chefs in

Rettungseinsatz nach dem Bergwerksunglück 1962 auf der Grube Luisenthal: »Nun hieß es in vielen Familien angesichts der Katastrophe: ›Der Bub muss net in die Grub.‹«

der Montanindustrie waren jahrzehntelang aus dem Reich, vor allem aus dem protestantischen Preußen gekommen. Ein katholischer Bergmannssohn mit höherer Schulbildung hatte da allenfalls Chancen, Pfarrer zu werden oder Steiger in der Grube. Bis vor dem Krieg war da in der Regel nichts drin.«

Viel habe sich an der Einstellung zum Bergbau nach dem schweren Grubenunglück am 7. Februar 1962 geändert, bei dem 299 Bergleute ums Leben kamen: »Es gab einen deutlichen Wandel. Nun hieß es in vielen Familien angesichts der Katastrophe: ›Der Bub muss ja net in die Grub.‹ Es wurden andere Berufs- und Ausbildungsmöglichkeiten gesucht. Und auch gestandene Bergleute suchten sich andere Arbeit, viele machten sich sogar als Gewerbetreibende und Handwerker selbstständig. Das hatte positive Folgen: 1970 beispielsweise gingen schon anteilig mehr Arbeiterkinder auf die Saarbrücker Universität als Kinder von Angestellten, Freiberuflern und Akademikern. Das war ein deutlicher Einschnitt und zeigt den gesellschafts- und kulturpolitischen Wandel der damaligen Zeit.«

Die Sechzigerjahre. Die Pille kam. Die Studenten gehen auf die Straße. Wie erlebten Sie diese Zeit als gläubige Katholikin und Politikerin? »Das war eine spannende Zeit. ›Wer zwei Mal mit derselben pennt, gehört schon zum Establishment‹, skandierten die Studenten der 68er Bewegung in Berlin und in Frankfurt, die sich im Saarland allerdings mit weniger Randale, eher mit gesittetem Protest bemerkbar machte.«

Trotzdem gab es doch heftige Diskussionen, vor allem über Papst Paul VI., der unter vielen aufmüpfigen Jugendlichen »Pillen-Paul« genannt wurde und in seiner Enzyklika »Humanae Vitae« die Antibaby-Pille als »künstliche Verhütung« verdammte?

Sie betont, »diese Enzyklika sei teilweise auch verkannt worden, weil sie die Sexualität durchaus als Gabe Gottes und Geschenk bezeichnet und beispielsweise die natürliche Verhütung ausdrücklich erlaubt. Längst hatte ja auch das Konzil schon betont, dass die Zahl der

Studentendemonstration 1968 in Saarbrücken

Kinder und die Reihenfolge von dem Paar selbst bestimmt werden kann.« Die Position der katholischen Kirche habe sich nach der Enzyklika im Saarland geändert, sei offener und auch mutiger geworden. Beim damaligen Kultusminister Werner Scherer sei die Rektorin eines katholischen Mädchengymnasiums, eine Nonne, vorstellig geworden und habe den Minister bedrängt, eine schwangere Schülerin nicht von der Schule zu weisen, wie das bis dahin üblich gewesen sei. »Das Mädchen muss die Schule zu Ende machen«, forderte die Rektorin. Der Minister habe zugestimmt.

Für Rita Waschbüsch war dies ein »Sieg der Vernunft und auch der Menschlichkeit. Die menschliche Sexualität ist ein großes Geschenk, das der Erfüllung des Menschen dient. Ich bin froh, dass die Verkrampfungen so nicht mehr bestehen.«
Die Mutter von fünf Kindern und engagierte Katholikin war stellvertretende Landesvorsitzende der Saar-CDU, Vizepräsidentin des Saar-Landtages, zweite Vorsitzende der Aktionsgemeinschaft Drogenberatung in Saarbrücken, die von ihr mitbegründet wurde, Mitglied im Vorstand der Frauen-Union und von 1977 bis 1988 gehörte sie dem Aufsichtsrat der Saarbergwerke als von den Arbeitnehmern gewähltes Mitglied an. Dass sie auch in der Bundespolitik hätte Karriere machen können, zeichnete sich 1985 ab. Da suchte Bundeskanzler Helmut Kohl einen Nachfolger für Bundesfamilienminister Heiner Geißler. Rita Waschbüsch galt unter Insidern damals als »heißer Tip«.
Beinahe parallel zu ihrer politischen verlief auch ihre »katholische Karriere«, die über den Pfarrverwaltungsrat und den Diözesan-Katholikenrat des Bistums Trier in das Zentral-Komitee der deutschen Katholiken (ZdK) führte. Die Herbstvollversammlung des ZdK wählte sie 1988 mit überwältigender Mehrheit zur Präsidentin. Das blieb sie bis 1997. Sie machte Schlagzeilen, als sie eine »gesetzliche Neuregelung des Schwangerschaftsabruchs« forderte. Sie nannte den Pfingstmontag als Feiertag »als am ehesten verzichtbar« und forderte, das deutsche Asylrecht auf der Grundlage der Regelungen der Genfer Flüchtlings- und Europäischen Menschenrechtskommission zu verändern.
1999 übernahm sie den Vorsitz des Vereins Donum Vitae (Geschenk des Lebens), nachdem, wie sie sagt, »die deutschen Bischöfe und Diözesen aus der Schwangeren-Konfliktberatung auf Weisung des Papstes ausgestiegen waren. Donum Vitae hat die Aufgabe nun übernommen. Katholische Laien beraten die Frauen.«
Rückblickend sagt sie: »Ich weiß nicht, ob dies alles so möglich

Rita Waschbüsch mit Bernhard Vogel, CDU, dem ehemaligen Ministerpräsidenten von Rheinland-Pfalz

gewesen wäre ohne meine Kinder. Sie waren mir Anstoß, die Welt, in die sie hineinwachsen sollten, im Rahmen meiner Möglichkeiten mitzugestalten. Wichtig ist, dass man ideell und räumlich weiß, wo man hingehört. Ich fühle mich in meiner Kirche und im Saarland zu Hause. Wenn man weiß, wo man hingehört, kann man sich leichter anderen Zusammenhängen, anderen Regionen und Arbeitsbereichen zuwenden.«

Vom Gau Saarpfalz zum Saarland
Von »Bassin du Territoire de la Sarre« bis »Saarland«

1. Juli 1934: Der Völkerbundsrat in Genf ernennt die Mitglieder der internationalen Abstimmungskommission, die in Saarbrücken mit den Vorbereitungen der Volksabstimmung am 13. Januar 1935 beginnen.

22. Dezember 1934: Die Regierungskommission bittet in Anbetracht der aufgeladenen Stimmung um die Entsendung von Truppenkontingenten, und zwar von Großbritannien 1.500 Soldaten, Italien 1.300, den Niederlanden 250 und Schweden 250. Die Truppen stellen den Transport der Wahlurnen nach Abschluß der Wahlhandlung sicher.

13. Januar 1935: In 83 Bezirken mit über 1000 Lokalen werden die Stimmen abgegeben. 539 541 Bürger sind stimmberechtigt, 528.105 stimmen ab. 400 internationale Wahlhelfer zählen am 14. und 15. Januar 1935 die Stimmen aus. Für den Status quo stimmen 45.613, für die Vereinigung mit Frankreich 2.124, für die Vereinigung mit Deutschland 477.119 Stimmberechtigte. 2.197 Stimmen sind ungültig.

1. März 1935: Als »Reichskommissar zur Eingliederung des Saarlandes« wird der Gauleiter der Rheinpfalz Josef Bürckel eingesetzt. Es entsteht der Gau »Saarpfalz«.

3. September 1939: Der Kriegsausbruch bedeutet für die Bewohner der roten Zone – links der Saar und in ihrer unmittelbaren Nähe – Evakuierung ins Innere des Deutschen Reiches bis zur Beendigung des Frankreichfeldzuges im Sommer 1940.

Herbst 1944: Nachhaltige Bombenangriffe.

21. März 1945: US-Truppen besetzen Saarbrücken.

25. März 1945: Emigrierte Saarländer gründen in Paris die überparteiliche »Bewegung zur Befreiung des Saargebietes« – »Mouvement pour la Libération de la Sarre«. Sie fordern die politische Angliederung der Saar an Frankreich.

4. Mai 1945: Oberst Kelly, der US Kommandant in Saarbrücken, verfügt die Bildung des »Regierungspräsidiums Saar« im linksrheinischen Oberpräsidium »Mittelrhein – Saar«. Kelly ernennt den Rechtsanwalt Dr. Hans Neureuter zum Regierungspräsidenten.

10. Juli 1945: Nach 91 Tagen US-Besatzung übernimmt die 1. Französische Armee das Kommando in der nordfranzösischen Zone.

25. August 1945: Das Kriegskabinett unter General Charles de Gaulle legt die geheim gehaltenen »Besonderen Richtlinien für die Behandlung des Saargebietes« fest. Die Pariser Regierung verzichtet auf eine Annexion der Saar, sie will aber eine enge Verbindung mit Frankreich vorbereiten.

30. August 1945: Der Befehlshaber der Französischen Besatzungszone in Deutschland, General Pierre Koenig, ernennt Oberst Gilbert Grandval zum Délégué Supérieur de la Sarre, zum Militärgouverneur in Saarbrücken.

29. September 1945: Nach seiner Rückkehr aus der Emigration meldet sich Johannes Hoffmann in der »Neuen Saarbrücker Zeitung« zu Wort: »Was uns Saarländer betrifft, so gebieten Wahrheit und Gerechtigkeit heute unumwunden die Anerkennung der wirtschaftlichen Interessen Frankreichs an der Saar durch das saarländische Volk. Wir Saarländer wollen endlich mit unserem Nachbarn im Westen in ein anständiges Verhältnis kommen.«

3. Oktober 1945: General Charles de Gaulle stellt in einer Rede in Saarbrücken die Zusammenarbeit in Aussicht: »(...) ich glaube, dass wir leicht zusammenarbeiten werden, denn wir sind ja hier unter Europäern (...).«

10. Januar 1946: Gründungsversammlung der Christlichen Volkspartei des Saarlandes. Johannes Hoffmann wird zum Vorsitzenden gewählt. Zur gleichen Zeit folgen mit ihren Parteigründungen die SPD mit Georg Schulte als Vorsitzendem und die KPD mit Fritz Nickolay als Parteiführer für den Bezirk Saar-Nahe.

12. Februar 1946: In einer gleichlautenden Note an die alliierten Außenminister Großbritanniens, der UdSSR und USA fordert die französische Regierung das Eigentumsrecht an den Saargruben und den wirtschaftlichen Anschluss des Saarlandes an Frankreich bei gleichzeitiger militärischer Besatzung.

März 1946: Militärgouverneur Gilbert Grandval verlangt von den politischen Parteien, den Gewerkschaften und Berufsverbänden im Saarland eine Stellungnahme zu den französischen Plänen des wirtschaftlichen Anschlusses. Es kommen positive Beschlüsse zustande und die Partei- und Gewerkschaftsführer adressieren in der Folge entsprechende Telegrammtexte an die Teilnehmer der Außenministerkonferenzen in Paris 1946 und Moskau 1947.

17. März 1946: Anlässlich des Sendebeginns von »Radio Saarbrücken« erklärt der Militärgouverneur Gilbert Grandval: »Hier hat nun das Saarland eine Rettungsmöglichkeit... Werdet Ihr besser verstehen als vor 11 Jahren, dass heute mehr denn je Glück und Gedeihen dieser Provinz die guten Beziehungen zu den Nachbarprovinzen voraussetzen?«

Juni 1946: Die SPS, die Sozialistische Partei des Saarlandes, trennt sich von der SPD und ändert ihren Namen.

16. Juni 1946: Einführung der »Saarmark«

Ende Juni 1946: Ausweisung von 485 Familien aus dem Saarland. Begründung: Sicherheit der Besatzungstruppen. Es betrifft NS-Anhänger, Wirtschaftsführer und mögliche Gegner des wirtschaftlichen Anschlusses.

15. September 1946: Erste demokratische Kommunalwahlen im Saarland seit November 1932. Über 30.000 Bewohner werden wegen verklausulierter Wahlberechtigung von der Teilnahme ausgeschlossen.

8. Oktober 1946: Von der Militärregierung wird eine »Vorläufige Verwaltungskommission des Saarlandes« unter der Leitung des Direktors der Justiz Erwin Müller (CVP) gebildet. Sie löst das Regierungspräsidium und seinen Präsidenten Dr. Hans Neureuter ab. Die Verwaltungskommission verfügt: Künftig gilt als offizielle Gebietsbezeichnung nur noch »Saarland«.

Mitte September 1947: Der Wortlaut des Verfassungsentwurfes wird der Öffentlichkeit begrenzt bekannt gemacht. Der Abdruck, zum Beispiel in der »Volksstimme« (SPS), wird verhindert. In der Präambel und in Artikel 60 heißt es: Die Saar ist autonom, wirtschaftlich an Frankreich angeschlossen und von Deutschland getrennt.

5. Oktober 1947: 50 Mitglieder der Verfassunggebenden Versammlung werden gewählt. Das Ergebnis: Absolute Mehrheit für CVP 51,2 %, für SPS 32,8 %, für DPS 7,6% und für KP 8,4%. Ungültige Stimmen: 9%.

14. November 1947: Die »Régie des Mines de la Sarre« wird als staatliche Gesellschaft zur Betriebsübernahme der »Saargruben Sequesterverwaltung« gegründet.

20. November 1947: Einführung des französischen Franken als einzige gültige Währung im Saarland durch die Militärregierung: 20 Franken für eine Saarmark.

15. Dezember 1947: Nach dem Votum der Verfassunggebenden Versammlung erteilt der Zonenbefehlshaber Koenig der Saarverfassung seine Genehmigung. Sie tritt am 17. Dezember 1947 in Kraft. Die Mitglieder wählen Johannes Hoffmann zum Landtagspräsidenten. Zum ersten Mal wird auf dem Landtagsgebäude die neue Landesflagge »Weißes Kreuz auf rotem und blauem Feld« gehisst.

20. Dezember 1947: Johannes Hoffmann wird zum Ministerpräsidenten gewählt und stellt sein Kabinett vor.

1. Januar 1948: Ernennung von Gilbert Grandval zum Hohen Kommissar der Französischen Republik im Saarland. Grandval untersteht fortan dem Pariser Außenministerium.

20. Februar 1948: Die drei westlichen Besatzungsmächte (England, Frankreich, USA) einigen sich über die Abtrennung der Saarkohleförderung von den deutschen Kohlekontingenten und über den Handel zwischen dem Saarland und der Bizone nach den Grundsätzen des Außenhandels und der Berechnung auf Dollarbasis.

27. März 1949: Kommunalwahlen im Saarland. Das Ergebnis der Kreistagswahlen: CVP 49,7 %, SPS 31,3%, DPS 6,6%, KP 8,6%, Freie Listen 3,8%

3. März 1950: In Paris Unterzeichnung von zwölf französisch-saarländischen Konventionen zur Regelung der gegenseitigen Beziehungen und zur Stärkung der saarländischen Autonomie. Die Saargruben werden auf die Dauer von 50 Jahren an Frankreich verpachtet.

14. April 1951: Aufkündigung der Koalition CVP/SPS. Die Christliche Volkspartei regiert allein.

21. Mai 1951: Die Demokratische Partei Saar steht unter neuer Führung von Senator Richard Becker (langjährigem Landesratsmitglied 1924–1935) und Dr. Heinrich Schneider. Auf Intervention von Außenminister Robert Schuman spricht die Regierung das Verbot der Partei wegen verfassungsfeindlicher Haltung aus.

30. November 1952: Neue Parteien werden im Saarland nicht zugelassen. Die deutsche Opposition, unterstützt durch Bundestag und Bundesregierung in der Haltung gegenüber dem autonomen Saarland, fordert die Saarwähler auf, »weiße Stimmzettel« bei der Landtagswahl abzugeben, weil ihre Kandidaten nicht zugelassen sind. 141.792 Stimmberechtigte folgen dieser Aufforderung, das sind 24,5% der abgegebenen Stimmen. Das Ergebnis: CVP 41,3%, SPS 24,5 %, KP 7,2% und DV 2,5%.

23. Dezember 1952: Nach der Landtagswahl bildet sich erneut eine Koalitionsregierung von CVP und SPS.

17. Juli 1954: Erneutes Ausscheiden der Sozialdemokraten aus der Saar-Regierung. Alleinregierung der CVP.

23. Oktober 1954: Die Bundesrepublik Deutschland erlangt durch die Pariser Verträge die Souveränität; sie wird in die Westeuropäische Union (WEU) aufgenommen und somit Partner im Bündnis des Nordatlantik Paktes, der NATO. Davor aber besteht die französische Regierung auf der Lösung der Saarfrage, und zwar durch die Unterschrift unter den zwischen Pierre Mendès-France und Konrad Adenauer ausgehandelten »Deutsch-französischen Vertrag über das Statut des Saarlandes«. Das Saarland erlangt demnach ein europäisches Statut unter der Kontrolle eines europäischen Kommissars, der auch die Außenvertretung übernimmt.

25. Februar 1955: Streik der Metallarbeiter im Saarland. Großer Demonstrationszug bis zum Landtag in Saarbrücken. Einsatz der Polizei mit Wasserwerfern in der winterlichen Kälte.

5. Juli 1955: Die Kommission für das WEU-Referendum im Saarland bestimmt den 23. Juli 1955 als Beginn der dreimonatigen Volksbefragungszeit. Es besteht von da an Versammlungsfreiheit, Freiheit politische Parteien zu gründen und Zeitungen herauszugeben.

2. September 1955: Vor der Reise nach Moskau ruft Bundeskanzler Dr. Konrad Adenauer die Saarwähler auf, mit JA zum Statut zu stimmen. Er setzt als Unterzeichner des Vertrages das Gewicht seiner Persönlichkeit in diesen Aufruf.

23. Oktober 1955: Das Abstimmungsergebnis: Eine klare Zweidrittelmehrheit für das NEIN und gegen das Statut. Ministerpräsident Johannes Hoffmann erklärt seinen Rücktritt.

29. Oktober 1955: Der Präsident der WEU-Kommission für das Saar Referendum Prof. Fernand Dehousse (Belgien) bemüht sich um eine parteilose Übergangsregierung und gewinnt dafür den renommierten Juristen Heinrich Welsch, der die Durchführung der Wahlen zur Erneuerung des Landtags als Hauptaufgabe übernimmt.

14. November 1955: Der Rat der WEU in Brüssel trifft die endgültige Feststellung der Ablehnung des Statuts und bestätigt das amtliche Ergebnis des Referendums wie folgt: 663.970 Stimmberechtigte, 641.299 Stimmabgaben, Wahlbeteiligung 96,6%, 15.746 ungültige Stimmen 2,5%, 625.553 gültige Stimmen, 201.808 JA-Stimmen (32,2%), 423.655 NEIN-Stimmen (67,7%).

18. Dezember 1955: 622.428 Saarländer und Saarländerinnen sind bei der Landtagswahl wahlberechtigt. Bei einer Beteiligung von 93,1% erreichen die Parteien folgende Stimmenanteile: CDU Saar 25,4 % (14 Sitze), CVP 21,8 %, (12 Sitze), SPD 14,3% (7 Sitze), SPS 5,8% (2 Sitze), DPS 24,2 % (13 Sitze), KP 6,6% (2 Sitze), Andere 1,9 %.

2. Januar 1956: Konstituierende Sitzung des Landtags. Dr. Heinrich Schneider (DPS) wird zum Landtagspräsidenten gewählt.

10. Januar 1956: Zum Ministerpräsidenten wird Dr. Hubert Ney (CDU) gewählt, er bildet eine Koalition der Heimatbundparteien CDU, DPS und SPD.

31. Januar 1956: Der Landtag stimmt einmütig für eine Grundsatzerklärung zur Saarpolitik. Der Wortlaut: »Der Landtag des Saarlandes hält sich verpflichtet, den am 23. Oktober 1955 erklärten Willen der Saarbevölkerung in die Tat umzusetzen.«

27. Oktober 1956: In Luxemburg unterzeichnen die Außenminister Christian Pineau und Heinrich von Brentano den deutsch-französischen Vertrag zur endgültigen Regelung der Saarfrage. Frankreich gibt sein Einverständnis, »dass sich der Anwendungsbereich des Grundgesetzes der Bundesrepublik Deutschland vom 1. Januar 1957 ab auf das Saarland erstreckt«. Spätestens drei Jahre später erfolgt die wirtschaftliche Eingliederung des Bundeslandes in die Bundesrepublik Deutschland. (Tag X: 5. Juli 1959; Umtausch der Franken gegen DM).

1. Januar 1957: Bundeskanzler Adenauer nimmt in einem Staatsakt im Stadttheater Saarbrücken das Saarland als Bundesland auf.

Klaus Altmeyer, im April 2007

Autor und Verlag danken
der Saarland-Sporttoto GmbH
und dem Sparkassenverband Saar
für die freundliche Unterstützung.

Über den Autor

Dieter Gräbner ist Journalist und Autor. Er arbeitete als Reporter und Redakteur in verschiedenen Funktionen und Aufgabenbereichen für große Tageszeitungen, Magazine und Zeitschriften (Franfurter Allgemeine Zeitung, Frankfurter Rundschau, Abendpost/Nachtausgabe, Stern, Spiegel, Die Zeit, Jüdische Allgemeine Wochenzeitung u.a.) von 1992 bis 2004 als leitender Redakteur und Ressortchef der Ausgabe Stadtverband der Saarbrücker Zeitung. Seit 2004 arbeitet er als freier Journalist und Autor. Er schrieb Beiträge und Reden für namhafte Persönlichkeiten aus Politik, Wirtschaft und Kultur. Als Autor beschäftigte er sich hauptsächlich mit zeitgeschichtlichen Themen.
2002 und 2003 wurde er mit dem Lokaljournalistenpreis der Konrad Adenauer Stiftung ausgezeichnet.

Bisherige Buchveröffentlichungen:
- Anatomie eines Attentates (1989)
- Frankfurt für Kinder (1991)
- Operation Salomon – Die Heimkehr der Kinder der Königin von Saba (1992)
- Saarbrücken – Grüne Stadt zwischen Kohle und Stahl (1999)
- 2004 erschienen im Gollenstein-Verlag sein Report »Über uns Feuer und Verderben« über den Bombenkrieg im Saarland mit den Aussagen von über 70 Zeitzeugen und
- 2005 »Der bestellte Tod. Die Kriegsgeneration bricht ihr Schweigen«.
- 2007: Dieter Gräbner/Stefan Weszkalnys »Der ungefragte Zeuge – Kurt Gerstein, Christ, SS-Offizier, Spion im Lager der Mörder«

Quellen & Literatur

- Historisches Museum Saarbrücken
- Stadtarchiv der Landeshauptstadt Saarbrücken
- Archiv der Saarbrücker Zeitung
- Knaurs Kulturführer, Droemer Knaur
- Das Saarland, DuMont Kunst-Reiseführer
- Richtig daheim waren wir nie, Verlag J.H.W. Dietz
- Von der Stunde zum Tag X, Katalog zur Ausstellung des Saarländischen Museums
- Schlagt Hitler an der Saar, Verlag Neue Gesellschaft
- Die Saar, Röhrig Verlag
- Das Saarlandbuch, Minerva-Verlag
- Die Völklinger Hütte, Heimatkundlicher Verein Warndt

Fotos

Klaus Altmeyer, Leo Altmeyer, ARD, Barbian, Frank Becker, Joachim Becker, Behles, Birster, Bossert, Braun, Cino, Diehl, Fertsch-Röver, Fischper, Fritsch, Geiger von Gemmingen, Gräbner, hagergroup, Hartung, Initiative Völklinger Hütte, Karlsberg-Brauerei, Kölling, Landesarchiv Saarbrücken, Linsenmeier, Martin, Mörsdorf, Saarbrücker Zeitung, Salomon, Schliesing, Schröder, Stigulinszky, Strumm, Walter, Waschbüsch, Zimmer, Zintel.

Viele Fotos wurden von den Gesprächspartnern mit der ausdrücklichen Erlaubnis der Veröffentlichung zur Verfügung gestellt. Zum großen Teil handelt es sich um Privataufnahmen ohne urheberrechtliche Vermerke.

Impressum

Alle Rechte vorbehalten
© 2007 Gollenstein Verlag, Blieskastel
www.gollenstein.de

Buchgestaltung und Satz: Timo Pfeifer
Schrift: Nevision und Folio
Papier: LuxoCream 115 g mit 1,5 fachem Volumen
Druck: Merziger Druckerei und Verlag
Bindung: Buchbinderei Schwind, Trier

Printed in Germany
ISBN 978-3-938823-27-9

Auf den folgenden Seiten finden
Sie Hinweise auf weitere lesenswerte
Bücher des Gollenstein Verlages

Dieter Gräbner
Über uns Feuer und Verderben
Der Bombenkrieg an der Saar

224 Seiten, gebunden
ISBN 978-3-935731-75-1

Erinnerungen von Saarländern an die Bombenangriffe im Oktober 1944. Der frühere Ressortleiter der *Saarbrücker Zeitung* Dieter Gräbner hat sie gesammelt und in einem Buch aufbereitet: »Über uns Feuer und Verderben. Der Bombenkrieg an der Saar«. Ein wichtiges Buch des Bewahrens.

Zerstörung ringsum, Tote. Angst um die Angehörigen, Wut über die feindlichen Bomber, die noch im Oktober 1944, als der Krieg doch längst verloren ist, Saarbrücken in Trümmern legen. Vergebliche Abwehr der 16-jährigen Flakschützen. Das alles steht immer wieder in den Erinnerungen, die jetzt, nach Jahrzehnten, erzählt und aufgeschrieben wurden. Es geschah noch rechtzeitig, ehe der Kreis der Augenzeugen immer kleiner wird.

Heinz Mudrich, Saarbrücker Zeitung

Dieter Gräbner
Der bestellte Tod
Die Kriegsgeneration bricht ihr Schweigen

464 Seiten, gebunden
ISBN 978-3-935731-87-4

Die Krieggeneration bricht ihr Schweigen. 40 Zeitzeugen, darunter Prominente wie Holger Börner, Albert Mangelsdorff und Jupp Derwall, berichten, wie sie den Krieg erlebten und überlebten. Der Journalist Dieter Gräbner sprach mit ihnen, und viele fanden erstmals die Kraft, über das Erlebte zu berichten. Frontsoldaten, Hitlerjungen, Flakhelfer oder Edelweißpiraten – alle liefern persönlich Erfahrungen und Erkenntnisse.

Christoph Stölzl schreibt in seinem Vorwort: »Ihre Stimmen fügen sich zu einem Chor, zu einer Melodie. Es ist ein einziges Klagelied über die Millionen, denen ein allumfassendes Un-Glück damals alles geraubt hat, was dem Menschen von seinem Schöpfer zugedacht war.«

Hessische/Niedersächsische Allgemeine

In allen Beiträgen des Sammelwerkes wird deutlich, dass in der beschriebenen Zeit der Tod allgegenwärtig war. Die Autoren und Interviewpartner Gräbners brechen ihr Schweigen nicht, um jetzt »aufzurechnen, oder gar Schuld zuzuweisen«. Sie »berichten« – wie Gräbner es meint – »offen, ehrlich ohne Tabus, ohne Schuldzuweisung und gegen das Vergessen: denn Ähnliches darf sich nie wiederholen. Nie und nirgendwo.«

Jörg Lehn, Trierischer Volksfreund

Johannes Hoffmann
Am Rande des Hitlerkrieges
Tagebuchblätter

Herausgegeben von Franz Schlehofer, Rudolf Warnking
und Markus Gestier in der Reihe »Malstatter Beiträge«

184 Seiten, gebunden
ISBN 978-3-935731-86-7

Johannes Hoffmanns Tagebuchaufzeichnungen stellen ein fundamentales Zeugnis der saarländischen Emigrantengeschichte nach 1935 dar. Außerdem spiegelt sich in ihnen die Kriegs- und Besatzungsgeschichte Frankreichs unmittelbar nach der Niederlage gegen Hitlerdeutschland wider, die vom französischen Volk als Katastrophe empfunden wurde.

Sabine Braun, Main-Echo

»Am Rande des Hitlerkrieges« ist ein Geschichtsbuch par excellence. Ein Buch voller Menschlichkeit und Liebe eines Mannes, der als saarländischer Ministerpräsident vielen Angriffen ausgesetzt war, in Wirklichkeit aber zu den europäischen Visionären gezählt werden muß. Es liest sich spannend wie ein fiktionaler Krimi, doch es ist ein Tatsachenbericht, der fesselt und zum Nachdenken anregt.

Eine große Bereicherung des Buches bilden die Anmerkungen des Historikers Heinrich Küppers, der den Lerbensweg Johannes Hoffmanns in einer Art Kurzbiografie näherbringt. Küppers veranschaulicht dabei auch auf einer Karte den Fluchtweg Johannes Hoffmanns. Den Abschluß dieses auf ganzer Linie gelungenen Buches bildet eine Zeittafel mit den wichtigsten Stationen des Lebensweges eines der größten Söhne, die das Saarland im 20. Jahrhundert hervorgebracht hat.

Die Kulturzeitschrift im internet

François-Régie Bastide
Wandererfantasie
Roman

Aus dem Französischen von Eugen Helmlé und Alfred Diwersy
Mit einem Nachwort von Gisela Wand
Herausgegeben in der Reihe »Spuren« von Ralph Schock

456 Seiten, gebunden
ISBN 978-3-938823-10-1

Im Zentrum des Romans, der seinen Titel Schuberts Fantasie in C-Dur verdankt, steht neben der 68er Generation das Jahr 1945/46. als der Autor französischer Kulturoffizier in Saarbrücken war. Bastide verändert nach Art einer musikalischen Komposition Themen und Motive, Orte und Zeiten, Wirklichkeit und Traum. Die ebenso minitiösen sowie lebhaften Schilderungen der unmittelbaren Nachkriegszeit in Saarbrücken, Erlebnisse des Pariser Mai 1968 und Begegnungen mit historischen Persönlichkeiten wie Grandval, General Kœnig und de Gaulle machen die Erzählung zu einem hervorragenden Zeitdokument.

In der halb biografischen, halb fantastischen Romanhandlung erlebt der Ich-Erzähler seine prekäre Liebe zur jungen Anne. Er reist in kulturpolitischer Mission durch Europa und wandert in Gedanken 20 Jahre zurück, als er an der Exekution gefangener SS-Offiziere mitwirken muß und dann ein Jahr später in Saarbrücken in Entnazifizierungsverfahren eingreift, um gute Musiker zu gewinnen; es ist die Zeit seiner Liebe zur deutsch-jüdischen Schauspielerin Lionne. In diesem (1976 im Original erschienenen) Roman verbinden sich Zeitdokumente und Fiktion, Krimi und Lebensbeichte eines französischen Intellektuellen in einem elegant beschwingten und mit leichter Ironie vermischten Erzählstil.

Eva Riggs, Buchprofile. Medienempfehlungen für die Büchereiarbeit